SELINA MAE

Lessons in Faking

Die Bücher von Selina Mae bei LYX:

Hall Beck University

1. Lessons in Faking
2. Lessons in Forgiving

Weitere Romane der Autorin sind bei LYX in Vorbereitung.

SELINA MAE

LESSONS IN FAKING

Roman

Ins Deutsche übertragen von
Maike Hallmann

LYX

LYX in der Bastei Lübbe AG
Dieser Titel ist auch als E-Book und als Hörbuch erschienen.

NACHHALTIG PRODUZIERT

Die Bastei Lübbe AG verfolgt eine nachhaltige Buchproduktion. Wir verwenden Papiere aus nachhaltiger Forstwirtschaft und verzichten darauf, Bücher einzeln in Folie zu verpacken. Wir stellen unsere Bücher in Deutschland und Europa (EU) her und arbeiten mit den Druckereien kontinuierlich an einer positiven Ökobilanz.

FSC www.fsc.org MIX Papier | Fördert gute Waldnutzung FSC® C014496

Bei Fragen zur Produktsicherheit wenden Sie sich bitte an:
Produktsicherheit@bastei-luebbe.de

Textredaktion: Stephanie Janek
Umschlaggestaltung: © Jeannine Schmelzer, Bastei Lübbe AG,
und © Guter Punkt, München,
unter Verwendung einer Illustration
von © fjordwind und Motiven von Shutterstock
(© Bobnevv; © Giuseppe_R; © Platon Anton; © Miloje)
Satz: Greiner & Reichel, Köln
Gesetzt aus der Adobe Caslon
Druck und Verarbeitung: GGP Media GmbH, Pößneck

Printed in Germany
ISBN 978-3-7363-2366-7

5 7 8 6 4

Weitere Informationen unter:
lyx-verlag.de
luebbe.de | lesejury.de

Liebe Leser:innen,

dieses Buch enthält potenziell triggernde Inhalte.
Deshalb findet ihr auf der letzten Seite eine Triggerwarnung.

Achtung: Diese enthält Spoiler für das gesamte Buch!

Wir wünschen uns für euch alle
das bestmögliche Leseerlebnis.

Eure Selina und euer LYX-Verlag

Gewidmet all jenen,
die mühelos lieben, ohne zu werten oder
dafür irgendeine Gegenleistung zu erwarten.
Ich danke euch.

KAPITEL 1

Ich war mir über genau drei Dinge sicher.

1. Rache ist nur ein anderes Wort für Gerechtigkeit.
2. Geld macht glücklich.
3. Ich muss mich von Dylan McCarthy Williams fernhalten, sonst wird mein Bruder mich im Schlaf ermorden lassen.

Und jetzt mal ehrlich, wie wichtig war das Ganze hier wirklich?

Faktisch gesehen würde ich in Statistik II durchfallen – ja. Und natürlich sagte Professor Shaw, diese wöchentliche Nachhilfe sei meine einzige Möglichkeit, den Kurs doch noch zu bestehen, nachdem ich die Zwischenprüfung »völlig vergeigt« hatte (seine Worte, nicht meine).

Aber Hand aufs Herz: Vielleicht war Studieren einfach nicht mein Ding. Trotz der Reputation meiner Mutter war es Statistik jedenfalls ganz sicher nicht. Ebenso wenig wie McCarthy.

Von der Tür aus beäugte ich den Typen kritisch und unterdrückte ein genervtes Stöhnen. Hockend auf einem viel zu kleinen Schreibtischstuhl beugte er seine hochgewachsene Gestalt über einen Papierstapel. Mit gerunzelter Stirn begutachtete er irgendwelche Dokumente, das kaffeebraune Haar fiel ihm dabei ins Gesicht. Bisher hatte er noch keinerlei Notiz von mir genommen. Nicht, als ich geklopft hatte. Nicht, als ich die Tür geöffnet hatte. Nicht, als ich …

»Athalia Payton Pressley«, murmelte er, ohne aufzublicken. Meine Körperspannung schien beim Klang seiner Stimme wie von selbst zu verpuffen. »Würdest du dich bitte einfach setzen?«

Er sagte es mit einer Art gereizter Gleichgültigkeit, während er etwas auf ein Blatt Papier kritzelte und den Rotstift dann lässig vor sich auf den Tisch warf. Irgendwie fühlte es sich absichtlich passiv-aggressiv an. Als würde er damit wortlos sagen: *Wie kannst du es wagen, meine Arbeit zu unterbrechen?*

»Oder hattest du vor, mich die ganze Stunde lang nur anzustarren?«, fragte er stattdessen, ließ sich nun dazu herab, endlich aufzuschauen, und sah mir direkt in die Augen. Provokant hob er die Brauen und bedachte mich mit einem herausfordernden Blick, bei dem ich am liebsten kehrtgemacht hätte und weggerannt wäre. Stattdessen zwang ich mich auf den Stuhl ihm gegenüber. McCarthy verfolgte höchst wachsam jede meiner Bewegungen. Wie ich Platz nahm und meine braunen Haare über die Schulter legte, um sie nicht zwischen Rücken und Stuhllehne einzuklemmen. Wie ich ein Bein über das andere schlug, dabei den Saum meines schwarzen Rocks festhielt und mit einer Hand über den Wollstoff meines langen Ärmels strich.

Unschuldig blinzelte ich ihn an. »Mir wurde Nachhilfe bei Shaws bestem und klügstem Studenten versprochen.« Ich versuchte gar nicht erst, die leise Verachtung in meiner Stimme zu verbergen. Lächelnd legte ich den Kopf schief und holte einen Stapel Notizen aus meiner Tasche. Er war nur halb so dick wie seiner, aber egal. »Hast du ihn zufällig irgendwo gesehen?« In der Hoffnung, dass es einen ähnlichen Effekt haben würde wie die Gereiztheit, mit der er seinen Stift hingeschmissen hatte, knallte ich meine Papiere auf den Schreibtisch.

Er stieß ein nicht sonderlich amüsiertes Schnauben aus und griff wieder nach seinem passiv-aggressiven Stift. Dann dachte McCarthy einen Moment lang nach, ehe er mich wieder ansah und den Mund zu einem breiten, falschen Lächeln verzog. Ein Lächeln, das mir wohl mitteilen sollte: *Ich bin nicht hier, um mich mit dir herumzustreiten, sondern weil ich Shaw ein bisschen in den Arsch kriechen will.* Außerdem beinhaltete dieses Lächeln: *Allerdings würde ich dich eigentlich lieber umbringen und die Konsequenzen in Kauf nehmen.* Die Drohung verbarg sich hinter tiefen Grübchen und den Worten: »Das überrascht dich jetzt aber nicht ernsthaft, oder?« Er deutete auf sich selbst, auf das schlichte schwarze T-Shirt, in dessen Ausschnitt seine silberne Kette verschwand. Als ich ihm wieder ins Gesicht sah, grinste er mich überheblich an.

Wenn Dylan McCarthy Williams irgendwas war, dann, was mein Bruder am meisten auf dieser Welt hasste. Mehr noch als Erdbeereis (»Das ist keine Geschmacksrichtung, Athalia, sondern eine Zumutung! Nein, darüber diskutiere ich nicht mit dir«). Mehr als Eric (meinen ersten festen Freund damals). Mehr als unsere toten Eltern (die er dafür hasste, dass sie … gestorben waren?).

Es gab ein paar nennenswerte Gründe dafür und ein paar Hundert weitere.

1. McCarthy hatte sich seine Trikotnummer unter den Nagel gerissen.
2. McCarthy hatte ihm den Mannschaftskapitän-Titel aus den Händen gerissen.
3. McCarthy hatte sich seine Freundin Paula unter den Nagel gerissen (drei Tage nach der Trennung).

Natürlich war es reiner Zufall gewesen, dass McCarthy die Nummer sieben auf seinem Trikot trug, und am Ende hatte ihr Gezanke sie *beide* die Chance gekostet, Kapitän der HBU-Fußballmannschaft zu werden. Henry Parker Pressley war jedoch der festen Überzeugung, dass McCarthy es auf ihn abgesehen hatte; seit jenem Moment vor drei Jahren, als sie sich zum ersten Mal begegnet waren. Ich wusste nicht genau, weshalb, aber es war mir auch ziemlich egal. Für mich zählte nur, dass ich mich mit ihm solidarisieren musste. Wenn McCarthy ganz oben auf Henrys metaphorischer Abschussliste stand, dann stand er auch auf meiner.

McCarthy und ich hatten nie viel miteinander zu tun gehabt. Mein Bruder scherte sich zwar eigentlich nicht großartig um mein Leben, aber dafür hatte er gesorgt. Das Wenige, was ich bisher von McCarthy mitbekommen hatte – seine Arroganz, sein Sarkasmus, überhaupt sein ganzes Auftreten –, erweckte in mir nicht den Eindruck, als hätte ich irgendwas verpasst.

Doch jetzt saß ich McCarthy direkt gegenüber.

Obwohl es mir normalerweise nichts ausmachte, mich Konflikten zu stellen, erschien mir der Gedanke, Professor Shaw um einen anderen Tutor zu bitten, sehr verlockend. Sein Büro war gleich nebenan. Oder ich könnte vielleicht einfach anklopfen, mich entschuldigen (dafür, dass ich … in seinem Kurs durchgefallen war?) und versprechen, bis zum Ende des Semesters eine gute Note zu erzielen – aus eigener Kraft.

Bei jedem anderen hätte das vielleicht funktioniert, aber Shaw hasste mich sowieso schon genug. Außerdem … wer sagte denn, dass ich es tatsächlich schaffen würde, allein durchzukommen? Meine Chancen standen denkbar schlecht.

Seufzend schüttelte ich den Kopf und ließ meine Augen durch den Raum schweifen. Ehrlich gesagt … selbst mit viel

Mühe würde man am ganzen College wohl kein kleineres Kabuff finden als dieses. Es war die reinste Besenkammer, verglichen mit den riesigen Speisesälen der Hall Beck University (in denen ich insgesamt viermal gegessen hatte), der gewaltigen Bibliothek auf dem Hauptcampus (in die ich öfter hineingezwungen wurde, als mir lieb war) und den Vorlesungssälen, die Hunderten Studenten Platz boten (und dennoch immer schon völlig überfüllt waren, wenn ich zwei Minuten vor Vorlesungsbeginn eintraf). Und mehr, als sich gerade hier drin befand, würde auch beim besten Willen nicht hineinpassen: der Holzschreibtisch, übersät mit losen Papieren, zu meiner Linken ein Bücherregal voller verschiedenfarbiger Ordner und der Mann, viel zu groß für den Stuhl, auf dem er hockte.

Hinter McCarthy gab ein Fenster die Sicht auf einen der Innenhöfe der Universität frei und präsentierte uns das milde Herbstwetter an der Ostküste. In den Ecken sammelte sich Staub. Der Raum war viel zu klein und zu vollgestopft, und das hier würde nie im Leben gut gehen.

»Hältst du das für eine gute Idee?«

»Auf keinen Fall.« McCarthy zuckte mit den Schultern.

Der Gedanke, dass wir beide uns über *irgendwas* einig sein könnten – und sei es nur die Tatsache, dass wir nicht miteinander auskamen –, erschien mir seltsam.

Offenbar seltsam genug, dass ich unwillkürlich eine Grimasse geschnitten haben musste, denn er meinte nur: »Arme Prinzessin Pressley.« Ein Hauch Belustigung lag in seinem sonst so abweisenden Ton. Er legte den Kopf leicht schief. »Kann sich gar nicht vorstellen, dass irgendjemand auf dieser Welt *nicht* begeistert darüber wäre, Zeit mit ihr verbringen zu dürfen.«

Mein letzter Versuch, höflich zu sein, bestand darin, nicht auf diese Bemerkung zu reagieren. Man hatte mir schon schlimmere Beleidigungen an den Kopf geworfen als *Prinzessin*. Ich beobachtete, wie er schweigend die Handvoll Notizen durchblätterte, die ich in den ersten Wochen des Semesters gesammelt hatte, und hoffte, dass er meinen Blick spüren konnte, auch wenn er mich keines würdigte.

»Lieber Himmel.« Er brach sein Schweigen viel zu schnell wieder. »Wie um alles in der Welt hast du Statistik I bestanden?«

Offenbar war er bei meiner Zwischenprüfung angelangt, die mich überhaupt erst in diese missliche Lage gebracht hatte. Die Art, wie seine Mundwinkel sich nach oben bogen, verriet schon mehr als genug, aber er blätterte noch mal demonstrativ die Seiten um und schnaufte: »Eine Vier? *Dein Ernst?*«, und zwar auf die denkbar abfälligste Weise.

Meine Nase zuckte, bevor ich trocken erwiderte: »Du kannst mich mal.« McCarthy schnalzte nur amüsiert mit der Zunge.

Tja. Die wahre Geschichte, weshalb ich mich in dieser misslichen Lage befand? Professor Shaw war blind wie eine Fledermaus, und dazu fielen ihm ständig seine langen, fettigen Haare ins Gesicht. Wie hätte er da bemerken sollen, dass ich letztes Jahr mit meinem Handy unter dem Tisch Fotos von den Fragen gemacht und sie an jemanden geschickt hatte, der die Lösungen kannte? Ganz genau – er hatte es nicht bemerkt.

Mein oberschlauer Bruder, mit einem Stock im Arsch, der lang genug für uns beide war, würde das wahrscheinlich als Betrug bezeichnen. Ich hingegen fand es einfallsreich.

Das Problem war nur: Meine Leistungen während des Semesters und meine akzeptable Abschlussnote korrelierten leider nicht überzeugend miteinander (*ha, Statistik*). Und obwohl Shaw keine Beweise für meinen Betrug hatte, war er fest entschlossen, mich nicht noch mal damit durchkommen zu lassen. Daher die Sitzordnung, die er in der ersten Vorlesung von Statistik II eingeführt hatte … In der ersten Reihe war ich natürlich gezwungen gewesen, meine Zwischenprüfung fair und anständig zu absolvieren. Tja, und da waren wir jetzt also.

McCarthy schnaubte amüsiert, als hätte er meinen inneren Monolog gehört und würde die Antwort kennen, ohne dass ich etwas dazu sagen musste. »Natürlich.« Wissend nickte er und verdrehte die Augen. »Wann werfen die Pressleys nicht mit Daddys Geld nach ihren Problemen?«

»Es ist eigentlich Mommys Geld.« Unschuldig lächelnd sah ich zu, wie er meine Notizen auf den Schreibtisch zwischen uns legte, sodass wir sie beide betrachten konnten. »Und natürlich«, fuhr ich fort, »werfe ich damit nicht nach meinen Problemen, das wäre dir nämlich schon aufgefallen.«

»Witzig.« Er verzog keine Miene.

Und dann räusperte er sich, als würden wir das jetzt ernsthaft durchziehen. Als würde er mir wirklich A/B-Testing und Multi-Armed-Bandit-Algorithmen beibringen. Und als würde er tatsächlich erwarten, dass ich es kapierte.

Ich hatte ehrlich gesagt angenommen, er wäre ebenso sehr gegen diese Idee wie ich. Dass er im übertragenen Sinne schreien und um sich schlagen würde, bis Shaw ihn von dieser Aufgabe entband. Dass er sich notfalls wie ein Kleinkind auf den Boden werfen und toben würde, solange wir nur am Ende nicht gemeinsam hier sein müssten.

»Warum willst du uns denn so quälen?« Ich hoffte, meine Worte würden verhindern können, dass wir uns weiterhin auf Hypothesen und Variablen zubewegten. »Du bist verrückt, wenn du glaubst …«

»Das ist nun mal mein Job, Pressley«, unterbrach er mich ungerührt. Dann hob sich kaum merklich sein Mundwinkel … auf eine grausame, aber irritierend faszinierende Weise. »Du weißt schon«, spottete er. »Diese komische Sache, bei der man auftaucht, tut, was einem gesagt wird, und am Ende des Monats Geld dafür bekommt? Nach allem, was man über dich hört, weiß ich natürlich nicht, ob du mit dem Konzept vertraut bist …«

»Warte mal.« Ich fing gerade an, es zu begreifen. »Du bist offiziell Shaws Assistent?« Verwirrt schüttelte ich den Kopf. »Warum?« Ich spuckte das Wort praktisch aus.

»Warum nicht?«

»Du brauchst das Geld nicht«, warf ich ein und kniff die Augen leicht zusammen. Ich linste zu der Uhr an seinem Handgelenk, die wahrscheinlich ebenso viel gekostet hatte wie das Paar Miu Miu in meinem Kleiderschrank. »Du hast das Geld definitiv nicht nötig.«

»Und doch bin ich hier.«

Und doch ist er hier.

»Was ist mit dem süßen Master-Student aus dem letzten Jahr passiert? Ich mochte ihn«, jammerte ich und zog einen Schmollmund.

»Ob du es glaubst oder nicht – er *hat seinen Abschluss gemacht.*«

»Und ausgerechnet du musstest ihn ersetzen?« Mein selbstgefällig-spöttisches Lächeln war reine Fassade, die verhindern sollte, dass er mir den Schreck über meine Erkenntnis ansah: Ich hatte meine Chancen, einen anderen Tutor zu bekommen, schon vorher als gering eingestuft, aber wenn McCarthy ganz offiziell Shaws Assistent war … damit sanken sie gen null. Ich wollte sterben.

Er würde sich auf keinen Fall die Mühe machen, einen anderen Tutor zu beauftragen.

»Fühlte sich etwa sonst niemand dieser Aufgabe gewachsen?«

»Sie konnten sich erfolgreich drücken.« So langsam fing er an, sich zu ärgern, das merkte ich daran, wie ungeduldig er mit den Fingern auf dem hölzernen Schreibtisch trommelte und dann mit den Papieren auf dem Schreibtisch herumfuchtelte, um meine Aufmerksamkeit darauf zu lenken. »Also, wenn es dir nichts ausmacht …«

»*Mann*«, seufzte ich mit einem triumphierenden Lächeln und zog das Wort extra in die Länge … ich konnte es nicht lassen. Ich lehnte mich in dem unbequemen Stuhl zurück, und als er verzweifelt aufstöhnte, hätte ich beinahe gelacht. »Shaws Assistent also, was? Das muss furchtbar sein.« Ich betrachtete die dunklen Schatten unter seinen Augen – es hatte den Anschein, als würde er in letzter Zeit nicht allzu viel Schlaf bekommen. Trotzdem sah er irgendwie besser aus als ich nach einer ganzen Nacht. »Kriegst du eigentlich Ärger, wenn du es nicht schaffst, deine Arbeit zu erledigen?«

Er stützte sich mit den Unterarmen auf dem Schreibtisch ab. Das dunkle Haar fiel ihm ins Gesicht, und der Anflug eines Lächelns umspielte seine Lippen – aber es war weder amüsiert noch fröhlich, sondern herausfordernd. »Das kommt ganz drauf an«, sagte er leise. »Handelst du dir Ärger ein, wenn du in seinem Kurs durchfällst?«

»Wie würde er dich bestrafen? Mit einer Lohnkürzung? Überstunden?«, fragte ich und ignorierte seinen Kommentar. »Oder wirst du einfach gefeuert?« Immer noch lächelnd, legte ich den Kopf schief. »Könnte ich dafür sorgen, dass du gefeuert wirst, McCarthy?«

Ich konnte sehen, wie sich die Zahnräder in seinem Kopf drehten. Sein Mundwinkel hob sich leicht, und sein Adamsapfel wippte auf und ab, ehe er antwortete: »Mach doch, was du willst.« Er verschränkte die Arme vor der Brust und zuckte mit den Schultern, während er sich in seinem Stuhl zurücklehnte. »Ich erledige meinen Job immer.«

Dann seufzte er, und ich rutschte auf meinem Sitz hin und

her und schlug die Beine übereinander. »Und nur damit du es weißt«, begann er erneut und spähte rechts an mir vorbei, »diese Tür dort führt zu Shaws Büro.« Er deutete mit einem Nicken darauf. »Falls du sichergehen willst, dass er hört, wie du ihn beleidigst, sprich doch das nächste Mal etwas lauter.« Er schnaufte belustigt. »Du kannst dir ja sicher denken, wie dünn diese Wände sind.«

Ich versuchte, meinen Schock so gut wie möglich zu verbergen, und wandte den Blick schnell von der *angeblichen* Verbindungstür ab. Um ihn abzulenken, räusperte ich mich, beugte mich vor und blätterte in meinen Notizen.

»Also«, brachte ich mit Mühe über die Lippen und spürte, wie er mich selbstzufrieden musterte. »Was hattest du noch mal gesagt? Über …« Ich verstummte und überflog rasch meine halbherzigen Notizen aus der letzten Vorlesung. »Über den Vergleich von zwei Stichproben?« Ich sah auf. Auf seinem Gesicht lag exakt das triumphierende Lächeln, das ich erwartet hatte, und fast bereute ich, nachgegeben zu haben.

Doch wenn es etwas noch Schlimmeres gab als McCarthys Gesellschaft, dann war es der Zorn eines gewissen Professor Simon Shaw.

Mein Bruder würde das schon verstehen.

KAPITEL 2

Ich hörte meine beste Freundin, noch ehe ich sie entdeckte.

Das Klirren ihres viel zu großen Schlüsselbunds, als sie die Tür zu unserem gemeinsamen Loft am Rande des Campus aufschloss. Ihre eiligen Schritte, die nur kurz innehielten, als sie die Schuhe an der Tür abstreifte. Und schließlich ihre gereizte Stimme. »Das kann doch nicht dein Ernst sein.« Im nächsten Moment bog sie um die Ecke in die offene Küche.

»Leider doch.« Ich blickte von meinem Laptop auf und sah sie an. »Ich meine es todernst.«

Wren runzelte die Stirn und ließ langsam die mit Lebensmitteln gefüllte Tragetasche von ihrer Schulter rutschen. Zweifellos dachte sie gerade an die zahllosen Nachrichten, die ich ihr sofort nach Verlassen von McCarthys Büro geschickt hatte.

»Nein«, beharrte sie.

»Doch.«

»McCarthy?«

Ich nickte erneut.

Sie stieß geräuschvoll die Luft aus – offenbar hatte sie diese eine Weile zurückgehalten – und pustete sich dabei das kaum schulterlange Haar aus dem Gesicht. Sie trug es zweifarbig, auf der einen Seite schwarz, auf der anderen weiß … ein Selbstfärbeversuch noch aus der Zeit, bevor wir uns kannten. Es fiel ihr wieder ins Gesicht, als sie die Tasche zwischen uns auf die Kücheninsel manövrierte und anfing, sie auszupacken.

Mit einem Seufzer sprang ich vom Hocker, um ihr zu helfen. »Du hättest sein Gesicht sehen sollen«, sagte ich.

»Lieber nicht.«

»Es war einfach *so* …« Ich suchte nach Worten, um diese Mischung aus Arroganz, Selbstvertrauen und Selbstgefälligkeit angemessen zu beschreiben, und gab es mit einem frustrierten Stöhnen auf. »Als wäre sein Ego nicht schon groß genug.« Ein wenig zu energisch öffnete ich den Kühlschrank. »Jetzt streichle ich es jedes Mal, wenn ich aus Versehen etwas von ihm lerne – und das ist ja der Sinn der ganzen Sache, oder?« Ich schloss den Kühlschrank mit einem dumpfen Schlag. »Dass ich etwas lerne, meine ich. Und dank ihm will ich jetzt ausgerechnet das auf gar keinen Fall.«

Wren gab ihr Bestes, um mir ein mitfühlendes Lächeln zu schenken, was darin resultierte, dass ihre Nase zuckte und sie eigenartige Grimassen schnitt. Aber ich verstand, wie sie es meinte, holte zum ersten Mal seit meinem Tobsuchtsanfall tief Luft und ließ mich auf den Hocker zurückplumpsen.

»Ich bezweifle, dass er dir überhaupt was beibringen kann«, murmelte Wren und legte den Kopf schief. Wieder rümpfte sie die Nase, dann seufzte sie, ein Geräusch, das sowohl Mitleid als auch Entschlossenheit ausdrücken sollte. Sie wandte sich wieder mir zu. »Ich bin sicher, dass ich Statistik im Handumdrehen lerne«, behauptete sie. »Und dann gebe ich dir Nachhilfe. Scheiß auf McCarthy.«

Ich musste lachen, leise und ein bisschen verzagt.

»Ich meine es ernst«, beteuerte sie mit fester Stimme.

Eine Sekunde lang stellte ich es mir vor. Wren mir gegenüber in diesem Bürostuhl. Wren, die mir Fragen stellte, auf die ich keine Antworten wusste. Und sie stellte sie immer und immer wieder, bis ich es schließlich doch wusste. Kein McCarthy in Sicht. Eine wunderschöne, wenn auch ziemlich utopische Vorstellung.

»Ich weiß.« Ich zog das *weiß* in die Länge und klang dabei fast weinerlich. »Deshalb ist das Angebot auch so furchtbar verlockend.« Mein Schmollen verwandelte sich unter Wrens herausforderndem Blick in ein halbherziges Lächeln. *Okay, und warum dann nicht?*, fragte dieser Blick. Sie verschränkte die Arme vor der Brust und entblößte das selbstgestochene Messer-Tattoo an ihrer Hand – ein Ergebnis unserer schweren Aufschieberitis während der Sommerprüfungen letztes Jahr.

Belustigt schüttelte ich den Kopf. »Ich kann nicht guten Gewissens so viel von deiner Zeit stehlen. Nicht schon wieder.«

Wren Inkwood war die Art Freundin, die dich zu jeder Party und jedem Treffen begleitete, obwohl sie nicht gern trank und keine Menschen mochte. Sie war die Art Freundin, die deinen Freund verprügelte, als sie herausfand, dass er dich betrogen hatte, bevor sie es dir mitteilte. Die Art Freundin, die dich zu Thanksgiving mit nach Hause nahm, obwohl sie dich erst seit wenigen Wochen kannte.

Und weil sie eindeutig zu der Art Freundin zählte, die alles gab, während ich selbst eine höchstens durchschnittlich gute Freundin war, hatte ich mir vorgenommen, weniger zu nehmen und mehr zu geben. Ich wollte endlich mal für sie da sein, nicht umgekehrt. Deshalb blieb ich stur.

»Das kann nicht dein Ernst sein, Athalia.«

»Oh doch.«

»Mach dich nicht lächerlich.«

»Tu ich nicht.«

Es klopfte an unserer Tür, und es kam mir vor wie eine Rettung in letzter Sekunde – die Möglichkeit, einen Streit abzuwenden, bevor er überhaupt begonnen hatte.

Mit einem vorgetäuschten bedauernden Blick sprang ich vom Barhocker und sprintete zur Tür. Als ich jedoch gleich darauf meinem finster dreinblickenden Zwillingsbruder gegenüberstand, sehnte ich mich sofort wieder nach dem kindischen Geblödel mit Wren, die gerade in ihrem Zimmer verschwand.

Ich hätte ihn gern öfter zu Gesicht bekommen, ja. Aber nicht, wenn er schlecht gelaunt war.

»Henry.« Als er wortlos in die Wohnung schlüpfte, zog ich die Brauen hoch. »Warum kommst du nicht rein?«, murmelte ich und machte eine völlig überflüssige einladende Geste, obwohl er bereits in die Küche abgebogen war und in Schränken und Regalen herumwühlte ... ich konnte es vom Flur aus hören. Mit einem Augenrollen warf ich die Tür zu und folgte ihm. »Du weißt ja, ich liebe deine jährlichen Besuche, aber eine kleine Vorwarnung wäre ... toll.«

Henry trug immer noch seine Sportklamotten ... karmesinrote Shorts mit einer kleinen aufgenähten Acht und einen schwarzen Kapuzenpulli über dem dazu passenden Trikot. Wahrscheinlich war er verschwitzt und eklig, trotzdem sah er so gut aus wie immer. Sein hellbraunes Haar war wie üblich in der Mitte gescheitelt.

»Meine Besuche sind nicht *jährlich*«, erwiderte er schließlich nach vollen fünfzehn Sekunden und hielt inne, als er in dem ansonsten leeren Obstkorb eine schon ziemlich braune Banane entdeckte. Um sie herauszunehmen, war er gezwungen, den Papierstapel in seiner Hand auf die Kücheninsel zu legen, was meine Aufmerksamkeit darauf lenkte.

Unwillkürlich versteifte ich mich. »Woher hast du die?«

Rhetorische Frage.

Henrys Augen, ebenso grün wie meine, folgten meinem Blick scheinbar beiläufig, und er benutzte die Banane als Verlängerung seines Fingers, um halbherzig auf meine Statistiknotizen zu zeigen. »Ach, die?« Er zuckte mit den Schultern, nahm einen Bissen und fuhr dann mit vollem Mund fort: »Eigentlich eine lustige Geschichte.« Sein Gesichtsausdruck verriet deutlich, dass er es keinesfalls witzig fand. »McCarthy hat sie mir nach dem Training gegeben.« Als er den Namen aussprach, zog er eine verächtliche Miene. »Er teilte mir mit, meine *kleine Schwester* müsse sie in seinem Büro vergessen haben und ob ich nicht vielleicht so nett sein könnte, sie ihr zurückzubringen, falls ich vielleicht *sowieso mal bei ihr vorbeischauen würde …«*

»Nicht, dass du das vorhattest«, warf ich schnell ein. »Vorbeizuschauen, meine ich.« Denn ohne meine Notizen, die ihm McCarthy in die Hand gedrückt hatte, wäre er sicherlich nicht auf die Idee gekommen.

Henry ignorierte die Spitze geflissentlich, was mich nicht überraschte. »Ich soll dir ausrichten, dass er sich …« Mein Bruder als waschechter Dramatiker machte eine Pause, als bräuchte er einen Moment, um sich zu sammeln.

Ich schloss die Augen und ließ den Kopf zurückfallen, während ich mich mit beiden Händen auf dem Tresen hinter mir abstützte. Machte mich auf die Wucht der Nachricht gefasst, die McCarthy meinem Bruder hinterlassen hatte.

»Ich soll dir ausrichten …«, wiederholte Henry und wartete, bis ich ihn wieder ansah. »Dass er heute wirklich viel Spaß hatte – er freut sich sogar schon auf *das nächste Mal.«* Und als wäre das nicht schon schlimm genug, fügte er hinzu: »*Aber erinnere sie daran, wie dünn die Wände sind*, sagte er. *Ich werde in Zukunft nicht mehr so nachsichtig mit ihr sein.*«

Es hätte mich nicht gewundert, wenn die letzten Worte ein exaktes Zitat gewesen wären. Und der Hauptgrund, weshalb Henry überhaupt hier war.

Wir starrten uns ungläubig an – aus sehr unterschiedlichen Gründen.

Ich dachte: *Ich kann nicht fassen, dass McCarthy meinem Bruder diesen Blödsinn erzählt.*

Er hingegen dachte wahrscheinlich: *Ich kann nicht fassen, dass meine Schwester mit meinem Erzfeind zusammen ist!* (Wie schon gesagt, er konnte sehr dramatisch sein.)

Und als ich nichts zu meiner Verteidigung vorbrachte – weil ich immer noch zu fassungslos war, um auch nur ein Wort herauszubringen –, schoss es auch schon aus ihm heraus: »Du schläfst mit McCarthy!«

Diese ungefilterte Anschuldigung riss mich aus meiner Starre. »Großer Gott«, keuchte ich und schnitt eine Grimasse. »Ich schlafe nicht mit ihm!«

»Dann erklär mir das hier!« Verzweifelt wedelte er mit meinen Notizen durch die Luft. »Bitte.« Er klang so verzweifelt, wie er aussah.

»Nachhilfe!«, stammelte ich. »Er ist mein Tutor.« Ich holte tief Luft. »Statistik«, stieß ich hervor, als wäre das die einzige Erklärung, die es brauchte.

Ich beobachtete, wie die Erkenntnis in seinen Verstand sickerte. Seine Erleichterung war offensichtlich: Seine Schultern sanken herab, er atmete lange aus und schloss die Augen. Es sah aus wie ein stilles Gebet zu Gott, an den er allerdings nicht glaubte.

»Nachhilfe«, wiederholte er im Flüsterton, als spräche er mit sich selbst, dann biss er noch mal in aller Seelenruhe in die Banane, als hätte er nicht gerade einen waschechten Tobsuchtsanfall hingelegt. Er schluckte den Bissen runter und nickte. »Er ist dein Tutor.«

»Ja.«

Seine Stimme war bedächtig, sein Blick wanderte fast geistesabwesend durch den Raum, als er sagte: »Dann organisier dir einen anderen.«

Ich fragte mich, ob er wirklich annahm, dieser Gedanke wäre mir selbst noch nicht durch den Kopf gegangen. »Ich kann mir nicht einfach *einen anderen organisieren*«, entgegnete ich und setzte mich wieder.

»Warum nicht?«

»Weil …«, stöhnte ich. Mit hochgezogenen Brauen wartete Henry darauf, dass ich weitersprach. »Weil Shaw meinte, es wäre meine einzige Chance, seinen Kurs noch zu bestehen.« Ich musterte ihn, aber er wirkte völlig unbeeindruckt, als ginge es nur um eine unbedeutende Unannehmlichkeit und ich müsste mir nur ein klein wenig mehr Mühe geben, um sie aus dem Weg zu räumen. »Nachhilfeunterricht bei McCarthy. Einmal pro Woche.«

Henry schüttelte den Kopf, als wäre er bei dem Gespräch zwischen meinem Professor und mir dabei gewesen und wüsste ganz genau, dass Shaw das niemals so gesagt hatte. »Ich gebe dir Nachhilfe.«

Und hallo, Angebot Nummer zwei.

»Bist du jetzt auch Shaws Assistent oder was?«

»Nein«, gab er genervt zurück. Bevor ich etwas darauf erwidern konnte, fuhr er fort: »Aber ich bin besser in Statistik als McCarthy.«

»Du glaubst, du wärst in allem besser als er«, erinnerte ich ihn seufzend, legte die Arme auf die Kücheninsel und vergrub resigniert meinen Kopf darin.

»Weil ich es bin.«

»Na klar.«

»Athalia …«

»*Was?*« Ich hatte nicht vorgehabt, ihn so anzuschreien, vor allem, da er sich inzwischen wieder eingekriegt hatte. Dennoch tat ich es, und mein Kopf schnellte ruckartig zu ihm herum.

Kurz herrschte Schweigen, ehe Henry mir ein entschuldigendes Lächeln schenkte und die Kücheninsel umrundete. Er stellte sich neben mich und zerzauste mir mit einer Hand das Haar. Er liebte es, das zu tun, obwohl er genau wusste, dass ich es nicht leiden konnte.

Auch wenn es sich jedes Mal so anfühlte, war es nicht böse gemeint. Es war wohl einfach Henrys Art, mir auf geschwisterliche Weise klarzumachen: *Du weißt, dass ich dich liebe, oder?* Nur sprach er es nie aus – ich konnte mich nicht erinnern, wann er es das letzte Mal tatsächlich zu mir gesagt hatte.

»Ich rede mit Shaw«, schlug er vor, so leise, als könnte selbst die kleinste Irritation mich wieder hochgehen lassen wie eine Bombe, die nur auf einen Grund zum Explodieren wartete. Vielleicht war es ja auch so.

»Das ist wahrscheinlich die dümmste Idee, die du je hattest, Henry«, murmelte ich betont ruhig … hauptsächlich, um meinen Ausbruch von eben zu kompensieren. »Shaw hasst dich fast genauso sehr wie mich.«

»Na und?«, fragte er. »Er sollte es besser wissen, als dich und McCarthy in denselben Raum zu stecken. Ich rede mit ihm.«

Ich schluckte die Bemerkung runter, dass Shaw wahrscheinlich andere Sorgen hatte als die alberne Rivalität zwischen seinen beiden Musterstudenten.

»Das bringt doch nichts.« Shaw würde keinen Millimeter nachgeben, genauso wenig wie McCarthy aufgeben. Es hatte überhaupt keinen Sinn.

Henry schlurfte zur Spüle und warf die Bananenschale in den Mülleimer darunter. »Ich rede mit ihm«, wiederholte er stur.

»Nein, tust du nicht«, erwiderte ich, plötzlich sehr entschlossen.

»*Athalia*«, stöhnte er.

»Henry.«

Verzweifelt warf er die Hände in die Luft und starrte mich so erbost an, dass es mir fast ein Lächeln entlockte. Henry war so leicht zu verärgern, dass ich fast verstand, weshalb McCarthy ihn so gern reizte. Und immerhin erlangte ich auf diese Weise seine Aufmerksamkeit. »Ich will nur nicht, dass dieser Arschpimmel …«

»Arschpimmel?« Jetzt grinste ich doch. »*Sehr* originell.«

Henry winkte halbherzig ab. »Wie auch immer«, schnaubte er. »Ich will diesen Typen einfach nicht in der Nähe meiner kleinen Schwester haben.«

»Ich bin nur zwölf Minuten jünger als du.« Ich schüttelte den Kopf. »Ich brauche dich nicht als Babysitter. Eigentlich brauche ich überhaupt niemanden, der auf mich aufpasst. Ich kümmere mich selbst um die Sache mit McCarthy, so wie es jede Erwachsene tun würde.«

Er überhörte den letzten Teil geflissentlich. »Und doch bist du einen Tag nach mir geboren. Zwölf Minuten hin oder her, Athalia, du bist meine kleine Schwester. Punkt.«

»Henry …«

»Das wäre dann also geklärt …« Er zuckte lässig mit den Schultern, als hätte er mich nicht erneut unterbrochen, steuerte unbeirrt auf die Tür zu, ohne den Blick von mir abzuwenden, bis er um die Ecke verschwand. »Keine Sorge. Ich mach das schon, *kleine Schwester*.«

»Wage es ja nicht …« Ich eilte ihm hinterher. »Ich kümmere mich selbst darum!«

Unbeeindruckt öffnete Henry die Tür, hielt dann einen Moment inne, um mir zum Abschied noch mal unbefangen zuzulächeln.

Kleiner Mistkerl.

Ich stemmte die Hände in die Hüften. »Dylan McCarthy wird nicht in die Nähe deiner *kleinen Schwester* kommen«, beteuerte ich spöttisch. »Zumindest nicht näher als bis zum Schreibtisch, der uns trennt. Lass mich das allein regeln. Okay?«

»Klar.« Henry nickte, während er mir den Rücken zudrehte und ging, aber ich hörte genau, dass er es nicht so meinte.

KAPITEL 3

»Bist du sicher, dass das keine Kostümparty ist?« Wrens Stimme hallte durch die spärlich beleuchtete Straße. Aus dem Haus, vor dem wir standen, drang Musik.

Ich riss meine Aufmerksamkeit von den griechischen Buchstaben über dem Eingang los und grinste sie an. »Sicher. Aber selbst wenn …« Ich musterte sie in ihren Militärstiefeln und der dunklen Strumpfhose, die unter einem Rock verschwand, der dieselbe Farbe hatte wie alles andere, was sie trug: Schwarz. »Du könntest dich immer noch für Halloween qualifizieren.«

»Halt die Klappe.« Wren verdrehte die Augen. Zwar erwiderte sie mein Lächeln, aber als ich sie im nächsten Moment auf die Veranda und auf die Tür zuschob, stellte sie vermutlich spontan unsere dreijährige Freundschaft infrage. Breit grinsend sah ich sie noch mal an, und als sie mein Grinsen erwiderte, stieß ich die Tür auf.

Die Menge begrüßte uns mit großem Jubel. Und das nicht, weil sie wussten, wer wir waren (oder es sie interessierte), sondern weil mehr Leute einfach mehr Spaß bedeuteten. Mehr Gesang, mehr Tanz, mehr mögliche Flirts.

»Athalia!« Als mein Kopf zum Besitzer der Stimme herumschnellte, wurde ich bereits in eine stürmische Umarmung gezogen, und dann zerzauste eine große Hand mein Haar genau auf die Art, die ich verabscheute.

Henry.

»Ich wusste nicht, dass du auch hier bist«, murmelte ich gegen seinen Oberkörper. Allerdings hatte ich schon ein bisschen zu ordentlich vorgeglüht, um mich groß darüber zu ärgern, dass er gerade in nur wenigen Sekunden eine ganze Stunde Haarstyling komplett ruiniert hatte. Vielleicht war ich auch einfach von der Tatsache überrumpelt, in Henrys Armen zu liegen. Dass er mich wirklich *umarmte.*

Ja, mein Bruder umarmte mich, und ich konnte mich nicht erinnern, wann er das zum letzten Mal getan hatte. Wann er mir seine Zuneigung auf andere Weise gezeigt hatte als durchs Haarezerzausen.

Bevor ich ganz begriff, wie mir geschah – und *warum* –, zuckte Henry mit den Schultern und ließ mich los, um Wren ebenso enthusiastisch zu begrüßen.

Ich musterte meinen Zwilling. Sein braunes Haar war lässig gestylt, und ich wusste, dass er dafür fast ebenso lange gebraucht hatte wie ich für meine Frisur. Sein schwarzes Polohemd hatte er in die maßgeschneiderte Hose gesteckt und schaffte es irgendwie, in seinem Golfplatz-Outfit völlig leger rüberzukommen.

Während Wren ihm auf den Rücken klopfte und mit gerümpfter Nase darauf wartete, dass er sie aus seiner Umarmung entließ, ging mir etwas auf.

Henry war betrunken. Und Henry trank normalerweise nicht.

Hilf mir, formte Wren lautlos mit den Lippen und riss mich aus meinen Gedanken, ehe ich schlau aus Henrys Zustand werden konnte. Nicht dass meine Chancen sonderlich gut gestanden hätten, jemals richtig schlau aus meinem Bruder zu werden.

Dafür ließ er sich viel zu selten bei mir blicken.

»Alles klar!« Ich befreite Wren aus Henrys Griff. Sie holte tief Luft, es klang wie ein Keuchen. Ich schaffte es gerade noch, Henry ein »Wir sehen uns!« zuzurufen, bevor mich meine beste Freundin durchs überfüllte Wohnzimmer des Frathauses zerrte. Das Letzte, was ich sah, war, wie Henry mir zum Abschied salutierte.

Wren schnaufte und klopfte sich das schwarze Oberteil ab, als müsste sie es entstauben, und diese Bewegung war so typisch für sie, dass mir ohne weiteren Grund vor lauter Zuneigung das Herz schwoll. Als sie bemerkte, wie ich sie anstrahlte, wich sie zurück. »Athalia …«, warnte sie mich, aber ich folgte ihr. »Ich kenne diesen Blick. Wag es nicht …«

Doch bevor sie den Satz beenden konnte, schlang ich auch schon die Arme um sie und hörte sie ächzen. Mit ihren nicht mal eins sechzig war sie auf Augenhöhe mit meiner Schulter, gegen die sie jetzt resigniert ihren Kopf sinken ließ. »Das ist das, was ich am wenigsten an dir mag«, grummelte sie in mein Haar und fügte sich in das Unvermeidliche.

»Meine wunderbaren Umarmungen?«

Sie lachte. »Dass du so touchy wirst, wenn du trinkst«, korrigierte sie kichernd. »Anscheinend habt ihr das gemeinsam, du und Henry.«

Ich zuckte mit den Schultern und ließ sie los. Erfreut bemerkte ich, dass sie grinste. »Apropos trinken …« Ich zuckte mit den Brauen. Wren seufzte.

»Schon klar. Die Getränke stehen dort drüben.« Sie lachte und drehte mich sanft Richtung Kücheninsel. »Ich suche mal die Toilette, und wir treffen uns bei den Drinks.« Mit einem Klaps auf den Rücken setzte sich meine beste Freundin in Bewegung und drehte sich erst wieder um, als die Menge sie schon fast verschluckt hatte. Ihren durchbohrenden Blick kannte ich nur allzu gut. Meine Mundwinkel zuckten. »Übertreib. Es. Nicht!«, rief sie über die Musik hinweg, mit dieser typisch mütterlichen Betonung, bei der sie jedes Wort unterstrich. Was sie damit meinte, war: *Wehe, du bist schon sturzbetrunken, wenn ich zurückkomme.*

Natürlich honorierte ich ihre Ermahnung, indem ich einen Shot auf sie trank.

Eine Sache war bei Wren Inkwood fast so sicher wie der Tod und die Steuern: Innerhalb der ersten zehn Minuten nach ihrer Ankunft auf einer Party suchte sie zuverlässig nach einer Toilette.

Sie trank keinen Alkohol – hatte es nie getan –, doch während ich zu Hause zu unserer »Getting Ready«-Playlist vorgeglüht hatte, hatte sie nicht etwa gar nichts getrunken. *Es geht ums Prinzip, Athalia*, sagte sie stets und entschied sich statt für Alkohol einfach für Wasser.

Literweise Wasser. Vermutlich war ihre Haut deshalb wie Porzellan. Und sobald wir unser Ziel erreichten, musste sie unweigerlich die nächste Toilette aufsuchen. Wie ein Uhrwerk. Sie ging pinkeln, und ich wartete dort auf sie, wo sie mich abgestellt hatte.

Heute Abend wartete ich an der improvisierten Bar – einem Granittresen in der offenen Küche.

Der Alkohol brannte in meiner Kehle. Ich schüttelte mich und wischte mir die Lippen ab. Als ich mich wieder dem Tresen zuwandte, wusste ich schon vor dem Griff zum ersten Getränk, dass mein selbst zusammengemixter Drink viel zu stark werden würde.

»Oh, Himmel.« Der Kommentar wurde von der lauten Musik fast übertönt. Ich zögerte. »Das hat noch nie gut geendet.« Da erst verstand ich, dass die Worte an mich gerichtet waren, wirbelte herum und erschrak, weil er direkt vor mir stand.

Mein Blick wanderte über das weiße Hemd nach oben – die obersten beiden Knöpfe waren offen –, bevor ich ihn alarmiert anfunkelte. Er fixierte mich, ein spielerisches Grinsen auf den Lippen, und seine eisblauen Augen bohrten sich in meine.

Die meisten Leute hatten beim Gedanken an den Teufel sogleich Hörner und Hufe, rote Haut und noch rötere Augen im Kopf. Wenn *ich* jedoch an den Teufel dachte, war es einer mit blondem Haar, blauen Augen und perfekt definierten Locken. Zufälligerweise lief im Hintergrund genau in diesem Moment *Highway to Hell*, und lauter betrunkene Studenten grölten das Lied lautstark mit.

»Lass mich das machen.« Er riss mir den roten Einwegbecher aus der Hand, seine Finger streiften meine. Jede Wette, dass das Absicht war. Ich hatte damals etwas zu spät herausgefunden, dass Jason Montgomery *immer* alles mit Absicht tat. Ein wenig wehmütig fügte er hinzu: »Deine Drinks sind doch jedes Mal viel zu stark.«

Es schockierte mich, dass er aussprach, was ich eben noch selbst gedacht hatte, und vor lauter Schreck erwiderte ich nichts darauf und nahm den vollen Becher an, den er mir einen Moment später reichte. Vielleicht lag es daran, dass ich bereits angetrunken war. Aber vielleicht auch daran, dass seine Gegenwart mich zu meinem eigenen Ärger nach wie vor ganz schön durcheinanderbrachte.

Nach dem ersten Schluck musste ich widerwillig zugeben, dass mein Ex-Freund ebenso souverän Drinks mixte, wie er mich souverän betrogen hatte.

»Früher warst du gesprächiger.«

Exzellent beobachtet, hätte ich fast geantwortet. Die Möglichkeit, dass ich genauso viel mit anderen Leuten redete, wie ich eben gerade mit ihnen reden *wollte*, kam ihm offenbar nicht in den Sinn. Ich kannte ihn gut genug, um zu wissen, dass er auch nicht von allein auf diesen Gedanken kommen würde.

Wie betäubt von seiner Dreistigkeit – und der Unverschämtheit, dass er immer noch so eine Wirkung auf mich hatte – nickte ich nur stumm, die Lippen zu einer dünnen Linie zusammengepresst. Jason lehnte sich neben mich gegen den Tresen, während ich mich verzweifelt nach einem bekannten Gesicht in der Menge umguckte. Doch in den bunten, flackernden Lichtern konnte ich kaum etwas erkennen.

»Du hast deinen Mund oft benutzt, Pressley«, ergänzte er.

Ich stöhnte laut auf und legte den Kopf in den Nacken. Je mehr Stuss er von sich gab, desto mehr verwandelte sich meine Verwirrung in Wut. Ich bezweifelte, dass er mich bei dem Lärm – um es als Musik zu bezeichnen, war ich noch nicht betrunken genug – überhaupt hörte.

»Und zwar ziemlich geschickt.«

Gottverdammt.

Ich fuhr zu ihm herum, so schnell, dass ich fast das Gleichgewicht verlor. Rasch hielt ich mich mit einer Hand an der improvisierten Bar fest, und auf einmal spürte ich deutlich den Alkohol, den ich bereits konsumiert hatte. »Verdammt noch mal«, fauchte ich ihn an. »Du hast vielleicht Nerven.«

»Oh«, brummte Jason nur, sein Blick wanderte über die behelfsmäßige Tanzfläche. »Sie spricht.«

Ehrlicherweise hätte sein J-Name mein erstes Warnsignal sein müssen. Doch allen Widrigkeiten und früheren Überzeugungen zum Trotz hatte ich mich gerade mal drei Wochen nach Beginn meines ersten Studienjahres Hals über Kopf in Jason Montgomery verliebt. Höchstwahrscheinlich vor allem deshalb, weil meine Eltern ihn geliebt hätten und weil mein Bruder ihn geliebt hatte und weil mir praktisch jeder (außer Wren) bestätigt hatte, wir wären wie füreinander geschaffen.

Jetzt fand ich diesen Gedanken abstoßend. Aber damals, als ich nichts über Jason wusste – außer dass er der Goldjunge der Montgomerys war, vor dem eine glänzende Zukunft lag –, war er mir wie eine Offenbarung vorgekommen. Er war sein Leben lang darauf trainiert worden, seinen Charme spielen zu lassen, und außerdem sah er umwerfend gut aus.

»Das hier.« Ich deutete zwischen uns beiden hin und her, und seine Augen blitzten belustigt. »Das wird nicht passieren.«

»Was wird nicht passieren?« Jason hob demonstrativ die Hände, als wollte er kapitulieren. »Ich lege es doch gar nicht darauf an, dass irgendwas passiert, Athalia.« Unschuldig zuckte er mit den Schultern … Das Einzige, was ihn verriet, war sein subtiles, aber selbstgefälliges Grinsen. Ich hasste es, wie es klang, wenn er meinen Namen sagte. »Um ehrlich zu sein, bin ich davon ausgegangen, wir wären quitt, nachdem du mein Auto mit Eiern beworfen und einen Reifen aufgeschlitzt hast.«

Das mit dem Reifen war ein Unfall gewesen. Mehr oder weniger.

Er beugte sich weiter zu mir herunter, damit ich ihn über die Musik hinweg hörte, obwohl er jetzt etwas leiser sprach. »Ich möchte mich doch nur mit einer alten Freundin unterhalten.« Als er sich wieder aufrichtete, hoffte ich inständig, dass der Schauer, der mir in diesem Moment über den Rücken jagte, auf den Alkohol zurückzuführen war. Er baute sich vor mir auf und musterte mich eindringlich. »Wir *sind* doch Freunde, oder?«

Fieberhaft überlegte ich, wie ich ihn am besten darüber aufklären sollte, dass ich wohl lieber meine eigenen Füße essen würde, als mit ihm befreundet zu sein.

»Das wüsste ich aber.«

Kurz fragte ich mich, ob das meine eigene Stimme war, die da sprach. Sie klang so viel tiefer als üblich und triefte vor kühler Gleichgültigkeit. Perplex schlug ich mir eine Hand vor den Mund, ich war mir ziemlich sicher, keinen Ton von mir gegeben zu haben. Denn wenn doch, wäre es bestimmt etwas Unhöflicheres gewesen.

Dann legte sich ein Arm um mich, und die dazugehörige Hand hielt ein Bier, das plötzlich neben meiner Schulter schwebte. Ich erstarrte und wollte mich befreien, aber ein robuster Körper, der eben noch nicht da gewesen war, hinderte mich daran. Mein benebelter Verstand versuchte erfolglos, eins und eins zusammenzählen. Die Musik – inzwischen verdiente sie diesen Namen – war so laut, dass ich überhaupt keinen klaren Gedanken mehr fassen konnte.

Jason wich ertappt zurück. Und das gefiel meinem betrunkenen Verstand dann auf einmal doch so gut, dass ich mich unwillkürlich im Arm des Unbekannten entspannte und sogar ein Lächeln zustandebrachte. Mit einem Selbstvertrauen, das ich normalerweise in Jasons Gesellschaft nicht verspürte, bohrte sich mein Blick in seine durchdringenden blauen Augen. Allerdings sah er mich gar nicht mehr an.

»McCarthy«, stieß er abfällig hervor.

Bei der Erwähnung des Namens zuckte ich zusammen. Jason war noch immer ganz auf ihn konzentriert, und auch ich wandte nun vorsichtig den Kopf in Richtung des Typen neben mir. Schwarzes T-Shirt, eine darunter verschwindende silberne Halskette und dieser unverkennbar verkniffene Zug um den Mund.

Nachdem meine anfängliche Anspannung verflogen war, hatte McCarthy seinen Arm etwas fester um mich gelegt, ansonsten schien er mich praktisch nicht zur Kenntnis zu nehmen. Seine ganze Aufmerksamkeit galt Jason.

Unter anderen Umständen hätte ich McCarthy weggestoßen, sobald ich auch nur erahnt hätte, dass er es wäre. Aber jetzt, Jason vor Augen, der sich drohend zu seiner vollen Größe aufgerichtet hatte … In diesem Moment war McCarthy erstaunlich nützlich. Ich blieb, wo ich war.

»Dieses Bild werde ich für immer in Erinnerung behalten«, spottete Jason, riss den Blick von McCarthy los und betrachtete uns beide. Ich schluckte schwer, und der Raum drehte sich ein wenig um mich. Der Alkohol war schuld. »Hätte nie gedacht, dass dein herzallerliebster Bruder das gutheißen würde.« Jetzt guckte er nur mich an. »Wo steckt Henry eigentlich?«

Henry würde das auf keinen Fall gutheißen. Er würde sowohl mich als auch McCarthy umbringen, wenn er diesen Arm um mich sehen würde. Wenn er sehen würde, wie dicht wir standen. Ich musste mich zusammenreißen, um mich nicht sogleich panisch nach meinem Bruder umzusehen, sobald sein Name fiel.

McCarthy tat, was Jason am meisten hasste: Er ignorierte ihn. Statt zu antworten, richtete er seine Augen das erste Mal auf mich. Er hob die Brauen, ein Hauch von – sicherlich vorgetäuschter – Besorgnis lag auf seinem Gesicht. »Würdest du mich nach draußen begleiten?«, fragte er kühl und deutete mit einem Nicken zum Hinterhof.

Und es war nicht mal gelogen, als ich sagte: »Liebend gern.«

KAPITEL 4

»Ich würde dir ja danken …« Sobald wir draußen waren, hatte ich das Gefühl, als würde die frische Herbstluft die Wirkung des Alkohols bloß verstärken. Ich schwankte und bekam Schluckauf, noch bevor wir die Gartenbank erreichten. »Aber das hier ist wahrscheinlich genauso schlimm.«

Um ehrlich zu sein, gab es für mich nichts Schlimmeres, als auch nur eine Minute in der erdrückenden Gegenwart von Jason Montgomery verbringen zu müssen, aber das brauchte McCarthy nicht zu wissen. Also setzte ich noch einen drauf. »Vielleicht sogar noch schlimmer.«

»Du könntest auch einfach danke sagen.« Ich spürte, wie sich die Bank unter seinem Gewicht bewegte, als er sich neben mich setzte, und ich musste ihn nicht ansehen, um zu wissen, dass ein selbstzufriedenes Grinsen seine Lippen umspielte. Dasselbe Grinsen, das er nicht hatte unterdrücken können, als er merkte, dass ich aus der Nummer mit der Nachhilfe nicht mehr rauskam.

»Ich brauche deine Hilfe nicht«, stellte ich klar, weil mich dieses Grinsen furchtbar ärgerte.

»Natürlich nicht«, erwiderte er darauf selbstzufrieden.

»Ich hatte alles im Griff.«

»Aber selbstverständlich.«

Ich gab ein Ächzen von mir und wandte den Kopf, um ihn mit einem vernichtenden Blick zu durchbohren. Erwartete ein spöttisches Grinsen, konnte es praktisch schon vor mir sehen. Aber dann stellte ich fest, dass seine Augen auf den Nachthimmel über mir gerichtet waren, er guckte mich gar nicht an.

Die Stadt war zu hell erleuchtet, um dort oben irgendwas Bedeutendes zu erkennen, und selbst die wenigen Sterne, die normalerweise über uns aufblinken würden, versteckten sich heute hinter Wolken. Trotzdem musterte er den Himmel aufmerksam.

»Ich meine es ernst«, bekräftigte ich. Er schwieg. In meiner alkoholgetränkten Gereiztheit schien die darauffolgende Stille zwischen uns ewig anzudauern, wahrscheinlich waren es jedoch nur wenige Sekunden, ehe ich sie durchbrach. »Nach allem, was du weißt, könnte es ja sogar sein, dass du mir die Tour vermasselt hast.« Bei dieser Anschuldigung schaute er mich endlich an, und ich keuchte auf. »Oh mein Gott.« Die Worte klangen undeutlich. Anklagend richtete ich einen Finger auf ihn. »Genau das hattest du vor, oder?«

Resigniert schüttelte er den Kopf, und zum ersten Mal sah ich etwas auf seinen Lippen, das man als echtes Lächeln hätte bezeichnen können. »Erwischt.« Er hob die Hände und warf mir einen kurzen Blick zu, bevor er weitersprach: »Wenn ich ein Mädchen schutzlos Montgomerys Fängen überlasse, ohne sie heldenhaft zu retten, wäre das praktisch Beihilfe.« Er rümpfte die Nase über seinen eigenen Scherz.

»Wir waren mal zusammen.« Keine Ahnung, weshalb ich das Bedürfnis hatte, das klarzustellen, und während der kurzen Pause, die meine Aussage nach sich zog, kam ich mir ausgesprochen dumm vor. Aber ich konnte es nicht mehr zurücknehmen.

»Ich weiß.«

Ich zuckte zurück und sah ihn überrascht an. Dass McCarthy über mein Liebesleben Bescheid wusste, war … unerwartet. Ich konnte mir das Grinsen nicht verkneifen. »Natürlich weißt du …«

»Hast du mir gerade *zugezwinkert?*« Aufrichtig verblüfft lachte er auf. Wäre ich nicht so betrunken gewesen, hätte ich seine Überraschung vermutlich geteilt. »Oder ist dir was ins Auge geflogen?« In gespielter Sorge beugte er sich zu mir und tat so, als würde er mein Auge untersuchen. Unwillkürlich starrte ich ihn an, nahm seine dunkle Silhouette in mich auf. Dann trat ich leicht gegen sein Bein und erntete einen finsteren Blick, ehe er sich wieder auf der Bank zurücklehnte.

Das wilde Flackern aus dem Haus war unsere einzige Lichtquelle hier draußen, dennoch reichte sie aus, um seine hohen Wangenknochen, die Nasenspitze und das Kinn auszumachen. Seine Wangen waren von der kühlen Luft vermutlich leicht gerötet. Ab und zu blies er sich eine Haarsträhne aus dem Gesicht.

Und als mein Kopf langsam wieder klarer wurde, fragte ich mich, wie ich hier eigentlich gelandet war: betrunken und allein mit Dylan McCarthy, der seit geraumer Zeit nichts mehr gesagt hatte, immer noch gen Himmel schaute und irgendwie … zufrieden aussah.

Ich schüttelte diese Gedanken ab und richtete meine Aufmerksamkeit träge auf die Schiebetür, die sich gerade öffnete. Eine Gestalt trat hinaus, blickte sich im Hinterhof um und zögerte, ehe sie dann mit entschlossenen Schritten auf uns zumarschierte.

»Athalia?«, schallte es durch die Dunkelheit, doch ich erkannte sie – und ihre Stimme – erst, als sie direkt vor mir stand. Der Alkohol war schuld.

»Wren!« Lächelnd sprang ich auf, um meine beste Freundin zu umarmen. Und obwohl sie es zuließ, konnte ich trotz des Alkoholdunstes spüren, dass sie es eigentlich nicht wollte, nicht mal auf ihre Wren-Art.

Ich löste mich von ihr und sah, wie sie einen Blick auf den Typen hinter mir warf, bevor sie wieder mich betrachtete. Sie blinzelte, warf McCarthy einen zweiten Blick zu.

»Was soll das werden?« Sie machte sich nicht mal die Mühe, leiser zu sprechen, damit McCarthy nicht mitbekam, wie wenig erfreut sie über ihr Zusammentreffen war – wahrscheinlich wollte sie sogar, dass er es hörte. Darüber musste ich lächeln und vergaß völlig, ihre Frage zu beantworten. »*Das hier*«, präzisierte sie. »Mit *ihm.*« Um es zu unterstreichen, warf sie ihm noch einen Blick zu.

Mir entwich ein amüsiertes Schnauben, und ich zuckte mit den Schultern. »Weiß ich selbst nicht so genau«, gab ich zu und neigte glucksend den Kopf. »Ich weiß es wirklich nicht.« Witzigerweise fragte ich mich ja dasselbe.

»Ebenfalls hallo, Inkwood«, zischte McCarthy sarkastisch und trank einen Schluck Bier, bevor er sich erhob. Mit hochgezogenen Brauen erwiderte er den Blick meiner besten Freundin, die ihn energisch anfunkelte.

Ohne etwas darauf zu erwidern, musterte sie mich prüfend, und ich registrierte nur vage, dass McCarthy an uns vorbei Richtung Haus schlenderte.

»Hatte ich dir nicht aufgetragen, es ruhig angehen zu lassen?«, schimpfte sie mit mir, aber als ich erneut mit den Achseln zuckte, erhellte sich ihre Miene ein wenig, und fast hätte sie gelächelt.

»Tut mir leid, Mom!« Lachend legte ich den Kopf auf ihre Schulter, und in diesem Moment fiel mir all das ein, was sie in ihrer Abwesenheit verpasst hatte. Mit einem lauten Aufstöhnen zerrte ich meine beste Freundin zurück ins Haus und erzählte ihr von meiner Begegnung mit dem blauäugigen Teufel … was mich so sehr beschäftigte, dass ich nicht mitkriegte, wie er auf der anderen Seite des Raums mit meinem Bruder sprach.

KAPITEL 5

Als ich am nächsten Morgen aufwachte, erinnerte ich mich nicht mehr genau daran, wie ich eigentlich nach Hause gekommen war. Ich wusste nur, dass mir alles wehtat, mein Kopf dröhnte und ich mein bequemes Bett unter mir spürte.

Fünf furchtbar kurze Minuten lang dachte ich über meine Pläne für diesen Tag nach. Beim Gedanken daran, dass ich mir mehrere Stunden zum Lernen geblockt hatte und das auch noch in fetten Großbuchstaben in meinen Kalender eingetragen hatte (zweimal mit rotem Stift unterstrichen), echote in Wrens Stimme ein »Ich hab's dir ja gesagt« durch meinen Kopf. Ich kriegte nicht mehr richtig zusammen, was ich zu meiner Verteidigung hervorgebracht hatte, als sie mich vor nicht mal zehn Stunden ausdrücklich davor gewarnt hatte, wie sehr ich es bereuen würde, am Abend vorher feiern zu gehen.

Und jetzt lag ich hier und hatte viel zu viel zu tun, um einfach im Bett zu bleiben. Schon wieder. Genau wie letzte Woche. Und in der Woche davor. Bis Montag musste ich noch jede Menge lesen, ein Essay schreiben, das zwanzig Prozent meiner Note für Internationales Management ausmachte, und für Statistik II lernen. Letzteres war natürlich das Schlimmste von allem.

Ich hätte gut und gerne ein paar tausend Wörter tippen können oder seitenweise lesen. Aber aus Korrelationskoeffizienten und dem anderen Zeug, das McCarthy für mich auf Lager hatte, wurde ich nicht schlau. Und ja, faktisch gesehen war es *seine* Aufgabe, es mir beizubringen, aber mir gefiel McCarthys selbstgefällige Miene überhaupt nicht, ebenso wenig wie sein amüsiertes Brummen, wenn ich keine Ahnung hatte, wovon er redete.

Wenn ich Shaw beweisen könnte, dass ich es ohne ihn auf die Reihe bekäme, mich mehr am Unterricht beteiligte und im nächsten Test eine akzeptable Note erreichte, bräuchte ich McCarthy vielleicht gar nicht mehr. Ich wäre diese lächerlichen Blicke und herablassenden Bemerkungen los. Das war Motivation genug, um mich endlich aus dem Bett zu schwingen.

Nur dass ich mich nicht wirklich schwang, sondern eher ganz langsam und bedächtig unter der Bettdecke hervorkroch, meiner um mich rotierenden Umgebung möglichst wenig Beachtung schenkte und stöhnend meinen pochenden Kopf festhielt. Kurz dachte ich, ich müsste mich übergeben, aber ich schaffte es irgendwie, mich in die Küche zu schleppen.

Die Sonne lugte durch die großen Fenster herein – eine Seltenheit im grauen, regnerischen Herbst an der Ostküste. Der perfekte Tag für einen Spaziergang zur Bibliothek, um an einem der Tische an der langen Glasfront zu sitzen und zu lernen. Leider war es ein furchtbarer Tag für einen Kater. Zu hell.

»Scheiße.« Ich hatte schützend die Hände vor die Augen gelegt, um sie gegen die Helligkeit abzuschirmen, und deshalb Wren fast umgerannt, die an der Kaffeemaschine stand. Langsam nahm ich die Hände runter. »Tut mir leid.« Ich bemühte mich inständig, Wren mein bestes Katerlächeln zu präsentieren, erntete aber nur ein knappes Nicken, bevor sie nach der dampfenden Tasse unter der Maschine griff. Ich runzelte die Stirn. »Wann sind wir gestern Abend nach Hause gekommen?«

Ein paar Sekunden verstrichen, ehe sie antwortete: »Gegen zwei.«

Ich blinzelte sie an und zögerte. Es lag eine wirklich unangenehme Spannung in der Luft. »Oh, okay.« Sie wandte sich zum Gehen, und ich kniff die Augen zusammen. »Danke.«

Sie hielt inne. Drehte sich zu mir um, ihre Tasse in Form des Kopfs von Lin-Manuel Mirandas Hamilton in beiden Händen. »Wofür?«

»Dafür, dass du mich nach Hause gebracht hast.«

»Ach so. Dafür doch nicht.« Wren nickte erneut und wandte sich wieder zum Gehen, aber vor ihrem Zimmer blieb sie noch mal stehen. »Ich konnte dich ja wohl kaum allein lassen angesichts deiner Gesellschaft.« Bei diesen Worten klang sie tatsächlich angepisst … Immerhin war ich mir jetzt absolut sicher, dass ich es mir nicht nur einbildete. »Allerdings schienst du dich bestens zu amüsieren.«

»Was soll das denn heißen?« Ich wollte sie nicht anblaffen, ich war wirklich neugierig. Und verwirrt. Allerdings machte mich der Kater noch ungeduldiger als sowieso schon, und ich klang ganz schön zickig.

Wren lachte trocken auf, obwohl sie nicht sonderlich amüsiert wirkte. »Nichts«, pfefferte sie zurück und fügte noch hinzu: »Vergiss einfach, dass ich was gesagt habe.« Und damit warf sie die Tür hinter sich zu.

Na großartig.

Heute war nicht der richtige Tag für Streitereien. Ich hatte viel zu erledigen und war nicht in der Stimmung, mich zu streiten oder mich mit jemandem herumzuschlagen, dem irgendeine Laus über die Leber gelaufen war. Und das war bei Wren eindeutig der Fall.

Mir war nach einem ruhigen Tag. Einem, den ich in der Bibliothek verbringen wollte, mit Lesen, Schreiben und Lernen.

Einem Tag, an dem ich mir keine bissigen Antworten ausdenken musste für alle, die bissige Antworten verdienten. Am besten wäre es, wenn ich überhaupt mit niemandem reden müsste. Einem Tag, an dem es nur mich gab … und einen Haufen Arbeit für mein Studium. Das konnte doch nicht zu viel verlangt sein. Oder etwa doch?

Nach zwei Schmerztabletten, einer heißen Dusche und einem Espresso (in dieser Reihenfolge) schlenderte ich also zur Bibliothek, bereit, zwischen lauter Büchern und übermüdeten College-Studenten meinen Dämonen die Stirn zu bieten.

Und es lief großartig. Um sechzehn Uhr hatte ich den grässlichen Aufsatz fertig und den Lesestoff der letzten zwei Wochen abgearbeitet. Abgesehen von dem Kaffee, den ich über den Holztisch verschüttet hatte, dem Stuhl, den ich gegen das Knie eines hinter mir entlanggehenden Studenten gerammt hatte, und von dem lauten Schnarchen, das ich quasi zu meiner eigenen Unterhaltung während eines besonders langweiligen Kapitels versehentlich von mir gab, lief es einfach blendend. *Wirklich.*

Produktivität geht vor Bescheidenheit. Sagte man das nicht so?

»Athalia!«

Als jemand meinen Namen flüsterte, riss ich den Kopf hoch und entdeckte Heather, eine der engsten Freundinnen meines Bruders, die mir gegenübersaß und sich über den Tisch lehnte. Ihre wirren Locken waren nur wenige Zentimeter von meinem Gesicht entfernt, ein breites Grinsen umspielte ihre Lippen, die wie ein Herz geformt waren. Ich erwiderte ihr Lächeln.

Heather, Henry und Reuben wohnten gegenüber von uns. Nachdem ich nur durchs Hochrutschen auf der Warteliste in letzter Minute einen Platz an der Hall Beck University ergattert hatte, war es zu spät gewesen, um noch eine Wohnung außerhalb des Campus zu suchen, und ich war im Studentenwohnheim gelandet. Als Henry dann hörte, dass die Nachbarwohnung bald frei werden würde, hatte er sie für mich reservieren lassen, und Wren und ich zogen zu Beginn des zweiten Studienjahres ein.

Mein Bruder und ich sahen uns nicht oft – wir standen uns nicht mal besonders nahe. Aber wenn wir mal miteinander zu tun hatten, dann meist deshalb, weil ich irgendwas nicht gebacken bekam und er es für mich in Ordnung brachte. Ein Problemlöser durch und durch.

Hey, formte ich lautlos mit den Lippen. Nach der Verwarnung, die mir die Bibliothekarin wegen meines Schnarchens erteilt hatte, war ich lieber vorsichtig. Wenn ich noch mal unangenehm auffiel, flog ich wahrscheinlich raus.

Die Mitbewohnerin meines Bruders machte sich offenbar weniger Sorgen. Heather zog einen ganzen Stapel Zettel aus ihrer Tasche, legte sie zu dem Buch, das sie aus einem der Regale geholt hatte, und plauderte munter weiter.

Obwohl ich an einem der langen, dunklen Holztische hockte, die durch die hohen Bücherregale auf beiden Seiten vor dem direkten Blick von Ms Jones geschützt waren, warf ich einen nervösen Blick über meine Schulter, um mich zu vergewissern, dass die Bibliothekarin nicht schon darauf lauerte, mich rauszuschmeißen. Zum Glück war weit und breit nichts zu sehen. Abgesehen von Studierenden mit schlechter Körperhaltung, Büchern in den Regalen und dem bunt verfärbten Herbstlaub hinter der riesigen Fensterfront auf der anderen Seite des Gangs. Kein graues, hochgestecktes Haar in Sicht, keine dünnen Brauen und keine winzige Nickelbrille, die auf einer spitzen Nase balancierte.

»Ich sage es nur ungern«, gestand Heather, deren englischer Akzent nach drei Jahren an der HBU kaum noch wahrzunehmen war, »aber du siehst furchtbar aus.« Sie lächelte mitfühlend, und ich seufzte. Ihre Augen huschten kurz zu meinen Statistiknotizen, die fein säuberlich vor mir aufgereiht lagen. Ich hatte die letzten zehn Minuten damit verbracht, das Unvermeidliche noch ein bisschen hinauszuzögern, indem ich sie erst mal sortiert hatte. Sie sah mich wieder an, jetzt ganz offen mitleidig. »Wenigstens bist du ihn jetzt los.« Mit einem wissenden Blick auf meine Notizen nickte sie mir zu. »Aber das bedeutet wohl auch, dass du wieder auf dich selbst gestellt bist. Irgendeinen Tod muss man sterben, hm?« Sie konzentrierte sich auf ihr Buch, blätterte auf der Suche nach einem bestimmten Kapitel das Inhaltsverzeichnis durch. Deshalb bemerkte sie nicht, wie ich sie mit wachsender Verwirrung anstarrte.

»Was?«

»Was?« Verblüfft blickte sie auf, als hätte sie schon nach wenigen Sekunden völlig vergessen, dass ich hier war. »Tut mir leid«, murmelte sie kopfschüttelnd. Dann wiederholte sie: »Was?«

»Ich nehme an, du wirst mir gleich erklären, wovon du eigentlich sprichst?«, hakte ich zögerlich nach.

Forschend scannte Heather mein Gesicht ab, runzelte für den Bruchteil einer Sekunde die Stirn und winkte dann ab, als wollte sie sagen: *Ach, komm.*

»Du weißt schon«, meinte sie nur und klang belustigt. Mit einem Nicken deutete sie auf meine Notizen. »Jetzt musst du es ohne fremde Hilfe schaffen, Statistik zu bestehen.« Sie lachte. Ich begriff immer noch nicht, worauf sie hinauswollte. »Dir muss doch klar gewesen sein, dass du dir alles selbst beibringen musst, wenn du McCarthy erst los bist.« Sie deutete noch mal auf meine Unterlagen. »Deshalb bist du ja auch hier.« Sie blinzelte langsam. »Um Statistik zu üben. Ganz allein.« Sie sah mir in die Augen. »Richtig?«

Einige Sekunden verstrichen ohne ein Wort.

»Bitte sag mir nicht …«, begann sie.

»Wenn ich McCarthy erst los bin?«, fragte ich im gleichen Moment. »Was soll das heißen?«

Da ließ sie das Gesicht in die Hände sinken, und das Ächzen, das ihr entwich, war viel zu laut für eine Bibliothek. »Das kann doch nicht sein«, murmelte sie in ihre Hände, jetzt wieder leiser. »Nein, nein, nein, *nein!*« Ihr Blick wanderte wieder zu mir. »Henry hat es dir ernsthaft nicht erzählt?«

»Mir was erzählt?« Meine Geduld war aufgebraucht. Mit ihr. Mit diesem Thema. Mit meinem pochenden Kopf bei der Frage, was jetzt als Nächstes folgen würde.

»Es tut mir so leid …«, setzte sie an, brach allerdings sofort wieder ab. »Ich dachte, du wüsstest …« Sie schüttelte den Kopf. »Ich dachte, wenn er mit Professor Shaw redet, dann nur deshalb, weil du ihn darum gebeten hast. Oder es vorgeschlagen hast. Zumindest dachte ich, du weißt natürlich darüber Bescheid. *Verdammt noch mal.* Warum …«

»Heather!« Ungehalten griff ich nach ihrem Arm. Zu meiner Erleichterung hatte ich sofort ihre Aufmerksamkeit. Sie schluckte schwer.

»Oh, richtig.« Sie räusperte sich, ein verlegenes Lächeln auf den Lippen. »Henry hat mit Professor Shaw über deine Nachhilfestunden gesprochen.« Die Worte sprudelten aus ihr hervor, als könne es ihr auf einmal nicht mehr schnell genug gehen. »Na ja, eigentlich nicht gesprochen. Er hat ihm gemailt«, fuhr sie fort.

Ungläubig glotzte ich sie an. »Er hat ihm eine E-Mail geschickt«, echote ich. Vielleicht klang es plausibler, wenn ich es laut aussprach. »Nachdem ich ihm ausdrücklich gesagt habe, er solle sich da raushalten. Nachdem ich ihm ausdrücklich gesagt habe, er solle mich das allein regeln lassen.«

Heathers Gesichtsausdruck wurde mit jedem Wort entsetzter.

»Er hat ihm wirklich und allen Ernstes eine E-Mail geschickt?«

»Oh Gott.« Ihr Kopf verschwand wieder hinter ihren Händen, und von irgendwoher zischte die Bibliothekarin, sie solle ruhig sein. Ich nahm es nur wie aus weiter Ferne wahr, weil die Tatsache, was für ein Arsch mein Bruder war, mich geistig völlig in Anspruch nahm. Mehrere Gedanken zugleich schossen mir durch den Kopf.

1. Woher nehmen Männer bloß immer diese Dreistigkeit?
2. Wie kann es sein, dass ich mit diesem bestimmten Mann die gleichen Gene teile?
3. Was zum Teufel?

Ich spürte ganz genau, in welchem Augenblick meine Verwirrung in Wut umschlug. Es war, kurz nachdem ich mich von Heather verabschiedet hatte. Genau in dem Moment, als ich nach draußen in den kühlen Herbsttag trat und ein Windstoß mir mit voller Wucht die Haare ins Gesicht peitschte. Heute war der falsche Tag für so einen Mist, und ich war nicht mehr nur wütend. Ich war fuchsteufelswild. Und ich schämte mich.

Ich schämte mich, weil mein Professor jetzt denken musste, ich würde meinen Starsportler-Bruder vorschicken, um meine Angelegenheiten zu regeln. Wütend, weil mein Starsportler-Bruder offensichtlich nicht kapierte, dass ich alt genug war, um mein eigenes Leben zu leben. Und kompetent genug, um meine Probleme selbst zu lösen.

Und ehrlich gesagt war ich auch deshalb wütend, weil mein Bruder sich nur dann für mich interessierte, wenn es ein Problem gab, das zu lösen er mir nicht zutraute. Ich war mir zu neunundneunzig Prozent sicher, dass ich meine Aufnahme an der HBU – einer der besten Unis an der Ostküste – nur Henrys freundlichem Hinweis auf den Namen des dazugehörigen Sportzentrums verdankte. Weil es ja schließlich eine Unsitte war, jemanden abzulehnen, der zufällig denselben Namen trug. Danke, *Pressley Center for Recreation.*

Durch und durch ein Problemlöser, erinnerte ich mich an meine früheren Gedanken. Scheiß drauf.

Offenbar war ich Henrys Zeit nur wert, wenn ich ein Problem war.

Als die Möglichkeit im Raum gestanden hatte, dass ich vielleicht nicht aufs College kommen würde. Als ich keine Wohnung finden konnte. Und, anscheinend, wenn Dylan McCarthy Williams involviert war.

»Pressley!« Meine Stimme schallte über das Fußballfeld, noch bevor ich es überhaupt erreicht hatte. In der Ferne, hinter einem hüfthohen Geländer und zwischen den Bäumen, die das Spielfeld umgaben, sah ich ein paar Köpfe in meine Richtung rucken, verwirrt und verärgert, weil jemand es wagte, so kurz vor der NCAA-Meisterschaft das heilige Training zu stören.

Ich hatte ihn schnell entdeckt mit seiner Nummer acht auf dem Trikot. Mit einem flehenden Blick in Richtung seines Trainers, damit der mich nicht vom Spielfeld warf, kam er auf mich zugetrabt, blieb auf der anderen Seite des Geländers stehen und musterte mich mit einem Anflug von Sorge. »Hör mal, Lia, kann das nicht warten, bis …?«

Ich hätte fast geschnaubt, aber stattdessen blaffte ich ihm nur ein scharfes »Nein!« entgegen.

»Ich bin mitten im Training …«

»Das ist mir egal, Henry.«

Es gefiel ihm kein Stück, wie ich ihn anschnauzte. Vor dem

Team. Vor seinem Trainer. Das verletzte sein fragiles Ego, das merkte ich ihm deutlich an. Deshalb fuhr ich fort und sprach jedes Wort betont langsam und deutlich aus. »Weißt du, was mir nicht egal ist?«, sinnierte ich und gab mein Bestes, nicht preiszugeben, wie wütend ich war.

Er runzelte die Stirn, verwirrt und allmählich auch verärgert. Mit einem flüchtigen Blick über seine Schulter versuchte er, sein Team dazu zu bringen, das Training fortzusetzen, statt ein Gespräch zu belauschen, das sich recht unangenehm für ihn zu entwickeln drohte.

»Es ist mir nicht egal, dass du dich bei jeder sich bietenden Gelegenheit in mein Leben einmischst.«

Sein Gesicht verfinsterte sich, aber ganz sicher nicht aus Begreifen oder Schuldgefühl. Er blinzelte mich an, und in seinen schönen grünen Augen war eindeutig abzulesen: Er hatte nicht den blassesten Schimmer, wovon ich sprach. Und das machte es irgendwie noch schlimmer.

»Oh mein Gott.« *Ich kann es nicht fassen.* »Du denkst nicht mal, dass du was falsch gemacht hast.«

Sein Schweigen bestätigte meine Vermutung.

»Weißt du«, begann ich, »du musst nicht jedes Mal den besorgten Bruder mimen, wenn du eine Gelegenheit witterst, deinen Reichtum und deinen Einfluss zur Schau zu stellen, nur um dein Ego zu streicheln.«

Seine Miene blieb ahnungslos.

»Ich brauche deine Hilfe nicht. Ich bin alt genug, um einmal die Woche eine blöde Nachhilfestunde abzusitzen, auch wenn ich den Kerl nicht mag. Und ja … auch wenn du ihn nicht magst.«

Da war es. Ein Funke Begreifen blitzte in seinen Augen auf. Er richtete sich wachsam auf, doch gleich darauf warf er den Kopf zurück und schnaufte auf eine Weise, wie es provozierender gar nicht möglich war. Doch bevor er antworten konnte …

»Pressley!«, brüllte jemand. »Beweg deinen Arsch zurück auf den Platz!« Dass ich mich nach der Person umsah, wäre gar nicht nötig gewesen. In den Genuss dieser gleichgültigen und zugleich gereizten Stimme würde ich von nun an jeden Mittwoch kommen. Und sei es nur, um Henry zu ärgern. »Du hältst das ganze Spiel auf!«

Henry drehte sich im selben Moment um, als sich McCarthys hochgewachsene Gestalt mit großen, energischen Schritten in mein Sichtfeld schob. Jetzt blieb er stehen, und seine Augen huschten zwischen Henry und mir hin und her. Offenbar bemerkte er auch aus dieser Entfernung unsere angespannte Stimmung. Sein Blick verfing sich mit meinem, und er hob fragend die Brauen.

Meine Aufmerksamkeit war wieder bei Henry. »Hast du dazu etwa nichts zu sagen?«

»Ich habe eine ganze Menge dazu zu sagen«, schnauzte er mich an. »Aber dieser Streit ist es nicht wert, das Training ausfallen zu lassen. Er ist es nicht einmal wert, *geführt* zu werden. Du hast nicht die geringste Ahnung, mit was für einer Scheiße ich mich die ganze Zeit herumschlagen muss, und trotzdem habe ich dir einen Gefallen getan. Du kannst mir danken, wenn du das irgendwann einsiehst.«

Etwas zerbrach. In mir. Zwischen uns. Noch wütender, allerdings auch leiser – so gern ich ihn in Verlegenheit bringen wollte, meine persönlichen Angelegenheiten gingen das HBU-Fußballteam nichts an –, zischte ich: »Du hast kein Recht dazu, einfach in mein Leben einzugreifen und zu ändern, was dir nicht passt. Wir reden einmal im Monat miteinander, und da wagst du es, dich einzumischen?« Ich warf es ihm so schnippisch an den Kopf, wie ich nur konnte. Vielleicht damit er sich endlich mal schuldig dafür fühlte, mir das Gefühl zu geben, dass wir nur aus einer Art genetischer Verpflichtung heraus miteinander verbunden waren.

»Offensichtlich muss ich das ja auch. Denn sonst wärst du weiterhin zu diesen blöden Nachhilfestunden gerannt, mit diesen blöden dünnen Wänden und McCarthys blödem Gesicht.« Beim bloßen Aussprechen seines Namens trat schon eine Ader auf Henrys Stirn hervor. Aber immerhin war er offenbar zu dem Schluss gekommen, dass sich dieser Streit doch lohnte. Immerhin sprach er überhaupt mit mir.

Fast hätte ich gelacht. »Du führst dich auf wie ein Zehnjähriger, Henry –«

»Ich will nur nicht, dass du Zeit mit ihm verbringst, verdammt noch mal!«

»Und ich will nicht, dass du mein Leben kontrollierst. Hurra!«, jubelte ich sarkastisch. »Sieht so aus, als bekämen wir beide nicht, was wir wollen.«

Kurzerhand duckte er sich unter dem weißen Geländer hindurch, das uns trennte, packte mich am Arm und zog mich unter einer Flut aus Beschimpfungen und Flüchen aus Blick- und Hörweite des Teams. Zorn loderte in seinen Augen. Wäre dies ein Zeichentrickfilm gewesen, wäre wohl Dampf aus seinen Ohren gequollen, und sein Gesicht wäre so rot gewesen wie das des Teufels.

»Du hast mir nicht zu sagen, was ich zu tun und zu lassen habe …«

»Aber ich kann es versuchen!«, schoss er zurück, blieb ruckartig stehen und drehte sich zu mir um.

»Kannst du nicht!« Ich war mir recht sicher, dass ich inzwischen schrie. »Wenn ich will, gehe ich weiterhin zu McCarthys blöden Nachhilfestunden. Wenn ich will, sehe ich ihn auch außerhalb des Unterrichts. Wenn ich will …« Es war raus, bevor ich mich zurückhalten konnte. »Wenn ich will, gehe ich mit ihm aus. Trinke was mit ihm. Gehe mit zu ihm nach Hause. Ich kann tun, was immer ich will, Henry. Du bist nicht mein Boss, und ich bin nicht mehr zwölf.«

Und – zack – das drang zu ihm durch. Das brachte ihn zur Weißglut. Fast hätte ich gelacht, als sein Gesicht vor Wut knallrot anlief.

»Das ist also, was du willst?«

Nein.

»Kann schon sein.«

Henry atmete einmal tief durch, ein erfolgloser Versuch, sich zu beruhigen. Aber er spürte, dass ich bluffte, darauf hätte ich wetten können. »Nein, das willst du nicht.«

Ach was.

Mir blieb keine andere Wahl, als den Einsatz zu erhöhen. Ich musste es tun. Ich sah mich regelrecht dazu gezwungen.

»Vielleicht treffen wir uns ja längst.«

»Tut ihr nicht.« Seine Augen formten sich zu Schlitzen, als hätte er sich gerade an etwas Wichtiges erinnert. »Dann hat Jason also die Wahrheit gesagt?«

Es kostete mich all meine Willenskraft, vor lauter Entsetzen nicht aufzuschreien. Mein Bruder hatte also hinter meinem Rücken mit meinem Ex-Freund gesprochen. Über mich. Nur allzu gern hätte ich gewusst, was sie geredet hatten, aber was auch immer es war, es schien meine Behauptung zu untermauern und Henry dazu zu bringen, die Lügen zu schlucken, die ich ihm gerade auftischte.

Also zuckte ich mit den Schultern, ein kaum merkliches Lächeln im Gesicht.

Ich hatte jetzt die Oberhand, und die auch bitter nötig, um nicht durchzudrehen, weil er mich nicht nur einmal betrogen hatte, sondern gleich zweimal. Schlimm genug, dass er hinter meinem Rücken Shaw eine E-Mail geschrieben hatte. Aber dass er auch noch mit dem Kerl über mich redete, der mich vor einem Jahr verdammt noch mal *fertiggemacht* hatte, setzte dem Ganzen die Krone auf.

Mit einem Stöhnen erlangte er wieder meine volle Aufmerksamkeit. »Gottverdammt«, ächzte er. »Du bist einfach nur die Pest, Athalia.« Mit feuerrotem Gesicht und schäumend vor Wut dampfte er ab.

KAPITEL 6

Ich war nicht gern wütend auf meinen Bruder.

Wir hatten uns zwar schon immer deutlich öfter gestritten, als wir gut miteinander ausgekommen waren, aber so aufgebracht wie heute hatte ich ihn noch nie erlebt. Selbst wenn wir uns manchmal quer durch unser Sommerhaus so dermaßen laut anbrüllten, dass die Wände wackelten, wirkte er in den Momenten nie so angespannt wie eben auf dem Fußballfeld.

Du hast nicht die geringste Ahnung, mit was für einer Scheiße ich mich die ganze Zeit herumschlagen muss, und trotzdem habe ich dir einen Gefallen getan.

Wir hatten uns gestritten, uns geprügelt. Dann waren unsere Eltern gestorben, als wir gerade fünfzehn gewesen waren, und plötzlich hatte sich unser Leben in einen Mahlstrom aus Anwälten, Presse und Therapeuten verwandelt. Und im Grunde war Henry das Einzige, was mir wirklich von ihnen geblieben war.

Nach dem Unfall war es mir absurd vorgekommen, in die Zukunft zu planen. Mom und Dad hatten ihre Zukunft immer perfekt geplant, und trotzdem hatte eine Turbulenz sie in den Atlantik katapultiert. Was hatte das alles denn für einen Sinn, wenn das Leben so unbeständig war? Wenn jemand an dem einen Tag eine verlässliche Konstante in deinem Leben war und am nächsten Tag einfach verschwand, ganz ohne dass irgendwer etwas dagegen unternehmen konnte?

Diese Erkenntnis hatte dazu geführt, dass ich mich an meinen Bruder klammerte wie an einen Rettungsanker. Damals mit fünfzehn wollte ich ihn nie mehr aus den Augen lassen, geschweige denn akzeptieren, was sich recht schnell herausgestellt hatte: Er empfand ganz anders als ich.

Mit fünfzehn hatte Henry seinen ersten Zeitplaner gekauft und war zu dem krisenfesten Spitzenschüler und Sportler geworden, der für nichts anderes mehr einen Blick übrighatte als für seine akribisch geplante, perfekte Zukunft.

Auch wenn das dazu führte, dass wir uns nicht mehr ständig stritten, fühlte es sich irgendwie so an, als hätte ich an jenem schrecklichen Tag auch meinen Bruder verloren. Wenn wir uns weiterhin geprügelt und gegenseitig beleidigt hätten, wären wir zumindest noch irgendwie miteinander verbunden gewesen.

Ich konnte an nichts anderes mehr denken. Ja, wir hatten uns gerade gestritten, aber wenigstens hatten wir miteinander *geredet*. Wenigstens hatte er mich angesehen. Und ich hatte mich auf gewisse Weise – vielleicht sollte ich das bei Gelegenheit mal mit meiner Therapeutin besprechen – umsorgt gefühlt. Geliebt.

So hatte ich, was Henry betraf, schon lange nicht mehr empfunden, und allein dieser kleine Hauch echten Interesses weckte in mir die Sehnsucht nach mehr.

Seine Fürsorge war nie über Noten und Berufsaussichten hinausgegangen, hatte sich nie auf mein Privatleben erstreckt. Bis jetzt.

Ich versuchte, die Erinnerungen an bessere Zeiten zu verdrängen; an Eltern, die noch lebten und mich liebten, an Tage, an denen meine größte Sorge gewesen war, dass Henry den letzten Schokoriegel aus dem Kühlschrank klaute oder mir die

Haare zerzauste, kurz bevor der Schulfotograf kam. All das war jetzt auf einen Schlag zurück.

Wie sie uns nach jedem Streit getrennt und in unsere jeweiligen Zimmer gebracht hatten – Dad Henry, Mom mich. Ich wusste nicht, was Dad in all den Jahren immer zu meinem Bruder gesagt hatte, aber Moms Worte klangen noch immer in meinem Kopf nach.

»*Hör mal zu*«, hatte sie mich getröstet und, wenn ich weinte, mir die Tränen abgewischt. »*Henry hat es schwer, mit seinen eigenen Gefühlen klarzukommen. Aber dein Bruder liebt dich sehr, Athalia. Er bewundert deine Stärke, deine Freundlichkeit und deinen Humor. Und manchmal wäre er gern so wie du.*« Und dann hatte sie hinzugefügt: »*Und du liebst ihn doch auch, hm? Seine Tapferkeit, sein Selbstvertrauen?*« Je nachdem, wie schlimm der jeweilige Streit gewesen war, hatte ich an dieser Stelle vehement widersprochen, aber am Ende hatte sie immer gewonnen. »*Siehst du?*«, meinte sie dann. »*Ihr werdet immer einander haben. Dein Bruder wird sich um dich kümmern, und du wirst dich um ihn kümmern, selbst dann, wenn es eigentlich gar nicht nötig ist. Und du wirst dich so über ihn ärgern …*«, flüsterte sie weiter. »*Er kann einem ganz schön auf den Wecker gehen, nicht wahr?*«, scherzte sie. Und ich musste jedes Mal lachen. »*Aber du wirst ihn noch viel länger in deinem Leben haben als uns, Lia.*«

Ein paar von Henrys Eigenschaften hatte Mom bei diesen Gesprächen unter den Tisch fallen lassen: Er war mutig und selbstbewusst, ja, aber nicht nur das: Er war auch stur, arrogant und der Ansicht, unfehlbar zu sein. Und diese Überzeugung wurde stets schlimmer, wenn er das Gefühl hatte, nicht die Kontrolle zu haben. Über eine Situation, über sein Leben – und offenbar galt das auch für *mein* Leben.

Ich hockte auf einer Holzbank hinter dem Hauptgebäude der HBU und stellte fest, dass Henry Parker Pressley ein

Arschloch war. Dann schimpfte ich mit mir selbst, weil ich mich trotzdem wie ein Kleinkind nach der Aufmerksamkeit meines egoistischen, ignoranten Bruders sehnte.

Wenn ich mehr wie er gewesen wäre – zielstrebig, entschlossen, begabt genug, um Profisportlerin zu werden, oder auch meinen Kommilitonen akademisch weit überlegen –, stünden wir uns vielleicht näher. Vielleicht bräuchte ich dann gar keinen Kampf, um mich ihm nahe zu fühlen.

Leider war ich nichts von alledem. Ein Teil von mir war immer noch das fünfzehnjährige Mädchen, das sich an ihren Zwillingsbruder klammerte.

»Bitte sag mir nicht, dass du vorhast, jetzt öfter hier aufzukreuzen.«

Erschrocken richtete ich mich auf und blinzelte in die untergehende Sonne. McCarthy trug immer noch seine purpurroten Shorts, über das Trikot hatte er einen Kapuzenpulli gezogen, und sein Haar war feucht. Offenbar hatte er nach dem Training geduscht.

Kann dieser Tag noch ätzender werden?

»Du bist wirklich der letzte Mensch, den ich jetzt sehen möchte«, brummte ich und wandte den Blick von seiner vor mir aufragenden Gestalt ab, betrachtete die Stadthäuser hinter dem weiten, leeren Feld zwischen Hauptcampus und Frat Row, die hauptsächlich von Studentenverbindungen bewohnt wurden.

»Ist das so?« Er ließ sich neben mich auf die Bank plumpsen.

Ich unterdrückte ein Stöhnen. Am liebsten hätte ich ihn angeschrien oder wäre direkt ernstlich gewalttätig geworden. »Heute ist nicht der richtige Tag dafür, McCarthy«, warnte ich ihn.

Als hätte es nicht gereicht, dass mein Verstand den Streit mit Henry immer und immer wieder durchspielte … Das Schicksal wollte offenbar, dass ich dem Grund für diesen Streit direkt in seine großen braunen Augen schaute. Also hielt ich es für klüger, meine zu schließen.

Aber Erkenntnis durchzuckte mich wie ein Blitz, und mein Körper versteifte sich wieder.

Der Grund für diesen Streit.

Dylan McCarthy Williams war der Grund dafür.

Nicht mein Bedürfnis nach Unabhängigkeit oder dass ich Henry angeschrien hatte. Nicht die Szene, mit der ich das Training unterbrochen hatte.

Es war McCarthy. Die Erwähnung seines Namens, die Vorstellung, dass ich Zeit mit *dem Feind* verbrachte.

Ich will einfach nicht, dass dieser Kerl in die Nähe meiner kleinen Schwester kommt. War das nicht genau, was Henry gesagt hatte?

Mit geschlossenen Augen sortierte ich die Informationen, meine Neuronen feuerten rasend schnell. Und dann kam mir eine Idee.

Hätte McCarthy nicht schon neben mir gesessen, hätte ich ihm jetzt den Platz angeboten.

Nein, er war nicht der letzte Mensch, den ich gerade sehen wollte. Er war genau derjenige, den ich brauchte. Das Schicksal hatte ihn mir nicht aus lauter Bosheit gesandt, sondern als mein One-Way-Ticket nach Revenge-Ville. Und wer würde sich beklagen, wenn mir das für längere Zeit die Aufmerksamkeit meines Bruders bescherte? Ich ganz sicher nicht.

»Das wirkt gefährlich«, sagte er, und ich sah ihn an. Ich bemerkte erst jetzt, dass sich auf meinen Lippen ein verschlagenes Lächeln ausgebreitet hatte, als er mit dem kreisenden Finger auf meinen Mund zeigte – aus sicherer Entfernung. »Ich habe dich noch nie lächeln sehen, Pressley. Und es jagt mir eine Heidenangst ein.«

»Gut.« Ich drehte mich zu ihm und erwog sorgfältig meine Optionen. Der Plan war noch kein bisschen ausgereift, und waren die Worte einmal ausgesprochen, konnte ich sie nicht mehr zurücknehmen. »Ich habe einen Vorschlag.«

»Ich höre.« McCarthy zog interessiert die Brauen hoch. »Was hat dein *geniales* Gehirn diesmal ausgeheckt?«

Ich sackte mit einem Ächzen zusammen und betrachtete ihn mit zusammengekniffenen Augen. »Wenn das eine Anspielung auf meine statistischen Fähigkeiten sein soll …«

Er unterbrach mich mit einem Schnauben und legte den Kopf schief. »Fähigkeiten?«

Es war leicht zu vergessen, was für ein Blödmann dieser Typ war. Mit seinem dichten dunklen Haar und der Andeutung von Grübchen auf seiner Wange …

»Weißt du, was …« Ich rümpfte die Nase, kurz davor, die ganze Sache fallen zu lassen, da hob er plötzlich entwaffnend die Hände.

»Schon gut, schon gut.« Er wirkte immer noch belustigt. »Ich gebe zu, dass mich interessiert, was in diesem kleinen …« Er stockte, als er meinen Blick auffing, und räusperte sich. »Was in diesem *großen* Gehirn vor sich geht. Spuck's aus.«

Trotz der leisen Zweifel, die mir gerade an meinem Plan gekommen waren, platzte ich damit heraus. »Ich weiß, dass du meinen Bruder zutiefst verabscheust«, begann ich, noch immer nicht ganz sicher, wie ich meinen Vorschlag formulieren sollte.

Aber jetzt konnte ich nicht mehr zurück.

McCarthy sog scharf die Luft ein. »Meisterhafte Schlussfolgerung.«

Ich verdrehte die Augen, musste aber lachen. »Nun, ich präsentiere dir hiermit feierlich: deine Chance, ihm zu zeigen, wie sehr du ihn wirklich verabscheust.«

KAPITEL 7

Ich bereute meinen Vorschlag sofort, als sich seine Lippen zu einem breiten, triumphierenden Grinsen verzogen.

»Wenn du so dringend mit mir ausgehen willst, hättest du mich auch einfach fragen können, Pressley.«

»Würdest du das bitte … *bleiben* lassen?«, murmelte ich und unterdrückte ein Stöhnen. »Wenn ich mit dir ausgehen wollte, würde ich mit dir ausgehen.«

Bei seinem herausfordernden Lächeln vertieften sich die Grübchen in seiner Wange, die ich gerade erst entdeckt hatte. Aber trotz des selbstsicheren Grinsens sagte er kein Wort. Normalerweise war er mir schweigend am liebsten, doch in dieser Situation wäre mir eine Rückmeldung sehr willkommen gewesen.

»Also?«, erinnerte ich ihn daran, dass ich immer noch auf eine Antwort wartete. »Was meinst …?«

»Ja.« Es war fast, als könnte er die Worte auf einmal nicht schnell genug herausbringen. Die Belustigung in seinen Zügen verflog, die Grübchen verschwanden, und er sah mich an.

»Ja?« Besorgt von dieser prompten Offenbarung runzelte ich die Stirn.

Sein Mundwinkel bog sich nach oben. »Ja«, wiederholte er.

Ich hatte angenommen, dass ich ihn etwas bearbeiten, vielleicht sogar zu Kreuze kriechen müsste, um den Deal mit ihm klarzumachen. Eine Hand wäscht die andere und so. Ein *Ja*, schnell und ohne Umschweife, hatte ich jedenfalls ganz sicher nicht erwartet. Das war ich von McCarthy nicht gewöhnt.

Neugierig und ein wenig verwirrt musterte ich ihn. Das Gesicht mir zugewandt, die Arme auf die Rückenlehne der Bank gestützt und mit hochgezogenen Brauen auf meine nächsten Worte wartend – nie im Leben wäre jemand auf die Idee gekommen, dass ich ihn gerade gefragt hatte, ob er mein Freund sein wollte.

Ein Fake-Freund, ja. Aber trotzdem.

Die Brise wirbelte unablässig sein braunes Haar durcheinander, er entspannte sich, Gleichgültigkeit legte sich über seine Züge, und dann *gähnte* er.

Es war viel zu einfach.

»Was denn?« Er legte den Kopf schief und hatte offenbar Mühe, ein Lächeln zu unterdrücken. »Ich habe Ja gesagt.«

»Hab ich gehört.« Ich suchte nach Anzeichen dafür, dass er mich verarschte. Oder ich wollte Zeit schinden, bis er in Lachen ausbrach, weil ich ihm tatsächlich geglaubt hatte. Doch er sah mich einfach nur weiter an. »Warum?«

»*Warum?*«, wiederholte er. Mein Unbehagen schien ihn zu amüsieren. »Warum nicht?«

Mir entfuhr ein aufgebrachtes Lachen. »Oh, ich weiß nicht«, gurrte ich. »Vielleicht, weil es bedeutet, dass du dann tatsächlich Zeit mit mir verbringen musst. Und du magst mich nicht besonders.«

Arme Prinzessin Pressley. Kann sich gar nicht vorstellen, dass irgendjemand auf dieser Welt nicht *begeistert darüber wäre, Zeit mit ihr verbringen zu dürfen.*

McCarthy zuckte mit den Schultern und musterte mich.

»Ich mag deinen Bruder auch *nicht besonders.*« Offenbar machte er sich über meine Wortwahl lustig.

»Und du willst keine Gegenleistung«, stellte ich fest, immer noch misstrauisch. »Ich weiß genau, du würdest mir keinen Gefallen tun, selbst wenn dein Leben davon abhinge, McCarthy. Wo also ist der Haken?«

Er streckte sich, die Ruhe selbst. Als er die Augen wieder öffnete, sah er mich an. »Ich bekomme bei diesem Deal alles, was ich will, Pressley.«

Und aus irgendeinem Grund klang er aufrichtig.

Trotzdem war mein Argwohn ungebrochen, und ich musterte ihn misstrauisch. »Und das wäre?«

Irgendwo musste es doch einen Haken geben, oder?

McCarthy seufzte. »Mal sehen …« Er tat so, als würde er über seine Antwort nachdenken, ehe er mit vor Ironie triefender Stimme antwortete: »Eine hübsche Freundin an meiner Seite, wenn ich über den Campus laufe …« Er unterbrach sich, seine Augen funkelten vor Belustigung. »An ihrem schlechten Benehmen oder ihren noch schlechteren Witzen wird wohl niemand Anstoß nehmen, oder?«

»Weil du selbst ja so ein begnadeter Komiker bist«, spottete ich, ignorierte geflissentlich, dass er mich hübsch genannt hatte, und konzentrierte mich auf das, was mir vertraut war: die Beleidigung. »Sag einfach Nein, dann suche ich mir jemand anders dafür.«

Ich bluffte. Es gab niemanden auf diesem Planeten, mit dem mein Bruder mich weniger gern sehen würde. Aber das brauchte McCarthy nicht zu wissen.

»Ich habe doch Ja gesagt«, entgegnete er. »Ich bin sicher, du erinnerst dich.«

»Du wirkst nicht, als wäre das deine endgültige Antwort«, zweifelte ich kopfschüttelnd. »Also überspringen wir doch lieber das Hin und Her und gehen direkt dazu über, dass du Nein sagst, was du sowieso tun wirst.«

»So wenig Vertrauen«, sinnierte er. »Ich sage Ja – lass mich dein Fake-Freund sein, Pressley.« Seine Stimme nahm einen vorgetäuschten flehenden Ton an, und er faltete die Hände vor der Brust. »Willst du, dass ich bettle? Ist es das, was du willst?« Er tat, als würde er sich hinknien. Als ob.

»Du meinst es also ernst?«, fragte ich trocken und kein bisschen belustigt.

»Todernst.«

»Und du willst keine Gegenleistung?«

McCarthy dachte einen Moment lang nach. »Na schön«, räumte er ein. »Auch wenn es mir eigentlich reicht, zu sehen, wie dein Bruder den Verstand verliert. Wenn du darauf bestehst, dass ich mir eine Gegenleistung aussuche …« Er warf mir einen Blick zu, um sicherzugehen, dass ich merkte, wie lächerlich er das fand. »Sagen wir einfach, du schuldest mir einen Gefallen.«

Dagegen ließ sich wohl kaum etwas einwenden.

»In Ordnung.« Aber irgendwas an seiner prompten und zugleich völlig ruhigen Antwort fühlte sich … *falsch* an. »Und du weißt hundertprozentig …?«

»Worauf ich mich da einlasse?«, vollendete er ungeduldig meinen Satz, und ich nickte. »Ja, das weiß ich. Ich bin so was von gespannt darauf, wie du so tust, als wärst du meine Freundin. Und noch gespannter bin ich, wie dein Bruder darauf reagiert. Reicht dir das?« Fragend hob er erneut die Brauen. »Scheint mir ein ebenso einfacher wie effektiver Plan zu sein. Also ja, ich bin dabei. Es war doch deine Idee … warum zögerst du jetzt auf einmal?«

»Ich bezweifle deine Fähigkeit, überzeugend meinen Freund zu spielen«, rutschte mir heraus, aber ich bereute es nicht.

McCarthy verdrehte die Augen. »Ich kann als Freund wahnsinnig überzeugend sein«, behauptete er.

Ich lachte laut auf. »Du datest ja nicht mal.«

»Ich habe ständig Dates.« Leicht verärgert schnitt er eine Grimasse.

»Ja, aber du *datest nicht*, oder?« *Bitte frag mich nicht, woher ich das weiß.* »Ich meine, du triffst dich mit keinem Mädchen ein zweites Mal, nachdem sie mit dir geschlafen hat. Oder?«

Ich wollte eigentlich gar nicht so viel über sein Liebesleben wissen, aber Mädchen redeten nun mal. In der Bibliothek. Wenn sie sich zum Ausgehen fertig machten. Wenn sie betrunken auf der Toilette waren und man ihre Gespräche durch die geschlossene Tür hören konnte (nachdem man noch ein bisschen blieb, um zu lauschen).

Warum konnte er mir nicht einfach zustimmen, damit ich nicht noch weiter darauf rumreiten musste? Er wusste schließlich, dass es stimmte.

McCarthy grinste, und schon bevor er überhaupt den Mund aufmachte, wünschte ich, der Boden würde sich unter mir auftun. »Ist das ein häufiges Thema im Hause Pressley?«, erkundigte er sich neugierig und lächelte. »Meine Beziehungen? Meine Dates? Hast du etwa eine Kartei mit allen Mädchen, mit denen ich je was hatte?«

»Nach der Nummer mit Paula kann man Henry wohl kaum einen Strick daraus drehen.« Flüchtig zuckte ich mit den Schultern und ließ meine Augen über die Backsteinmauer hinter uns schweifen. »Außerdem«, fügte ich hinzu, »wäre diese Akte sehr dünn und würde meinen Standpunkt nur bestätigen.« Ich wagte einen Blick in seine Richtung.

»Paula?« Zögernd legte McCarthy den Kopf schief. »Castillo?«

Ich nickte.

»Was hat Paula Castillo mit irgendwas zu tun?«

»Ach, weißt du«, erwiderte ich sarkastisch, »eigentlich nichts, abgesehen von der Tatsache, dass sie ihn betrogen hat. Und zwar mit dir.« Bei der Erinnerung daran sah ich finster drein, aber McCarthys unverschämt lautes Lachen holte mich in die Gegenwart zurück. »*Was?*«, blaffte ich ihn an.

»Ach, weißt du«, äffte er mich nach, klang aber deutlich belustigter als ich, »eigentlich nichts, abgesehen von der Tatsache, dass Paula eine Freundin ist und ich sie nie länger berührt habe als für eine Umarmung, wenn Henry es mal wieder so richtig verkackt hat.«

»Er hat es nicht …« Ich unterbrach mich. Ich war schließlich nicht hier, um meinen Bruder zu verteidigen. Ganz im Gegenteil. Und ich wusste auch gar nicht so genau, was damals eigentlich gelaufen war. »Wie auch immer«, fauchte ich nur und verdrehte die Augen.

McCarthy schnalzte. »Wie auch immer«, wiederholte er. »Du siehst, ich bin perfekt dafür qualifiziert, dein Fake-Freund zu sein, Pressley. Bist du jetzt glücklich?«

Mir dämmerte erst jetzt so richtig, was ich da eigentlich vorgeschlagen hatte. Ich verlagerte das Gewicht. »Es muss überzeugend sein, verstehst du? Es ist wichtig, dass es überzeugend rüberkommt …«

»Das wird es.«

Ich schüttelte den Kopf und richtete mich auf, um zu verdeutlichen, wie ernst es mir war. »Du kannst also ernsthaft einen vernünftigen Freund spielen?« Je länger ich darüber nachdachte, desto mehr geriet ich ins Zweifeln. Vielleicht hätte ich gar nicht erst fragen sollen. »Hattest du überhaupt schon mal eine Beziehung?«

Seine Augen formten sich zu Schlitzen. »Ja, ich kann einen vernünftigen Freund spielen, vielen Dank auch.«

Dass er die andere Frage gezielt unter den Tisch fallen ließ, war Antwort genug.

»Du kannst so tun, als würdest du ununterbrochen an mich denken? Als wärst du zutiefst fasziniert von mir?« Ich übertrieb es maßlos in Wortwahl und Tonfall und verbiss mir ein Lächeln, als er erneut nickte.

»Ja.« Zumindest er schien überzeugt zu sein.

»Du musst wirken, als wärst du entsetzlich in mich verliebt, McCarthy. Wenn das nicht klappt, schwöre ich bei Gott …«

»Keine Sorge.« Er seufzte und setzte ein strahlendes Lächeln auf. »Ich bin ein guter Schauspieler.«

Na schön.

»Ein paar Grundregeln«, fuhr ich fort und runzelte die Stirn, als er in seiner Tasche herumkramte und ein kleines Notizbuch herauszog. Ich verkniff mir ein Lachen. »Dein Ernst? Du machst dir Notizen?«

»Lach nicht«, beschwerte er sich und kämpfte offenbar selbst mit sich. »Wichtige Vereinbarungen sollte man schriftlich festhalten, oder etwa nicht?«

»Gesprochen wie ein echter Wirtschaftsstudent«, stimmte ich zu. »Wir haben jeden Freitag ein Date. Ich hole dich vom Training ab. Wir sorgen dafür, dass Henry es mitbekommt.«

Den Blick auf sein Notizbuch geheftet, widersprach er: »Freitag geht nicht. Jeden Donnerstag.«

»Und wenn ich donnerstags beschäftigt bin?«

Er hob den Kopf, in seinen Augen glitzerte der Schalk. »Bist du das?« Seine Mundwinkel zuckten.

»Vielleicht.« War ich nicht. »Aber ich mache es möglich.«

McCarthy schnaubte. »Ich danke dir vielmals, ich stehe für immer in deiner Schuld …« Er hielt inne. »Oh, warte mal.« Er lächelte. »Es ist ja genau umgekehrt«, korrigierte er sich mit einem Zwinkern.

»Sehr witzig. Also Donnerstag.« Ich räusperte mich, um meine Verärgerung zu überspielen und mich von seinem Grinsen abzulenken. »Wir könnten am Montag den Startschuss geben.« In zwei Tagen also. »Nach dem Unterricht reden, einander anlächeln und so. Ein paar Tage später legen wir dann richtig los und machen ein, zwei Monate so weiter. Vielleicht bis zum neuen Jahr?«

McCarthy kritzelte eifrig in sein Notizbuch und nickte mir zu. Als sein Stift zur Ruhe kam, sah er mich an, durch dichte Wimpern hindurch, um die ihn jedes Mädchen beneiden würde. »Richtig loslegen«, wiederholte er. »Was genau heißt das?«

Wenn ich ehrlich war, hatte ich mich noch nicht entschieden. Bis jetzt hatte ich es geschafft, den Anschein zu erwecken, ich hätte alles gründlich durchdacht, bevor ich ihm die Idee unterbreitete. In Wirklichkeit war es ein spontaner Einfall gewesen, und ich wusste selbst nicht genau, was ich als Nächstes vorschlagen würde.

»PDA ist ein Muss.« Ich redete einfach weiter. »Du weißt schon, Händchen halten und so.« Mit einem amüsierten Gesichtsausdruck forderte er mich auf, fortzufahren. »Also, ein bisschen. Natürlich nicht zu viel. Und nur, wenn Henry in der Nähe ist.«

»Ich habe es immer noch nicht ganz begriffen.« Mit großen, unschuldig dreinblickenden Augen sah er mich an, während er den Stift lässig zwischen seinen Fingern drehte. Irgendwas sagte mir, dass er nicht ganz so ahnungslos war, wie er tat. Vielleicht war er ein besserer Schauspieler, als ich ihm zugetraut hatte.

»Du weißt schon …« Ich hob die Brauen.

»Nehmen wir mal an, ich weiß es nicht.« Ein verlegenes Schulterzucken. »Schließlich muss ich sicher sein, dass ich mich so genau wie möglich nach deinen Wünschen richte, oder?« Er deutete auf den behelfsmäßigen Vertrag in seinem Schoß.

Ich seufzte. »Warum schreibst du dann nicht einfach auf: *kein Sex?*«, schoss ich gereizt zurück. Das Ganze hier schien mir jetzt schon ein ziemlich blöder Fehler zu sein. »Und bitte in Großbuchstaben.«

»Oh nein«, jammerte McCarthy theatralisch. »Wie soll ich das nur schaffen? Schließlich war das der einzige Grund, weshalb ich mich überhaupt darauf eingelassen habe.« Er warf mir einen Blick zu, der das genaue Gegenteil besagte. »Also …« Ohne weitere Umschweife kam er wieder zur Sache. »Gibt es irgendwelche Regeln für deinen Masterplan, die sich nicht von selbst verstehen?« In seiner Stimme schwang Sarkasmus mit, und er lehnte sich zurück. »Oder stellst du dir nur gerne eine Welt vor, in der ich meine Hände nicht von dir lassen kann, Pressley?«

Am Ende bestand unser Fake-Dating-Vertrag aus genau sieben Regeln. Darunter leuchteten unsere beiden Unterschriften.

#1 Fake-Date-Donnerstage
#2 Vertragslaufzeit: 1. November–1. Januar
#3 KEIN SEX
#4 Exklusivität (Das Daten von anderen Personen wird auf das Ende der Vertragszeit verschoben.)
#5 Athalia Payton Pressley verpflichtet sich dazu, ihren Fake-Boyfriend Dylan McCarthy Williams bei all seinen Fußballspielen anzufeuern.
#6 Beide Parteien garantieren, unter keinen Umständen aus den von ihnen festgelegten Rollen zu fallen.
#7 Verlieb dich <u>NICHT</u> in Dylan McCarthy Williams (oder Athalia Payton Pressley).

Nummer sieben war McCarthys Zusatz, und nachdem ich meinen eigenen Namen hinzugefügt hatte (und er ihn anschließend in Klammern gesetzt hatte), war ich damit einverstanden. Er hatte das *Nicht* unterstrichen und in fette Großbuchstaben gesetzt, als bräuchte ich die Erinnerung.

»Es ist mir ein Vergnügen, mit dir Geschäfte zu machen.« Ich reichte ihm die Hand.

»Das Vergnügen ist ganz auf meiner Seite, glaub mir.«

Seine Hand war doppelt so groß wie meine und verschluckte sie praktisch.

KAPITEL 8

Ich versuchte, mich mit ein bisschen exzessiver Selfcare davon zu überzeugen, dass die ganze Sache eine gute Idee war. Als Wren an diesem Abend nach Hause kam, fand sie mich mit einer blauen Gesichtsmaske und einem Handtuchturban auf dem Kopf, unter dem meine nassen Haare steckten, lang ausgestreckt auf der braunen Couch im Wohnzimmer vor, während ich bei einem Glas Wein *Gilmore Girls* schaute. Das Klappern ihres Schlüsselbundes ließ mich herumfahren. Mit zusammengekniffenen Augen musterte ich sie.

Ihr merkwürdiger Wutanfall heute Morgen war der Beginn eines scheußlichen Tags gewesen, aber nach allem, was seither passiert war, hatte ich ihn schon fast wieder vergessen.

Im Großen und Ganzen war das mit Wren nur halb so schlimm gewesen wie das mit Henry.

Das Echo der morgendlichen Spannung hallte noch immer nach. Sie nahm mich vorsichtig in Augenschein und wandte den Blick nur kurz ab, um Schuhe und Jacke auszuziehen und neben der Tür zu verstauen. Wren räusperte sich, und ich machte mich auf die Fortsetzung unseres Streits gefasst. Es schien unvermeidlich.

»Du siehst absolut lächerlich aus«, sagte sie stattdessen. Ihre Worte hingen in der Luft, und sie behielt mich so aufmerksam im Auge, als wollte sie jede noch so kleine Regung analysieren. Unwillkürlich zuckten meine Mundwinkel.

Die Anspannung fiel von ihr ab. Achtlos ließ sie die Papiertüte aus ihrer Hand gleiten, stieß einen lauten, theatralischen Seufzer aus und steuerte auf die Couch zu. »Oh Mann!« Sie ließ sich neben mir auf die Couch plumpsen. »Es tut mir so leid, ich weiß selbst nicht, was heute Morgen in mich gefahren ist. Wahrscheinlich habe ich einfach nur schrecklich geschlafen, weißt du? Partys sind nicht mein Ding, und lange aufzubleiben erst recht nicht. Und während du dich köstlich beim Bierpong spielen amüsiert hast, hat Henry mir ein Ohr abgekaut.«

Mein Körper reagierte merklich auf die Erwähnung meines Bruders.

»Seit wann trinkt er eigentlich?«, stockte Wren mitten in ihrer wortreichen Entschuldigung … So viel am Stück hatte ich sie nicht reden hören, seit wir letztes Jahr *Hamilton* gesehen hatten. (Ich das erste Mal. Sie zum vierten. Oder sogar fünften?)

Natürlich entging ihr meine Reaktion auf den Namen meines Bruders nicht. »Was war das?«, fragte sie und hob die Brauen.

»Nichts.« Ich war keine schlechte Lügnerin, aber Wren kannte mich einfach zu gut.

Neugierig betrachtete sie mich, beugte sich vor und pustete sich die schwarzen und blonden Strähnen aus dem Gesicht. Dann sagte sie: »*Henry.*« So langsam und bedacht, wie man einen Zeh ins Wasser tauchte, um die Temperatur zu prüfen. Und natürlich zuckte ich wieder zusammen. »Aha!«, rief sie und hob triumphierend einen Finger, ehe ihr bewusst wurde, dass sich meine Freude über ihren Treffer in Grenzen hielt. Sie beruhigte sich wieder. »Tut mir leid.«

Ich seufzte tief und akzeptierte ihre Entschuldigung, indem

ich meinen Kopf an ihre Schulter schmiegte. Wenn es ihr etwas ausmachte, dass ich etwas blauen Schmodder von meiner Gesichtsmaske auf ihren Kapuzenpullover schmierte, ließ sie es sich nicht anmerken, sondern legte lediglich eine Hand auf meine Schulter und lehnte den Kopf gegen meinen. So blieben wir eine Weile still sitzen, die Aufmerksamkeit auf den Bildschirm gerichtet, und waren beide wohl dankbar dafür, dass der Fernseher das Schweigen überbrückte.

»Bevor du mir alles erzählst …«

Ich stieß ein Stöhnen aus, um ihr zu signalisieren, dass ich nicht darüber reden wollte. Im selben Moment wand sie sich unter mir heraus, und mein Ächzen klang dadurch noch viel lauter. Mit hochgezogenen Brauen sah sie mich an, als wollte sie sagen: *Du wirst es mir doch sowieso sagen, ob du willst oder nicht.* Sie hatte recht.

»Bevor du mir alles erzählst …«, wiederholte sie, strenger als zuvor, aber auch mit einem Hauch Belustigung in der Stimme. »Ich hab was von Prem mitgebracht.«

Prem war das indische Restaurant am Ende der Straße, bei dem man zufälligerweise das beste Essen im ganzen Bundesstaat bekam. Und, noch wichtiger: das beste *Bhatura* der ganzen Vereinigten Staaten von Amerika. Meine große Schwäche. So viel Trost spendete mir sonst kaum etwas. Jetzt, da Wren es erwähnt hatte, roch ich es auf einmal auch.

Wahrscheinlich leuchteten meine Augen auf, und auf jeden Fall lief mir das Wasser im Mund zusammen, als ich mich aufrichtete und meine geballte Aufmerksamkeit auf die braune Tüte richtete, die Wren gerade holte. »Entschuldigung angenommen.« Ich lächelte, während sie einen Behälter mit der Aufschrift *#12 keine zwiebeln* auf den Couchtisch stellte, gefolgt von dem in Folie eingewickelten Bhatura-Brot. Mein Herz hüpfte bei diesem Anblick.

»Das will ich ja wohl auch hoffen«, antwortete sie lachend und ging Richtung Küche. »Außerdem: Hast du noch etwas davon übrig?« Sie drehte sich zu mir um und zeigte mit dem Finger auf ihr Gesicht.

Ich schnaubte. »Vor fünf Minuten hast du meine Gesichtsmaske noch lächerlich genannt.«

Wren zuckte nur mit den Schultern, verschwand kurz aus meinem Sichtfeld und kehrte dann mit Besteck zurück. »Badezimmer?«, fragte sie, und ich nickte halbherzig und konzentrierte mich wieder auf den Fernseher.

Als sie wiederkam, hatte sie ihr Haar so gut wie möglich zurückgebunden, trotzdem klebten hier und da Spuren von Blau darin. Die Gesichtsmaske bedeckte ihre klare Haut ungleichmäßig, aber zumindest vollständig.

Wren war über meine speziellen Bruderprobleme im Bilde, und als ich ihr von unserem Streit und meiner unvermeidlichen Erleuchtung erzählte, dass ich gern mehr für Henry wäre als eine fortwährende Unannehmlichkeit in seinem Leben, war sie nicht sonderlich überrascht. Sie hörte zu und aß dabei, und ab und zu – oder vielmehr jedes Mal, wenn sie einen Bissen genommen hatte – warf sie ein empörtes »*Scheißkerl*« oder »*Was?*« ein.

Am Ende meines Monologs betrachtete mich Wren einen Moment lang. »Und?«, fragte sie. Inzwischen waren wir mit dem Essen fertig, und Netflix fragte, ob wir immer noch zusahen.

»Und was?«

»Wie lautet der Plan?«

Ah. Der Plan. Natürlich war Wren klar, dass ich mich an ihm rächen wollte. Schade nur, dass es ihr ganz und gar nicht gefallen würde.

Offenbar hatte sich McCarthy in seinen drei Jahren an der

HBU ein paar Feinde gemacht. Und zufälligerweise waren die beiden Menschen, die mir am nächsten standen, ganz oben auf dieser Liste. Henry auf Platz eins, dicht gefolgt von Wren Inkwood, auch wenn sich mir der Grund dafür nie ganz erschlossen hatte. Bisher hatte ich nie hinterfragt, weshalb die beiden ihn so sehr hassten – es hatte mich irgendwie nie wirklich interessiert.

Verdammt, ich war nicht mal sicher, was ich selbst eigentlich für ein Problem mit ihm hatte. Wenn ich Henry und meine Solidarität ihm gegenüber aus der Gleichung herausnahm, blieb praktisch kein Grund mehr übrig. Außer vielleicht die Art, wie sich seine Lippen wissend kräuselten, wenn ich eine falsche Antwort gab.

»Lustige Geschichte«, murmelte ich, gab ein gekünsteltes Lachen von mir und begutachtete die Wohnzimmereinrichtung so, als wäre mir Wrens Bücherregal an der Wand hinter der Couch noch nie zuvor aufgefallen – es war ausschließlich mit historischen Sachbüchern und Fantasy gefüllt. Nein, ehrlich, noch nie zuvor hatte ich auf unserer glatten braunen Ledercouch gesessen, mit Blick auf den Fernseher an der gegenüberliegenden Wand. Das offene Loft mit dem grün-weiß karierten Teppich unter dem Couchtisch war mir ebenso neu wie Wrens Polaroids, die den kurzen Flur zur Eingangstür schmückten.

Ich griff nach der Fernbedienung und teilte Netflix mit, dass wir immer noch zusahen und es bitte die Stille wieder füllen solle.

»Ist es das?«, fragte sie. »Lustig?«

»Nun ja«, begann ich und schaute leicht nervös zu Wren. Sie erwartete gespannt meine Antwort. »Lass mich einleitend sagen, dass meine Methoden vielleicht eigenartig wirken mögen, aber sie sind immer effektiv.« Eine sehr durchsichtige Zeitschinderei. »Auch wenn die Mittel, mit denen ich Rache nehmen will, nicht ideal sind, ist das Ergebnis es stets wert –«

»Spuck's einfach aus, Athalia.«

Scheiß drauf.

»Ich werde die nächsten zwei Monate so tun, als würde ich mit McCarthy ausgehen.« Die Geschwindigkeit, mit der die Worte aus mir heraussprudelten, war rekordverdächtig. »Exklusiv«, fügte ich zögernd hinzu.

Sie brauchte gut dreißig Sekunden, um schlau aus dem zu werden, was ich ihr gerade förmlich vor die Füße geworfen hatte. Dann begriff sie, zog die Brauen hoch und lehnte sich erschüttert zurück, wirkte für einen Moment wie erstarrt.

Ich wusste nicht, ob es fünf Sekunden, Minuten oder Stunden waren. Ich glaube, ich hielt den Atem an. Und dann sagte sie schlicht: »Okay.«

»Okay?«

»Das wird Henry wütend machen.« Sie dachte noch mal darüber nach und verzog das Gesicht. »Es wird ihn definitiv wütend machen. Und sichert dir die Aufmerksamkeit, nach der du dich offensichtlich so sehr sehnst. Eine schnelle Lösung für etwas, über das du irgendwann mit Stephanie reden solltest.« Sie kniff die Augen zusammen. Wren hatte mich in unseren drei gemeinsamen Collegejahren viel zu gut kennengelernt, was man unter anderem damit belegen konnte, dass sie den Namen meiner Therapeutin kannte. »Ich meine, es ist ein solider Plan. Bis auf den klitzekleinen Umstand, dass der Ausgang dieser Sache unberechenbar ist, oder? Wenn McCarthy eins ist, dann vermutlich unberechenbar. Und ist dir aufgefallen, dass ich *vermutlich* gesagt habe? Das liegt daran, dass er derart unberechenbar ist, dass ich nicht mal weiß …«

Es war, als hätte Henry auf sie abgefärbt. Normalerweise plapperte Wren nicht, aber jetzt quasselte sie immer weiter und weiter und weiter …

»Okay«, unterbrach ich sie hastig und hob kapitulierend

die Hände. »Ich hab's verstanden. Es ist ein idiotischer Plan. Aber wenn alles so funktioniert, wie ich es will, ist es das Beste, was ich tun kann. Wenn McCarthy sich nicht wie ein Idiot verhält – was zugegebenermaßen unwahrscheinlich ist – und wenn die Zeit, die ich mit ihm verbringe, nicht unerträglich ist – ebenfalls unwahrscheinlich –, werde ich es vielleicht nicht einmal bereuen.« Ich merkte selbst, dass ich mich mehr und mehr verrannte. »Aber es ist ein guter Plan«, beharrte ich stur.

Wren seufzte und ließ den Kopf achselzuckend zurückfallen. »Er ist okay«, sagte sie, aber sie lächelte dabei.

Als ich später zu Bett ging, checkte ich noch schnell meine E-Mails, voller Hoffnung, dass eine der Vorlesungen diese Woche abgesagt worden war. Doch statt einer solch wunderbaren und erleichternden Nachricht wartete nur diese hier in meinem Posteingang auf mich:

<D.M.WILLIAMS@HALLBU.COM> 18:33
Pressley,
im Anhang findest du eine Kopie unserer schriftlichen Vertragsvereinbarung.
Mit unfreundlichen Grüßen
D. M. W.

KAPITEL 9

In den folgenden Tagen konnte ich an einer Hand abzählen, wie oft sich meine und Henrys Blicke trafen. Stur vermied er es, so gut es ging, auch nur in meine Richtung zu gucken, und ich wollte ihn ebenso wenig ansehen.

Zeit, *richtig loszulegen*. Nur dass ich heute, zwei Stunden vor meiner ersten Vorlesung, offenbar von meinem Fake-Freund bei unserem ersten Fake-Date versetzt wurde. War das Leben nicht einfach wundervoll?

Wren hielt das Ganze für eine schlechte Idee. Und so ungern ich es zugab ... in den letzten Tagen waren auch mir immer mehr Zweifel an meinem brillanten Plan gekommen.

McCarthy war unzuverlässig, egoistisch und arrogant – keine guten Voraussetzungen für einen Geschäftspartner und noch weniger für einen festen Freund.

»Ach, sieh mal einer an. Du auch hier!«

Das mulmige Gefühl meiner Demütigung verflog beim Klang von McCarthys Stimme und wurde von Gereiztheit abgelöst. Genauso unbekümmert wie immer nahm er mir gegenüber an dem kleinen Tisch direkt am Fenster Platz. Ich musterte ihn von Kopf bis Fuß. »Du bist spät dran.« Ich ließ den Löffel, mit dem ich verärgert in meinem Kaffee herumgerührt hatte, zurück in die Tasse fallen. McCarthys braunes

Haar war noch feucht, und als er die Jacke auszog, klebte das Kompressionsshirt, das er darunter trug, an ihm wie eine zweite Haut. Die Ärmel lagen eng um seine Oberarme, der Anblick raubte mir beinahe den Atem. Aber nur beinahe. Rasch richtete ich meine Augen auf sein Gesicht und starrte ihn finster an.

»Du bist früh dran«, bemerkte er ungerührt und betrachtete meine Tasse. »Wir hatten uns auf halb zehn geeinigt.«

Seine dämliche Ausrede provozierte mich umso mehr. »Viertel nach neun.« Ich war sicher, dass ich Viertel nach neun gesagt hatte, und ich war mir sicher, dass er zugestimmt hatte. Warum sonst sollte ich um Viertel nach neun in *Daisy's Coffee* sitzen?

»Du sagtest Viertel nach neun«, bestätigte er, aber dann fuhr er leider fort: »Ich sagte, dass ich es nicht bis Viertel nach neun schaffe, und schlug halb zehn vor. Dann hast du nur mit den Schultern gezuckt. Was in meiner Welt bedeutet, dass du zugestimmt hast.« Mit einem unerträglichen Grinsen sprach er weiter: »Also waren wir um halb zehn verabredet.«

Ich seufzte, eher verärgert als geschlagen. Zu meiner Verteidigung musste ich hinzufügen, dass dieses Gespräch in einer Statistikvorlesung stattgefunden hatte, in der ich seiner Anweisung nach besonders gut aufpassen sollte. Und ich hatte die ganze Zeit, während wir uns unterhielten, Shaws Blick auf mir gespürt. Gut möglich, dass ich einfach mein Okay gegeben hatte, ohne richtig hinzuhören, nur damit er endlich die Klappe hielt.

»Ah, sie erinnert sich.« Er lächelte mich an.

»Du bist unausstehlich, McCarthy.«

Immer noch lächelnd griff er über den kleinen Tisch hinweg nach meiner Tasse, trank einen Schluck und stellte sie wieder vor mir ab. »Dann überleg mal, was du getan haben könntest, um einen so unausstehlichen Freund wie mich zu verdienen.«

Ich schnitt eine Grimasse. »Charmant«, murmelte ich, während er sich den Sahnebart aus dem Gesicht wischte. Um sicherzugehen, dass man mir nicht anmerkte, wie gern ich ihn ermorden würde, wandte ich mich ab.

Das *Daisy's* lag nahezu perfekt auf halber Strecke zwischen meiner Wohnung und dem Campus. Die Einrichtung des Coffeeshops war klassisch weiß gehalten, mit rosafarbenen Akzenten. Kacheln zierten die Vorderseite des Tresens, der links zur Hälfte aus einer Kuchenvitrine bestand und rechts von den weißen Fliesen in eine dunkle Holzvertäfelung überging. Das moderne Weiß der Wände wurde da von rotem Backstein ersetzt, und die abgenutzt wirkenden hellen Holzdielen verliehen der rechten Seite des Ladens einen gemütlichen Shabby-Chic-Style. Überall standen Blumen und Pflanzen, da *Daisy's Coffee* und *Daisy's Daisies* sich diese Räumlichkeiten teilten – Coffeeshop und Blumenladen in einem.

Und genau das machte auch den Charme dieses Ladens aus: zwei völlig unterschiedliche Konzepte, die unglaublich gut miteinander harmonierten.

An sonnigen Tagen wie heute unternahm Henry für gewöhnlich liebend gern einen Spaziergang zu seinen Vorlesungen und verzichtete auf seinen Kaffee aus der Maschine zu Hause, um sich stattdessen unterwegs einen bei *Daisy's* zu holen. Diese kleine Angewohnheit meines Bruders war der Grund dafür, dass ich jetzt hier saß, umgeben von Blumen, frischem Gebäck und in Gesellschaft eines Manns, von dem ich nicht sicher war, ob er das Ganze lebend überstehen würde, wenn er so weitermachte.

»Und, hast du gelernt?«

Ich wusste sofort, dass es nicht um Statistik ging. »Natürlich.«

Auf seine erste E-Mail hatte ich ähnlich herausfordernd reagiert:

<A.P.PRESSLEY@HALLBU.COM> 09:20
McCarthy,
im Anhang findest du ein Dokument mit allem, was mein Freund über mich wissen sollte. Solltest du dir nicht jeden Punkt einprägen, wäre ich, deine zukünftige Fake-Freundin, sehr enttäuscht und würde mich gezwungen sehen, mit dir Schluss zu machen.
Unherzliche Grüße
A. P. P.

Daraufhin hatte er geantwortet:

<D.M.WILLIAMS@HALLBU.COM> 10:35
Pressley,
anbei meine eigene Liste mit Fakten über mich, die meine Freundin draufhaben sollte. Ich erwarte von dir ebenso viel Einsatz wie du von mir.
PS: Wusstest du, dass dein Lieblingstier zum Spaß andere Meerestiere quält? Wenn ich darüber nachdenke, kann ich verstehen, warum du die Biester magst.
Schlimmste Grüße
D. M. W.

Tja, und jetzt hockten wir uns hier also gegenüber und überprüften, ob der andere seine Hausaufgaben erledigt hatte.

»Beste Freundin?« Herausfordernd hob ich die Brauen und wünschte, seine Antwort käme weniger prompt und selbstbewusst als die vorherigen. Aber da er sie erst vor ein paar Tagen das letzte Mal gesehen hatte, war wohl zu erwarten, dass er Bescheid wusste.

»Wren Inkwood, Hauptfach Geschichte. Hat eine starke Abneigung gegen mich. Mein bester Freund?«

Ich versuchte, meine Enttäuschung über die richtige Antwort zu verbergen, und gab, ebenfalls wie aus der Pistole geschossen, zurück: »Blake Zachary, Informatik.«

Bis jetzt hatten wir den vollen Namen abgefragt (McCarthy Williams, Dylan), das Alter (dreiundzwanzig), die Lieblingsfarbe (Grün) und die Namen der Eltern (Natalie McCarthy und Lincoln Williams). Wir wurden immer schneller, und er hatte die nächste Frage praktisch schon auf den Lippen, bevor er die letzte überhaupt beantwortet hatte. Ich sah ihm an, dass er es genoss und ebenso sehr darauf hoffte, mich überrumpeln zu können, wie umgekehrt.

»Heimatstadt?«, wollte er wissen, und die Antwort sprudelte nur so aus mir heraus.

»D. C. Und meine?« Mit dem inständigen Wunsch, ihn endlich scheitern zu sehen, beugte ich mich weiter vor.

Leider war seine Antwort ebenso selbstgefällig wie korrekt. »London, Chelsea. Ihr seid nach New York gezogen, als du fünf warst, und dort bist du dann aufgewachsen.«

Ich stöhnte angesichts des siegreichen Lächelns auf seinen Lippen, und es wurde nur noch breiter, die Grübchen tiefer.

»Mich zu studieren scheint dir übrigens sehr viel leichter zu fallen als das Pauken von Korrelationen und Regressionen«, sagte er amüsiert. Plötzlich fiel mir auf, wie wenig Abstand nur noch zwischen uns war. Je anspruchsvoller die Frage, desto dichter rückten wir aneinander – vielleicht um den anderen einzuschüchtern, vielleicht aber auch aus Angst, den Blick bei einer falschen Antwort zu verpassen. Bisher wirkte keiner von uns sonderlich eingeschüchtert, und es hatte noch keine falsche Antwort gegeben. Wir starrten uns lauernd an, mitten in einem Café, zwischen uns beunruhigend wenig Distanz.

»Nun …« Ich räusperte mich und lehnte mich in meinem Stuhl zurück, um die aufgeheizte Atmosphäre ein wenig aufzulockern. »Es gibt nur wenig, was langweiliger ist als Korrelationen und Regressionen.«

McCarthy legte kichernd den Kopf schief und verschränkte lässig die Arme vor der Brust. »Na so was«, murmelte er mit einem hinterhältigen Lächeln. »Hast du etwa gerade zugegeben, dass ich interessant bin, Pressley?«

Halb belustigt, halb ungläubig verdrehte ich die Augen. »Interessanter als Statistik zu sein ist kein Kompliment«, erwiderte ich und gab mir Mühe, seine Lässigkeit zu kopieren.

Er zuckte mit den Schultern. »Ich würde sagen, das ist Ansichtssache, meinst du nicht auch?« Er wartete so gespannt auf meine Antwort, als würde ich gleich die Lottozahlen für nächste Woche verkünden.

Seufzend legte ich den Kopf in den Nacken. »Habe ich schon erwähnt, wie unausstehlich du bist?«

»Und doch hast du um ein Fake-Date mit mir gebettelt.«

Mein Kopf ruckte hoch, und ich glotzte ihn entgeistert an. Seiner Miene nach zu urteilen, schien das genau die Reaktion zu sein, auf die er gesetzt hatte. Scheiße.

»Ich habe nicht gebettelt«, stellte ich trotzdem klar, die Augenbrauen hochgezogen, die Stimme fest. »Und im Moment bereue ich es, dich überhaupt darum ersucht zu haben.«

»Nein, tust du nicht.«

Ich hätte ihm energisch widersprochen … wäre nicht genau in diesem Augenblick Henry durch die Tür gekommen. Ich versteifte mich und linste an McCarthy vorbei. Mein Bruder entdeckte mich sofort.

Sein Blick verweilte für den Bruchteil einer Sekunde auf mir, bevor er mir unnatürlich schnell den Rücken zudrehte und an den Tresen trat. Konzentriert studierte er die handgeschriebene Speisekarte auf der Kreidetafel hinter dem Tresen, obwohl er natürlich längst wusste, was er bestellen würde. Dann richtete er seine Aufmerksamkeit auf die unterschiedlichen Blumensträuße auf der anderen Seite des Ladens, obwohl er hier schon tausend Mal Blumen für Paula gekauft hatte. Und plötzlich, als könnte er gar nicht anders, huschten seine Augen ein weiteres Mal zu mir herüber.

Seine Miene war nicht nur eisern, sondern aus rostfreiem Stahl. Nicht das kleinste Zucken in der Maske, die er aufgesetzt hatte, um seine Gefühle zu wahren. Verflixt noch mal.

Himmel, diese McCarthy-Sache musste unbedingt klappen.

»Ist er hinter mir?«

Ich schreckte auf und wandte mich wieder McCarthy zu. Das war genau der Anstoß, den ich gebraucht hatte, um mich zusammenzureißen und meinen – zweifellos riskanten – Plan in die Tat umzusetzen.

Ich nickte und lächelte, als hätte er mir gerade die Welt versprochen. Ein kurzer Blick über seine Schulter verriet mir, dass es Henry schwerfiel, den Kerl, dem seine *kleine Schwester* gegenübersaß, nicht allzu interessiert zu mustern. Aber noch wirkte er relativ ruhig – offenbar hatte er den Hinterkopf seines Feindes noch nicht ganz unzweifelhaft erkannt. »Wie gut ist dein aufgesetztes Lachen?«

Statt einer Antwort verzog McCarthy die Lippen zu einem Grinsen, blinzelte leicht, dann warf er den Kopf in den Nacken, und ein vollkommen natürliches Lachen schallte durch den Laden.

Ich glaubte nicht, dass mich irgendwas auf diesen Anblick hätte vorbereiten können. Oder auf das Geräusch. Oder daran, wie mir plötzlich klarwurde, wie leicht ich mich daran gewöhnen könnte, es öfter zu hören. Es war ein wenig rau, und zugleich klang fast eine Spur Kichern darin mit.

Verdammt noch mal.

Hastig wischte ich sämtliche Gedanken bezüglich dieses

himmlischen Lachens beiseite und spähte unauffällig zu Henry, auf dessen Gesicht sich allmählich die Erkenntnis abzeichnete, als ihm langsam dämmerte, zu wem es gehörte.

»Machst du das öfter?«, fragte ich McCarthy belustigt.

Er zwinkerte, und es war eine Schande, dass Henry hinter ihm stand und es nicht sehen konnte. »Nur mit dir.«

»Du solltest wissen, dass deine Freundin *unglaublich* witzig ist«, erläuterte ich leise. »Es gibt keinen Grund für vorgetäuschtes Lachen.« Ich kniff die Augen zusammen und lehnte mich über den kleinen Tisch, um meine Worte zu unterstreichen … und um sicherzugehen, dass Henry die Situation so interpretierte, wie er sollte.

McCarthy schnappte überrascht nach Luft, lachte und schüttelte dann den Kopf. Alles in allem spielte er die Rolle, als hinge sein Leben davon ab. Und dafür war ich ihm dankbar. Ganz ohne jegliche Ironie.

»Wie kommt es dann, dass mein Fake-Lachen so geübt ist?« Er stützte sich ebenfalls auf den Tisch, und ich musste über seinen anklagenden Tonfall grinsen.

»Vermutlich waren deine vorherigen Freundinnen echte Schnarchnasen.« Ich zuckte mit den Schultern und achtete darauf, unseren Blickkontakt nur für eine Sekunde zu unterbrechen … und auch das nur deshalb, weil mir das Klingeln der Glocke über der Tür Henrys Abgang mitteilte. Er hatte keinen Kaffeebecher in der Hand, und der Stechschritt verriet seine Verärgerung.

Ich schaute McCarthy an, und Triumph durchströmte mich. Seine braunen Augen waren nah genug, um die unterschiedlichen Schattierungen darin zu erkennen. Sein Mund nah genug, um den Minzgeruch seines Kaugummis wahrzunehmen.

»Was sind deine Lieblingsblumen?« Während er die Frage stellte, lehnte er sich gemächlich in seinem Stuhl zurück. Er wirkte völlig unbekümmert, und mir war klar, dass er, ohne sich selbst vergewissern zu müssen, genau wusste, dass Henry den Coffeeshop verlassen hatte.

»Warum?«

»Als dein Freund sollte ich das wissen.«

Ich gluckste amüsiert. »Wie kommst du darauf, dass ich eine bestimmte Blume bevorzuge?« Ich lehnte mich ebenfalls entspannt zurück.

»Komm schon«, hakte er nach, als wäre es selbstverständlich, und deutete dann auf mich, mit einer Geste, die mich von Kopf bis Fuß umfasste. »Du bist Milliardärstochter. Du musst einfach Lieblingsblumen haben.« Der Gedanke schien ihm Spaß zu bereiten.

»Und du bist der Sohn eines Millionärs«, erwiderte ich herausfordernd. »Was sind denn *deine* Lieblingsblumen?«

McCarthy zuckte mit den Schultern. »Die meiner Mutter sind Lilien.«

Ich verstand das als *also sind es auch meine.*

Suchend sah ich mich im Laden um und musterte Daisys Sträuße, um mich inspirieren zu lassen. Rosen, Sonnenblumen, Pfingstrosen, Margeriten, Orchideen … Schließlich wendete ich mich ihm mit einem Seufzer wieder zu. »Tulpen, würde ich sagen.«

Er dachte einen Moment lang darüber nach, drehte sich um und entdeckte nun vermutlich ebenfalls den Strauß mit den blassrosa Tulpen.

»Und welche magst du am wenigsten gern?« Herausfordernd betrachtete er mich. »Das hätte ich eigentlich als Erstes fragen sollen.«

Genervt verdrehte ich die Augen. »Die Frage kann ich dir ganz leicht beantworten.« Favoriten auszuwählen fiel mir schwer. Die Vor- und Nachteile vieler guter Optionen abzuwägen, nur um *die beste* zu finden. Zu wissen, was ich nicht mochte, war dagegen so einfach wie das Einschlafen nach einer durchgefeierten Nacht. Es kam von selbst. Schnell. Wie ein Instinkt. »Rote Rosen.«

KAPITEL 10

Henry schwänzte das Steuerrechts-Seminar, was ich ziemlich kindisch fand. Andererseits bedeutete es wohl, dass das, was wir gerade taten, funktionierte. Und deshalb lächelte ich mehr als sonst, und meine Schritte waren beschwingt.

Was war besser als ein Plan, der funktionierte, obwohl man nicht sicher gewesen war, dass er aufgeht? Ein Plan, dessen Ergebnis die Erwartungen übertraf. Auch wenn ich nicht mit ihm sprach, wusste ich zumindest, dass Henry an mich dachte. Seit dem Tod unserer Eltern war ich mir dessen nicht mehr so sicher gewesen. Jetzt aber erkannte ich es deutlich an seinem Blick, als wir im Korridor aufeinander zuliefen. Daran, wie er den Kopf abwandte, kaum dass wir einander entdeckt hatten. Er war auf dem Weg nach Hause, ich auf dem Weg zu McCarthys Nachhilfestunde, und das war ihm vermutlich mehr als klar.

Ob göttliche Intervention oder bloßer Zufall – kurz bevor ich McCarthys Büro erreichte, steckte er den Kopf zur Tür heraus, und ich bedankte mich stumm beim Universum. Offenbar sprang nämlich sowohl ich McCarthy direkt ins Auge als auch mein Bruder, denn seine Lippen formten sich zu einem teuflischen Lächeln.

Der Korridor war zwar lang, doch die Tür zu McCarthys

Büro nur wenige Meter von der Stelle entfernt, an der sich Henrys und mein Weg kreuzen würde. An den hellbeigen Wänden zu meiner Linken befanden sich Türen, zu meiner Rechten Fenster, und zwischen jeweils zwei Fenstern standen die Büsten historisch bedeutsamer Persönlichkeiten auf schmalen Holzsockeln. Für den Bruchteil einer Sekunde sah es fast aus, als würde Henry versehentlich Abraham Lincoln umrennen, so entschlossen wich er mir aus.

»Pressley!«

Ich hatte mich noch nicht an die Vereinbarung zwischen mir und McCarthy gewöhnt, und die Freundlichkeit in seiner Stimme überrumpelte mich völlig. Henrys Blick nach zu urteilen, erwischte es ihn ebenso eiskalt. Andererseits war es natürlich relativ normal, dass man sich erstaunt umschaute, wenn jemand wie aus dem Nichts den eigenen Namen rief, oder?

Der Ausdruck, mit dem die beiden einander maßen, hätte Lava gefrieren lassen.

McCarthy wandte sich als Erster ab, wohl um sicher sein zu können, dass Henry es auch ja mitbekam, wie er lässig grüßend die Hand hob und mir ein Lächeln schenkte. Eins, das sehr überzeugend vermittelte: »*Oh, meine Freundin, ich freue mich so sehr, dich zu sehen.*«

»Sieh mal einer an«, wisperte ich, als ich mich an ihm vorbei in das winzige Büro quetschte. »Du kannst ja tatsächlich wie ein anständiger Mensch klingen, wenn du nur willst.«

Er schloss die Tür hinter mir mit einem dumpfen Schlag und deutete auf den unbequemen Stuhl vor dem Schreibtisch. »Du wärst überrascht, wie freundlich und großzügig ich sein kann, wenn du nicht in der Nähe bist.«

»Vermutlich ungefähr so freundlich und großzügig wie Shaw an einem seiner schlechteren Tage.« Ich hob die Brauen. »Richtig?«

McCarthy setzte sich und grinste, allerdings galt seine Aufmerksamkeit bereits dem Gegenstand, mit dem er mich in den nächsten sechzig Minuten quälen würde: *Inferenzstatistik I.*

»Hast du es schon gelesen?« Er hielt mir das Buch hin.

»Klar.« Ich lehnte mich auf meinem Stuhl zurück, und er ließ mit einem theatralischen Seufzer die Hand sinken. Ihm war natürlich klar, dass die ehrliche Antwort ein dickes, fettes *Nein* war.

»Das war letztes Jahr Pflichtlektüre, Pressley.« Statt darauf zu warten, dass ich das Buch entgegennahm, öffnete er es, drehte es um und knallte es so laut vor mir auf den Tisch, dass ich aufschrak. Ohne darauf zu achten, ob ich hinsah – was ich aber tat, denn sonst hätte ich ja nicht gewusst, dass er nicht darauf achtete –, fuhr er mit dem Finger über das Inhaltsverzeichnis und tippte auf die relevanten Stellen. »Es gibt Kapitel über sämtliche Themen, die du nicht verstehst.« Die Nullhypothese: *tipp*. Berechnung von Wahrscheinlichkeiten: *tipp*. Konfidenzintervalle: *tipp*.

Keine Ahnung, weshalb meine Augen praktisch am Buch klebten. Am *Buch,* wohlgemerkt – nicht an seinem beringten Finger.

McCarthy blätterte um und zog sorgfältig die nächsten aufgelisteten Kapitel nach. A/B-Testing: *tipp*. Bei jedem Tippen krümmte sich sein Finger leicht, bevor er sich wieder streckte und weiter über die weiße Seite strich. Korrelationskoeffizienten: *tipp*. Ich bemerkte eine Ader, die von seinem Fingerknöchel aus nach oben verlief, und folgte ihr gedankenverloren mit meinen Augen. Regressionen: *tipp*. Er hatte schöne, kräftige Hände, über den Handrücken verliefen deutlich sichtbare Adern. Er trug drei silberne Ringe.

Rasch sah ich auf. Keine Ahnung, wie lange er schon schwieg, und noch weniger hätte ich sagen können, wie lange seine Hand bereits ruhig auf der Seite verweilte. Als sich unsere Blicke begegneten, hob er spöttisch die Brauen und wartete auf irgendeine Reaktion. Ich atmete zischend aus, um Zeit zu schinden. »Das Ding wiegt ja auch nur ungefähr hundert Kilo, McCarthy«, erwiderte ich schließlich. »Auf keinen Fall werde ich …«

Er klappte das Buch zu, und ich war sicher, dass er es nur tat, damit ich aufhörte zu reden. Bereits nach fünf Minuten war er mit seiner Geduld am Ende. Keine Ahnung, ob ich stolz darauf war oder mich ein wenig schuldig fühlen sollte. Shaws Assistent zu sein musste schon kräftezehrend genug sein, selbst wenn man keinen hoffnungslosen Fall in Statistik unterrichten musste.

»Was ist eigentlich dein Problem?«, erkundigte er sich, halb verärgert, halb verwirrt. »Du bist nicht dumm, Pressley. Anscheinend willst du es einfach nicht verstehen.«

Ich legte den Kopf schief und tat, als würde ich schmollen. »Das ist wahrscheinlich das Netteste, was du je zu mir gesagt hast«, scherzte ich, und McCarthy verdrehte gereizt die Augen.

»Ich meine es ernst.«

»Und das könnte genau das Problem sein.« Ich zuckte mit den Schultern und schaute weg. Stille. Einige Sekunden verstrichen. Vorsichtig riskierte ich einen Blick auf ihn. McCarthy glitt mit einer Hand durch sein dunkelbraunes Haar und fixierte den Holztisch vor sich. Ich seufzte. »Ich weiß es selbst nicht«, gab ich schließlich zu.

McCarthy konnte sich ein sarkastisches Auflachen nicht verkneifen. »Du versuchst es ja nicht mal«, stellte er fest.

Das stimmte. Ich versuchte es nicht mal. Und ich hatte nicht den blassesten Schimmer, warum nicht. Sonst versuchte ich es immer.

Vielleicht lag es daran, dass ich niemals meine Mutter sein

würde, ganz gleich, wie sehr ich mich auch bemühte. Ich würde nie Naomi Yung sein, die Frau, der wir einige moderne Anwendungsmöglichkeiten der Statistik in der Wirtschaft zu verdanken hatten. Auch nach ihrem Tod war ihr Erfolg überall an der Uni präsent. Letztes Semester war ich beim Lernen allein für diesen verdammten Kurs dreimal über ihren Namen gestolpert.

Und ich würde nie so sein wie sie.

Der Gedanke daran machte mich krank.

Henry war im Grunde genommen Dad und machte seinem Namen und dem Ruf eines Pressleys im Fußball alle Ehre. Nach dem College würde er Profi werden, ganz wie geplant. Der Draft war schon in einem Monat, und die Möglichkeit, dass er es eventuell nicht schaffen könnte, kam mir nicht mal ansatzweise in den Sinn. Jeder wusste, dass er es schaffen würde.

Warum konnte ich nicht auch ein bisschen mehr wie unsere Eltern sein?

Könnte ich es vielleicht, wenn ich mich mehr anstrengen würde?

Ich war mir nicht ganz sicher, wie man sich in Statistik richtig anstrengte, aber die folgende Nachhilfestunde mit McCarthy war ganz sicher kein glänzendes Beispiel dafür. Am Ende der Sitzung waren Lächeln und Schwung, seit einigen Tagen meine ständigen Wegbegleiter, wie weggewischt.

Mir fiel auf, wie er die Nase rümpfte und versuchte, meine Notizen zu entziffern. Das braune Haar hing ihm dabei ins Gesicht, und er wirkte ebenso irritiert über meine Kritzeleien, wie ich mich beim Schreiben dieser gefühlt hatte. Seine Zunge stieß an die Innenseite seiner Wange, und schließlich kniff er die Augen zusammen und nahm mich ins Visier.

Du starrst ihn an, ermahnte mich die Stimme in meinem

Kopf, als sich unsere Blicke trafen. Und das tat ich tatsächlich. *Warum starre ich ihn an?*

Doch jetzt, da seine Aufmerksamkeit von dem Papier in seiner Hand abgelenkt war, hielt er den Blickkontakt aufrecht. Starrte er mich dann nicht ebenfalls an?

Als sich seine Lippen zu einem Lächeln verzogen, stumm und herausfordernd, und die Grübchen in seinen Wangen sichtbar wurden, lag der Grund dafür auf der Hand.

Er war unverschämt attraktiv. Das war eine Tatsache. Wahrscheinlich trug das sogar dazu bei, dass ich ihn so wenig leiden konnte. Und wahrscheinlich war es bei Henry ähnlich.

Ich schüttelte den Kopf, um diesen Gedanken loszuwerden. »Also …« begann ich, aber weiter kam ich nicht.

»Du hast mich so was von angestarrt.« McCarthy biss sich auf die Unterlippe, um sein Grinsen zu bezähmen. Offenbar war es ihm ebenfalls nicht entgangen. »Hör auf, den Kopf zu schütteln. Athalia Payton Pressley, du hast mich *so was* von angestarrt«, wiederholte er, diesmal ganz sachlich.

Ich dachte einen Moment lang über seine Anschuldigung nach. »Hör auf, dich wie ein Fünfjähriger zu benehmen, McCarthy.«

Er grinste jetzt. *Du. Hast. Mich. Angestarrt,* formte er mit den Lippen, erwiderte kurz meinen Blick und richtete seine Aufmerksamkeit dann wieder auf die Notizen.

Bevor ich etwas entgegnen konnte, klopfte es an der Tür.

McCarthy linste auf die Uhr – Punkt fünfzehn Uhr – und seufzte. »Ich schicke dir die Infos für morgen per E-Mail«, gab er mir zu verstehen, dass die Stunde beendet war, und reichte mir meine Notizen zurück, bevor er lauter sagte: »*Herein.*«

Professor Simon Shaw trat ein und musterte uns neugierig über die Spitze seiner langen Nase hinweg. Das schwarze Haar hing ihm unordentlich ins Gesicht, und als ich aufstand, konnte ich darunter nur andeutungsweise erkennen, wie er die Augenbrauen hob.

»Was glauben Sie, wo Sie hingehen?«, verlangte er zu wissen und drehte langsam den Kopf in meine Richtung. Ich erstarrte und war froh, dass er offenbar keine Antwort erwartete – oder zumindest wartete er nicht darauf. »Wenn Sie in Ihrem zweifellos vollen Terminkalender fünf Minuten für mich erübrigen könnten, Miss Pressley …«, knurrte Shaw und zeigte auf seine Bürotür.

Es war keine Bitte, und selbst wenn ich in fünf Minuten den wichtigsten Termin meines Lebens gehabt hätte, wäre ich ihm trotzdem, ohne zu zögern, in sein Büro gefolgt.

Über die Schulter warf ich McCarthy einen letzten Blick zu, er formte jedoch bloß ein sarkastisches *Viel Glück* mit den Lippen, bevor die Tür zwischen uns zufiel.

Professor Shaws Büro war heller als das von McCarthy. Und größer. Und aufgeräumter. Aber das wusste ich schon, ich war nicht zum ersten Mal hier. Der Stuhl auf der gegenüberliegenden Seite seines Schreibtischs sah auch bequemer aus als der drüben bei McCarthy, aber gerade, als ich mich setzen wollte, blaffte Shaw mich an: »Das ist nicht nötig. Es wird nicht lange dauern.«

Also blieb ich stehen und wartete darauf, dass er weitersprach.

»Wie kommen Sie mit der Nachhilfe zurecht? Irgendwelche nennenswerten Fortschritte?«

Ich blinzelte ihn an. Der Impuls, McCarthy in die Pfanne zu hauen, war fast unwiderstehlich. Es war eine einmalige Gelegenheit, den tadellosen Ruf zu zerstören, den er sich am College erworben hatte. *Selbst die Hausmeister lieben ihn*, hatte Henry mal sichtlich verärgert gemeint.

Aber statt diese einmalige Gelegenheit zu nutzen, nickte

ich. McCarthy hatte mir einen Gefallen getan, also war dies kaum der richtige Zeitpunkt, ihm eins reinzuwürgen.

»Ja, Sir«, murmelte ich. »Wir haben zwar erst zwei Stunden hinter uns gebracht, aber ich habe das Gefühl, dass ich langsam den Dreh raushabe.«

»Großartig.« Er presste den Mund zu einer dünnen Linie zusammen. »Und warum habe ich dann eine E-Mail von Ihrem Bruder bekommen, in der er mir schreibt, ich solle doch *bitte* Ihre Nachhilfestunden beenden?«

Ich errötete.

»In der er offenbar erwartet, dass ich Ihnen einen Freifahrtschein gebe?«, knurrte er. Es war eindeutig keine Frage.

»Professor …« Mein Mund war trocken, und ich räusperte mich. Shaw stand hinter seinem Stuhl und funkelte mich an. Es war der unangenehmste Blickkontakt in der gesamten Geschichte der Blickkontakte.

»Nur weil Ihre Eltern sich einen ausgezeichneten Ruf an diesem College erarbeitet haben, heißt das noch lange nicht, dass Sie und Ihr Bruder deshalb automatisch ebenfalls einen guten Ruf genießen, Pressley«, zischte Shaw, immer noch mit gefährlich tiefer Stimme. »Nur weil Sie ihre Tochter sind und er ihr Sohn, heißt das nicht, dass einer von Ihnen beiden hier am College – in *meinem* Unterricht – irgendwas zu melden hätte, geschweige denn, mir sagen könnte, was ich zu tun und zu lassen habe.«

Er hatte natürlich recht. Henry war weit übers Ziel hinausgeschossen. Als Felix Pressleys Sohn mochte er auf Sportler und Sportfakultät großen Einfluss haben, aber für meinen Fachbereich galt das nicht, und das hätte ihm klar sein müssen, bevor er diese verdammte E-Mail abgeschickt hatte. Ich hätte ihn umbringen können.

Aber aus einem mir nicht begreiflichen Grund verriet ich

ihn trotzdem nicht. Ich wollte es tun, sogar noch lieber, als ich McCarthy in die Scheiße reiten wollte. Aber statt ihm zu sagen, dass Henry derjenige war, der Mist gebaut hatte, dass es allein seine Idee gewesen war und er mich vorher nicht mal gefragt hatte, erwiderte ich nur: »Ich weiß. Es wird nicht wieder vorkommen.«

Shaw nickte und musterte mich trotz meiner versöhnlichen Worte immer noch voller Missbilligung. »Es ist eine Schande«, sagte er. »Angesichts dessen, was Ihre Mutter alles erreicht hat, war ich letztes Jahr, als Sie meinem Kurs zugeteilt wurden, hellauf begeistert.« Enttäuscht schüttelte er den Kopf und seufzte. »Es ist eine Schande, dass Sie ihrem Ruf nicht gerecht werden, Miss Pressley.«

KAPITEL 11

Als ich an jenem Tag nachmittags nach Hause kam, fand ich in meinem Posteingang die Informationen, die McCarthy mir per E-Mail hatte schicken wollen.

<D.M.WILLIAMS@HALLBU.COM> 15:12
Pressley,
falls du Shaw überlebt hast, treffen wir uns morgen
vor der Alexandria-Bibliothek. Punkt 15 Uhr.
Fröhlichen Abend-Vor-Unserem-Fake-Date-Donnerstag
Mach dir ruhig Hoffnungen.
Respektlos
D. M. W.

»Das?«, sagte ich statt einer Begrüßung, als McCarthy am Donnerstag auf mich zuschlenderte. »*Das* ist es, weshalb ich mir *ruhig Hoffnungen machen* sollte?« Ungläubig starrte ich die Ausgabe von *Inferenzstatistik I* in seiner Hand an.

»Und, hast du dir Hoffnungen gemacht?« Seine Mundwinkel zuckten. Dann nahm er neben mir Platz, sodass die gegenüberliegende Bank des Picknicktisches leer blieb.

Ich verdrehte die Augen. »Natürlich nicht.« Ich kannte McCarthy zwar nicht gut, aber immerhin gut genug, um meine

Erwartungen vorsichtshalber zurückzuschrauben, wenn er so große Töne spuckte. Ich schüttelte den Kopf. »Normalerweise erwartet einen bei Dates ein Film, Abendessen, Drinks, Blumen … Und auf keinen Fall …« Ich deutete auf den Zwanzig-Kilo-Wälzer auf dem Tisch zwischen uns. »So was da.«

»Und normalerweise finden Dates nicht um drei Uhr nachmittags mitten auf dem Campus statt, um sicherzugehen, dass ein gewisser Jemand dich sieht.«

Touché.

»Außerdem«, fügte er hinzu, »ist es doch einfach perfekt. Ich bin dein Tutor. Das hier«, er deutete zwischen uns hin und her, »ist ein süßes, unschuldiges Lerndate. Wir genießen die letzten Sonnenstrahlen des Jahres vor der Bibliothek, in der sich ganz zufällig dein Bruder gerade aufhält.« Nachdenklich betrachtete er das runde Gebäude und warf mir dann einen fragenden Blick zu. »Wie lange etwa?«

Ich zuckte mit den Schultern. »Ungefähr noch eine halbe Stunde.«

»Eine halbe Stunde«, wiederholte er, überprüfte auf seinem Handy die Uhrzeit und nickte. »Siehst du? Perfekt.«

Henry lebte seit seinem fünfzehnten Lebensjahr nach einem strikten Zeitplan. Das erdete ihn und ermöglichte ihm maximale Effizienz. Er hatte die Kontrolle. Und ich, die ihn schon vor seiner ersten To-do-Liste gekannt hatte, war mit seiner Routine besser vertraut als mit meiner eigenen.

Was vor allem daran lag, dass die einzige Routine, der *ich* folgte, das indische Essen am Samstagabend war, und selbst das zog ich nicht konsequent durch.

Mein Bruder und ich führten sehr unterschiedliche Leben. In seinen Augen war jede Sekunde verschwendet, die nicht verplant war. Für ihn war das wichtigste Ziel, in zehn Jahren mit Stolz auf seine Erfolge zurückblicken zu können.

Ich hingegen war … anders. Das Leben tat ohnehin, was es wollte, ungeachtet der Fehler, die man machte, ungeachtet der Frage, wer lebte oder starb. Warum also derart viel Energie in ein perfekt geplantes Leben investieren, wenn wir am Ende sowieso alle in einem Sarg landeten?

Henry hatte oft versucht, meine Einstellung dazu zu ändern, indem er mir einen Zeitplan machte und mir zu jedem zweiten Geburtstag irgendeinen neuen Timer schenkte. Einmal hatte er mein iPad-Passwort erschlichen und eine dieser Kalender-Apps heruntergeladen. Ich hatte sie nie benutzt – hauptsächlich, um ihn zu ärgern.

»Weißt du, was?«, stieß ich entnervt hervor und richtete meine Aufmerksamkeit wieder auf McCarthy und dieses teuflische Buch in seiner Hand. »Dich nicht mehr jeden Mittwoch ertragen zu müssen war die einzige ausreichende Motivation für mich, allein Statistik zu büffeln.« Er lachte leise, und ich spürte seine Augen auf mir, als ich fortfuhr: »Aber jetzt, da ich dich trotzdem aushalten muss … welche Motivation bleibt mir da noch?« Mit einem theatralischen Seufzer legte ich die Arme auf den Tisch und barg das Gesicht darin.

Ich war wieder an dem Punkt, dass ich es eigentlich nicht mal versuchen wollte. Wozu denn auch?

»Mir zu beweisen, dass ich mich geirrt habe?«

Mein Kopf schnellte in die Höhe, und ich stellte fest, dass er mich schmunzelnd beobachtete und offenbar darauf wartete, dass ich verstand, was er meinte. Ich setzte mich auf. »Womit sollst du dich geirrt haben?« Misstrauisch beäugte ich ihn.

»Ich habe Shaw gesagt, du wärst ein hoffnungsloser Fall.« Er zuckte mit den Schultern, als wäre nichts dabei. »Er hat mich gestern nach eurem … Gespräch nach meiner Einschätzung gefragt.«

Ich wusste, dass ich ein hoffnungsloser Fall war. McCarthy

wusste, dass ich ein hoffnungsloser Fall war. Und Shaw hielt mich wahrscheinlich ebenfalls für einen hoffnungslosen Fall. Aber es war ein erheblicher Unterschied, ob man es dachte, es wusste oder sich mit seinem Assistenten darüber unterhielt.

»Du kannst doch nicht einfach …«, wollte ich einwenden, wurde allerdings sogleich von ihm unterbrochen.

»Er hat mir zugestimmt.«

Ich sackte in mich zusammen, und ein lautes Stöhnen entwich mir. »Fick dich«, sagte ich, weil ich nicht wusste, was ich noch erwidern sollte. Ich ließ den Kopf in den Nacken sinken.

»Okay.« Seine Hände hoben sich in spöttischer Kapitulation, und ich warf ihm einen finsteren Blick zu. »Aber es bietet dir auch eine großartige Chance.« Ich brauchte gar nicht erst zu fragen, was er meinte, und er musste es eigentlich auch nicht noch einmal laut aussprechen. Kurz herrschte Stille, ehe er es trotzdem tat. »Beweis uns das Gegenteil, Pressley.«

Ich gönnte ihm nicht die Genugtuung, einzuwilligen. Aber im Stillen gestand ich mir ein, wie brillant diese Sichtweise war.

Ich war außerordentlich wettbewerbsorientiert (vermutlich ergab sich das von selbst, wenn man mit einem so ehrgeizigen Bruder aufwuchs), deshalb war die Gelegenheit sehr verlockend, McCarthy zu beweisen, dass er im Unrecht war – und Professor Shaw ebenfalls.

So verlockend, dass ich tatsächlich versuchte, ihm zuzuhören, als er mir noch einmal die Grundlagen der Statistik erklärte und was wir damit anstellen konnten. Aber na ja – etwas zu versuchen heißt nicht, es auch zu schaffen.

Als einem weit entfernt sitzenden blonden Mädchen, das schon vorher laut und kommunikativ gewesen war, ein blaues Frisbee mitten ins Gesicht flog, interessierte mich das eindeutig mehr als die Frage, wozu wir eine Null-Hypothese brauchten. Und die Miene meines Bruders, als er uns eine halbe Stunde später entdeckte, war definitiv befriedigender, als zu kapieren, wozu eine Null-Hypothese eigentlich gut sein sollte.

Wenn es um Statistik ging, war ich es nicht gewohnt, etwas zu verstehen. Ich war es auch nicht gewohnt, McCarthy Aufmerksamkeit zu schenken, ganz gleich, was er zu sagen hatte.

Irgendwann suchte ich so verzweifelt nach Ablenkung, dass ich es interessanter fand, seine Grübchen zu analysieren, die leichte Heiserkeit seiner Stimme, nachdem er sich geräuspert hatte, und die Tatsache, wie weich und voll sein Haar war. Kurz fragte ich mich, ob er es wohl mit 3-in-1-Shampoo wusch, hoffte allerdings inständig, dass er es nicht tat.

Sein Unterricht an sich hatte mich wahnsinnig gelangweilt, mein einziger Lichtblick waren jedoch finstere Blicke, die er mir zwischendurch mehrmals zugeworfen hatte und an die ich später zu Hause immer noch zurückdachte. Irgendwann hatte er mich mit aufrichtigem Interesse gefragt, ob ich es inzwischen verstanden hätte, und als ich dies verneinte, hatte er demonstrativ einen Schmollmund gezogen. Auch diese Erinnerung blieb mir mit erschreckend vielen Details im Kopf.

Andererseits … was hatte das schon zu bedeuten? Alles und jeder war interessanter als Statistik.

KAPITEL 12

»Nein«, beharrte Wren, und ich sah ihr an, wie schwer es ihr fiel. »Athalia Payton Pressley, ich komme auf keinen Fall mit.« Meinen vollen Namen sprach sie immer nur dann aus, wenn sie einen dramatischen Effekt erzielen wollte. Demselben Zweck dienten ihr grimmiger Gesichtsausdruck, die vor der Brust verschränkten Arme und die drohende Stimme.

Mit hochgezogenen Brauen und leicht zusammengekniffenen Augen zeigte ich aus dem Fenster. »Wir sind schon im Auto«, wandte ich ruhig, aber streng ein.

»Weil du mir nicht gesagt hast, wo wir hingehen!«

»Aber du gehst gern zu Spielen!«

Genau deshalb fiel es ihr auch so schwer, Nein zu sagen. Sie liebte es, zuzusehen, wie die HBU der gegnerischen Fußballmannschaft in den Arsch trat. Sie wollte gern auf der Tribüne sitzen, jubeln und buhen und versuchen, mir das Geschehen auf dem Spielfeld zu erklären. Ich hatte seit meinem sechsten Lebensjahr alles, was mit Fußball zu tun hatte, tunlichst gemieden wie die Pest. Anscheinend war ich immer schreiend aus dem Zimmer gerannt, sobald Dad und Henry anfingen, darüber zu reden – also ständig.

Ja, Wren schleppte mich gern zu Spielen mit. Sie hatte Lust darauf. Sie wollte nur nicht aus *meinem* Grund dort hingehen.

»Das ist Entführung«, protestierte sie lautstark und wollte die Beifahrertür öffnen. Hastig aktivierte ich die Kindersicherung.

Wren fuhr mit so viel Wucht zu mir herum, dass ihr die Haare ins Gesicht peitschten. »Der einzige Grund, warum du hingehst, ist dein Fake-Freund. Den ich übrigens nicht sehen will.« Ihr Blick schweifte durchs Auto, als suchte sie nach einem Ausweg. Aber wenn sie nicht die Scheiben einschlagen wollte – nicht, dass das völlig undenkbar wäre –, hatte sie keine Wahl. »Also lass mich aussteigen, bevor ich die Scheiben einschlage.«

Ich atmete tief durch, bevor ich mich wieder dem Lenkrad zuwandte, meinen Gurt anlegte und den Schlüssel drehte. Der Motor sprang an.

»Athalia …« In Wrens Stimme schwang eine Warnung mit, die ich bewusst überhörte. Stattdessen warf ich ihr ein gewinnendes Lächeln zu und fuhr aus der Parklücke. »Eines Tages werde ich dich umbringen«, knurrte sie, gefolgt von dem resignierten Seufzer, auf den ich gehofft hatte. Dramatisch ließ sie sich in den Beifahrersitz sinken, bevor sie sich anschnallte und damit hochoffiziell aufgab.

Ich hätte ihr gern gesagt, dass ich gar keine Lust hatte, zu irgendwelchen Spielen zu gehen, und ich es nur tat, weil es im Vertrag stand und ich deshalb meinen Fake-Freund unterstützen musste. Aber das würde sie nicht besänftigen, und ich beschloss, das Thema McCarthy zu meiden, so gut es eben ging.

»Ich liebe dich auch«, antwortete ich behutsam, allerdings hörte man mir das zufriedene Lächeln deutlich an. »Also, vertrau mir«, munterte ich sie auf. »Wir haben bestimmt einen tollen Tag und essen jede Menge Junkfood, und wenn wir das nächste Mal in New York sind, sehe ich mir mit dir noch mal *Hamilton* an. Deal?«

Ihre Haltung entspannte sich sichtlich, und aus dem Augenwinkel sah ich, wie ein Lächeln über ihre Züge zu huschen drohte. Sie zögerte noch kurz, dann nickte sie. »Deal.«

Meiner Meinung nach waren Fußballspiele zu lang. Das hatte ich schon damals gedacht, wenn ich bei den Highschool-Spielen meines Bruders zugeschaut hatte oder wir zu einem von Dads Auswärtsspielen geflogen waren. Meine kurze Aufmerksamkeitsspanne reichte einfach nicht aus für neunzig Minuten plus. Wenn dann noch die fünfzehnminütige Pause dazukam, wurde es fast unerträglich.

Sicher, ein Siegesrausch – und auf gewisse Weise sogar der Tiefpunkt einer Niederlage – konnte betörend sein. Die aufbrandende Energie, wenn die eigene Mannschaft ein Tor erzielte. Das Geschrei, das Gebrüll. Es hatte Spaß gemacht, vor allem, wenn jemand aus der eigenen Familie zur Mannschaft gehörte. Aber das war's auch schon. Mir fielen tausend Sachen ein, die mir mehr Spaß machten.

Die meisten Spiele, zu denen ich in meinem Leben eingeladen worden war, hatte ich ausgelassen.

Aufgrund meiner vertraglichen Verpflichtung konnte ich das jetzt nicht mehr. Und als wäre das nicht schon schlimm genug, war ich vertraglich auch noch dazu verpflichtet, ausgerechnet den Spieler anzufeuern, den ich früher immer ausgebuht hatte. Wenigstens hätte es mich zum Ausgleich ein bisschen freuen können, wenn Henrys Verteidigung nicht lückenlos gewesen wäre, aber nicht mal das wurde mir gewährt: Mein Bruder war heute unschlagbar.

Es war, als würde er seinen aufgestauten Ärger, seine Irritation und seine Wut dazu nutzen, den Ball so hart, so schnell und so aggressiv wie möglich zu schießen. Und irgendwie funktionierte es … mal abgesehen von der gelben Karte, die er sich in den ersten zwanzig Minuten damit einhandelte.

Jetzt, nach neunzig Minuten und zwei Minuten Nachspielzeit, war das Spiel so gut wie entschieden. Von unserer Tribüne schallten Sprechchöre, Pfiffe und Schreie, und ich war sicher, dass ich am anderen Ende der Tribüne jemanden unkontrolliert schluchzen hörte.

Wren hatte sich bei mir eingehakt und zwang mich dazu, gemeinsam mit ihr rhythmisch auf und ab zu hüpfen. Sie sah nicht aus, als wäre sie gegen ihren Willen hierher verschleppt worden; ein breites Grinsen lag auf ihrem Gesicht, und ihr Blick folgte mit einer mir vollkommen unerklärlichen Geschwindigkeit dem Ball.

Als endlich der Abpfiff ertönte, flogen Wrens Hände in die Luft und unser Popcorn-Eimer gleich mit. Niemand zuckte mit der Wimper oder schien auch nur zu bemerken, dass ein Popcornregen über die Reihen vor uns niederging.

2:0.

Sie umarmte mich, der Fremde neben mir umarmte mich, und ich ließ mich von der Aufregung über den unglaublichen Sieg mitreißen und hörte mich sogar selbst jubeln.

Peinlich. Sollte nicht wieder vorkommen.

»Das war …« Wren stieß die Luft aus, während wir uns durch die Menschenmenge drängten. »Einfach unglaublich.« Sie betonte jede Silbe, immer noch bei mir eingehakt. »Henry war heute der Wahnsinn«, fügte sie vorsichtig hinzu und musterte mich, um zu sehen, wie ich reagierte.

Ich konnte nicht anders, als ihr zuzustimmen. Obwohl ich ihn nicht oft spielen sah, wusste selbst ich, dass er heute eine seiner mit Abstand besten Leistungen erzielt hatte.

»Vielleicht liegt der Schlüssel zu seiner Profikarriere darin, sich mit mir zu zoffen.«

Ihr mitfühlender Gesichtsausdruck verriet mir, dass mein Scherzversuch nicht so ankam, wie ich gehofft hatte.

Und als ich an der Seitenlinie ankam, um meinem *Freund* öffentlich zu gratulieren, sprang mir als Allererstes mein Bruder ins Auge. Sein stolzes Grinsen und das plötzliche Begreifen, wie gut es sich anfühlte, ihn glücklich und erfolgreich zu erleben. Ich wünschte, ich könnte ihn jetzt anfeuern, ihn unterstützen. Vielleicht tat ich das ja auf gewisse schwesterliche Weise sogar.

Jedenfalls fühlte sich das hier ganz und gar nicht nach Rache an.

»Du warst zu spät.«

Ich richtete die Aufmerksamkeit auf den Stürmer, wegen dem ich heute hier war, und stellte fest, dass er kein Shirt trug. Ein selbstzufriedenes Lächeln lag auf seinen vollen Lippen, aber es wäre eiskalt gelogen, wenn ich behaupten würde, dass mir das als Erstes auffiel. Oder als Zweites.

Nein, als Allererstes bemerkte ich ganz definitiv seinen flachen, muskulösen Bauch und den Schweißfilm, der auf seinem Oberkörper glänzte. Dass er in den Flutlichtern, die jetzt bei Sonnenuntergang das Feld in strahlendes Licht tauchten, regelrecht schimmerte und leuchtete, machte es kein Stück besser.

Starr nicht so, Athalia.

Es kostete mich einige Willenskraft, mich von seinem Körper loszureißen, und der kurze Blick, den ich auf ihn erhascht hatte, reichte für ein ganzes Leben. Ich schaute ihm ins Gesicht und versuchte, mich daran zu erinnern, was er eben gesagt hatte, während er mit seinem perfekten Oberkörper so unhöflich mein gesamtes Sichtfeld eingenommen hatte.

Ich räusperte mich. »Und du hättest dich lieber aufs Spiel konzentrieren sollen, statt zu kontrollieren, ob ich pünktlich bin oder nicht.«

Ein träges Lächeln breitete sich auf seinen Zügen aus, und die Grübchen in seiner Wange lenkten mich fast davon ab, wie ihm das feuchte, verschwitzte Haar ins Gesicht hing. Statt etwas zu erwidern, sah er Wren an.

Sie machte den Anschein, als wäre ihre Siegesfreude bei seinem Anblick schlagartig verpufft. Und offenbar hatte auch sein nackter Oberkörper auf sie nicht die gleiche Wirkung wie auf … mich?

Moment, stopp. Er hatte nicht die geringste Wirkung auf mich.

»Inkwood«, begrüßte er sie und nickte ihr zu.

Wren erwiderte nichts. Stattdessen täuschte sie ein breites, übertriebenes Lächeln vor, ließ es demonstrativ wieder fallen und lehnte sich mit verschränkten Armen gegen die Tribüne. Ich beschloss, sie nicht weiter zu drängen. Es reichte doch schon, dass sie hier war.

»Tja …« brummte McCarthy und stützte sich lässig auf das Geländer zwischen Tribüne und Spielfeld. Direkt hinter ihm unterhielt sich ein übers ganze Gesicht strahlender Henry mit Coach Hepburn. »Wir gehen gleich noch feiern. Wollt ihr mitkommen?« Gespannt guckte er Wren und mich an, und wir antworteten gleichzeitig:

»Ja.«

»Nein.«

McCarthy schnalzte amüsiert mit der Zunge. »Ein paar der Jungs bringen ihre Freundinnen mit, und ich möchte ihnen nicht das Vergnügen vorenthalten, auch meine Freundin kennenzulernen.« Es klang aufrichtig, und Henrys Gesicht nach zu urteilen, empfand mein Bruder das auch so – aber McCarthys Miene hätte nicht ironischer aussehen können.

So langsam fand ich Gefallen an McCarthys Herangehensweise.

»*Wir* …«, ich warf Wren einen warnenden Blick zu, »kommen sehr gern.«

Bevor sie protestieren konnte – und sie war kurz davor –, formte ich lautlos das Wort *Hamilton,* und sie presste fest die Lippen zusammen, als müsste sie sie mühsam dazu zwingen, ihr zu gehorchen. Als ich McCarthy wieder anguckte, lächelte ich so breit, als hätte ich meine beste Freundin nicht gerade zum zweiten Mal heute erpresst.

»Großartig«, sagte er.

Großartig.

Obwohl es noch früh am Sonntagabend war, wimmelte es auf den Straßen nur so vor Menschen. Studierende, die so betrunken waren, dass sie schon wieder nach Hause torkelten, Angestellte, die gerade von ihrer Acht-Stunden-Schicht kamen, und Stubenhocker, die sich beim Chinesen, an dem wir gerade vorbeimarschiert waren, etwas zu essen holten.

»Ich bleibe eine Stunde. Höchstens«, warnte mich Wren vor, als wir uns der Adresse näherten, die McCarthy uns gegeben hatte.

»Und ich liebe dich dafür.« Ich blieb abrupt stehen und hob den Blick von meinem Handydisplay, um mich umzusehen. Der blaue Ortungspunkt schwebte direkt neben dem Zielort, aber von der Bar oder zumindest einem Hinweisschild fehlte jede Spur.

Wren schnaufte spöttisch. »Na toll«, motzte sie in einem Tonfall, als würde sie eigentlich meinen: *Ich hab's doch gesagt.* Sie lehnte sich an einen niedrigen Zaun. »Das ist ein Scherz, oder?«

Ich sah mich noch mal um und bedachte sie dann mit einem entschuldigenden Blick.

»Es gibt Pizza …« Sie deutete auf einen kleinen Laden auf der anderen Straßenseite. »Chinesisch …« Sie nickte mit dem Kopf in die Richtung. »Aber ich sehe nirgendwo …«

Bevor sie ihren Satz beenden konnte, flackerte direkt über ihrem Kopf eine kaputte Leuchtreklame auf. Das Licht war so schwach, dass es selbst in der Dunkelheit kaum auszumachen war, aber es reichte gerade so aus, um einen großen, nach unten gerichteten Pfeil zu erkennen und daneben einen Cocktail.

»Ich schon!« Statt ihn ihr zu zeigen, packte ich Wren einfach am Handgelenk und zog sie mit mir eine Treppe hinunter ... offenbar lag die Bar im Untergeschoss. Wren kapitulierte und ließ sich mitziehen. »Du erwartest immer gleich das Schlimmste, Inkwood«, stichelte ich und stieß die Tür auf. Der Geruch von Bier, Erdnüssen und süßen Cocktails empfing uns. Offenbar waren wir hier richtig – es schrie förmlich nach College-Sport.

Ich entdeckte die HBU-Fußballmannschaft sofort. Dreizehn aufgedrehte Männer samt Begleitung kann man kaum übersehen, und es glich einem Wunder, dass sie in dieser kleinen Kellerbar überhaupt einen Tisch ergattert hatten, der groß genug für so viele Leute war.

Das Licht war gedämpft, und neben dem Tisch, auf den wir zusteuerten, erstreckte sich die Bar über die gesamte Länge der Wand. Ich schritt selbstbewusst voran, und selbst Wren hatte ihre Körperspannung halbwegs wiedergefunden. Noch bevor wir den Tisch erreichten, rief eine mir unbekannte Stimme: »Da ist sie!«, und noch jemand stimmte mit ein. Es klang völlig überdreht.

»Die Frau der Stunde«, jubelte ein anderer ausgelassen und verbeugte sich im Sitzen. McCarthy neben ihm verpasste ihm einen Klaps gegen den Hinterkopf, ehe er uns lächelnd entgegenblickte.

»Ignoriert sie einfach«, bat er uns in komischer Verzweiflung. Der Anblick eines unbekümmerten, lustigen McCarthy machte mich komplett fertig. Seine ihn sonst stets begleitende üble Laune war wie weggeblasen.

Ich winkte zum Gruß einmal in die Runde. Am anderen Ende des Tischs gab Henry sein Bestes, die aufgekratzte Stimmung ringsum zu ignorieren. Er glotzte auf sein Handy und tippte wahrscheinlich irgendein Blabla in seine Notizen-App, um beschäftigt auszusehen.

Wäre ich nicht so sehr auf Henry konzentriert gewesen, hätte ich vielleicht bemerkt, dass es nur noch einen freien Stuhl gab, und zwar direkt neben McCarthy. Wren stürzte sich direkt darauf. Seufzend gestand ich mir ein, dass sie den Platz im Grunde auch verdient hatte – sie tat sich das hier ja nur meinetwegen an.

»Ich hole mir noch schnell einen Stuhl.« Ich wies auf den viel kleineren Nachbartisch.

McCarthy nickte, aber da mischte sich der Typ neben ihm breit grinsend ein. »Blödsinn!«

»*Caden*«, warnte McCarthy. Ohne Erfolg.

Cadens kurz geschorenes blondes Haar stand in deutlichem Kontrast zu seinen dunklen Augenbrauen, passte dafür aber zu seinen schelmisch funkelnden blauen Augen. Mit dumpfem Klatschen schlug er auf McCarthys Oberschenkel. »Hier ist doch ein perfekter Sitzplatz«, rief er.

McCarthy bedachte seinen Freund mit einem tödlichen Blick, dann sah er mich an, und ich konnte seine Miene nicht deuten. *Wollte* sie vielleicht gar nicht deuten.

Zog er das tatsächlich in Erwägung? Ich auf seinem Schoß? Uns würde bis auf ein bisschen Kleidung nichts mehr trennen – aber blieb mir überhaupt noch eine andere Wahl, ohne dass aufflog, dass wir das Ganze zwischen uns nur vortäuschten? Schließlich saß Henry mit am Tisch. Der kleinste Streit oder auch nur ein Blick, der etwas anderes sagte als »*Wir führen eine glückliche Beziehung*«, und er wüsste, was Sache war.

Wie peinlich wäre das bitte?

McCarthy zuckte mit den Schultern und versuchte stirnrunzelnd, meinen Gesichtsausdruck zu lesen. Dann, als hätte er aufgegeben, schob er seinen Stuhl zurück, breitete einladend die Arme aus und schaute mich erwartungsvoll an.

Und ein letzter Blick in das Gesicht meines Bruders beförderte mich direkt auf McCarthys Schoß.

KAPITEL 13

McCarthy war bequem. Sein Schoß fühlte sich gar nicht wie ein normaler Schoß an – ich saß bestimmt bequemer als die anderen auf ihren Stühlen, die etwa so gemütlich aussahen wie Felsbrocken. Eigentlich konnte ich also froh sein, auch wenn es McCarthys Beine waren, die sozusagen als mein Polster dienten.

Ich versuchte, nicht daran zu denken. Nicht an seine muskulösen Oberschenkel und erst recht nicht an die Tatsache, dass ich gerade darauf saß.

Aber trotz meiner Bemühungen war mir nur allzu bewusst, dass sein Arm um meine Taille lag, und auch das leise Gespräch zwischen ihm und Caden konnte ich nicht ausblenden, obwohl ich mich mit Wren und dem Mädchen neben ihr unterhielt – sie hieß Laila und war die Schwester von irgendwem, dessen Name mir leider schon wieder entfallen war.

McCarthy bewegte sich unter mir, und ich zuckte zusammen.

»Sorry«, murmelte er und drehte mich zu sich.

Schlechte Idee.

Seine braunen Augen waren nur Zentimeter von meinen entfernt. Er war mir so nah, dass ich seinen Atem an meiner Nase spürte.

Nein, so konnte ich auf keinen Fall mehr vergessen, auf wessen Schoß ich saß. Es war auch keine große Hilfe, dass sich seine Finger an meine Hüfte schmiegten, zumal ich hätte schwören können, dass er es nicht mal absichtlich tat.

Ich blinzelte hastig und bemühte mich, eine vernünftige neue Position zu finden. Unwillkürlich legte ich haltsuchend die Arme um seinen Hals und bereute es sofort.

Er spannte sich unter mir an, und ich hielt abrupt inne, weil mir gerade erst bewusst wurde, dass ich … meinen Hintern auf seinem Schoß hin und her bewegte. »Tut mir leid.« Am liebsten wäre ich im Erdboden versunken. »Ich wollte mich nur …«

»… bequemer hinsetzen«, flüsterte er angespannt.

Wie seltsam, dachte ich, *in einer lauten Sportbar zu flüstern.* Mir gefiel überhaupt nicht, wie intim es sich anfühlte.

McCarthy schluckte schwer und ließ mich nicht aus den Augen. »Und?«, fragte er, immer noch flüsternd. »Hast du es jetzt bequem? Denn ich erinnere mich deutlich daran, dass du gesagt hattest, wir sollten es mit PDA in der Öffentlichkeit nicht übertreiben. Aber die Art, wie du dich in meinen Schritt drückst, ist alles andere als …«

»Nein!«, zischte ich, aber sobald ich mein Gewicht etwas verlagerte, konnte ich es nicht mehr leugnen. *Entsetzen* beschrieb das Gefühl nicht annähernd, das mich erfasste, und ich war heilfroh darüber, dass die Beleuchtung so schwach war, damit nicht alle mitbekamen, wie rot meine Wangen wurden.

Er stieß gequält die Luft aus, und als ich seinen Atem auf meiner Haut spürte, errötete ich noch tiefer. »Ich bitte dich doch nur um etwas Erbarmen mit mir, Pressley.«

Etwas in meinem Bauch zog sich beim rauen Klang seiner Stimme zusammen, und ich war so sehr darauf konzentriert, dieses Gefühl zu unterdrücken, dass ich ganz vergaß, etwas darauf zu erwidern.

Sprachlos. Ich war zum ersten Mal in meinem Leben sprachlos.

»Schön.« McCarthy nickte, und sein Mundwinkel zuckte. »Du hast es also bequem?«

»Ja.« Selbst wenn es nicht so gewesen wäre, hätte ich es nicht noch mal gewagt, mich zu bewegen. Nicht aus Angst vor den Konsequenzen, ganz im Gegenteil. Sondern, weil mir auf einmal klar wurde, dass ich es nur allzu gern täte, um herauszufinden, was dann passierte.

»Dude!«, hallte es quer über den Tisch.

Welcher Zauber auch immer uns in den Bann geschlagen hatte, er war gebrochen. Erleichtert drehte ich mich in Richtung der Stimme um … und zuckte zusammen, da das natürlich zur Folge hatte, dass ich mich wieder bewegte.

McCarthys verhangenem Blick zu entkommen war eine gewaltige Erleichterung, aber das leise Lachen direkt neben meinem Ohr würde mich heute Nacht bestimmt bis in meine Träume heimsuchen.

Der Dude-Typ sagte wieder etwas mit seiner tiefen Stimme, dann lachte er. Er saß neben Henry und klopfte ihm fest gegen die Brust, um seine Aufmerksamkeit zu erlangen, ehe er in meine Richtung nickte.

»Ist das nicht schräg?« Er klang belustigt, aber als Henry dem Blick seines Teamkollegen folgte, schwand der höfliche Anflug eines Lächelns auf seinen Lippen schlagartig. Rasch guckte ich weg, und sofort wurde mir wieder viel zu deutlich bewusst, dass ich noch immer auf McCarthys Schoß saß und sein Atem über meinen Hals strich, als er sein Gespräch mit Caden wieder aufnahm. Es kostete mich meine ganze Willenskraft, meine Aufmerksamkeit nicht auf McCarthy zu richten, sondern auf die Stimmen am anderen Ende des Tischs.

»Dass McCarthy mit deiner Schwester zusammen ist, meine

ich«, erklärte der Dude-Typ. *Danke auch.* »Ich würde jeden in dieser Bar umbringen, der versucht …« Er unterbrach sich, und ich linste verstohlen in seine Richtung. Drohend sah er in die Runde. »Aber meine Schwester ist auch erst sechzehn, also …« Er zuckte mit den Schultern, als wäre das zwar auch ein Punkt, aber nicht das Hauptproblem.

Henry schloss die Augen und rang sichtlich nach Fassung. Ich hätte schwören können, dass er ganz kurz davor war, einen Mord zu begehen. Dann wanderte sein Blick wieder zu uns herüber, und er war tödlich. Unbehaglich verlagerte ich das Gewicht auf meinem Stuhl – nein, Moment. Auf McCarthys Schoß. *Verdammt.*

McCarthy holte scharf Luft und starrte mich an. Ich wusste nicht, ob er meine Taille absichtlich fester packte oder aus Versehen. »Pressley«, zischte er. »Ich gebe mir wirklich Mühe.«

Es fiel mir alles andere als leicht, die Tatsache zu ignorieren, wie angespannt er plötzlich war und wie fest er mich an sich presste, um mich an Ort und Stelle zu halten. Meine Augen und Ohren waren bereits wieder auf meinen Bruder gerichtet, der gerade tief einatmete, bevor er einen großen Schluck aus seinem Glas nahm.

Als wüsste er, dass ich lauschte, und als wüsste er, wie dringend ich seine Antwort hören wollte, sagte er schließlich: »Das ist mir völlig egal, Michael.« Und dann lächelte er. Direkt in mein Gesicht.

Damit kam mir ein furchtbarer Gedanke.

War es ihm angeblich egal, weil er Bescheid wusste? Kannte er mich gut genug, um zu wissen, dass ich nicht ohne Grund mehr Zeit mit McCarthy verbringen würde als unbedingt nötig? Kannte er mich gut genug, um zu ahnen, dass ich mich an ihm würde rächen wollen, und auch gut genug, um zu wissen, auf welche Weise ich es gerade versuchte?

Angesichts der Distanz, die er zu mir hielt, hätte ich darauf gewettet, dass er mich überhaupt nicht kannte, aber …

In meinem Kopf drehte sich alles. Ich geriet in Panik. Stand auf. Völliger Kurzschluss in meinem Hirn. Ein paar Köpfe wandten sich neugierig zu mir um, aber die Leute sahen gleich wieder weg, als sie merkten, dass nichts los war. Mit Ausnahme von Wren und McCarthy, die mich beide anglotzten und sich offenbar fragten, was ich vorhatte.

Sehr witzig. Ich wusste es ja selbst nicht.

»Ich hole schnell was zu essen«, log ich, deutete mit einem Nicken Richtung Bar und hoffte inständig, dass es hier Nachos, Erdnüsse oder zumindest Chips gab.

Und Gott sei Dank war es auch so.

Ich nahm mir viel Zeit dafür, die sehr kleine Speisekarte gründlichst zu studieren.

Käsenachos. Zwiebelringe. Erdnüsse.

Ich hatte es nicht eilig, wieder am selben Tisch zu sitzen wie mein Bruder. Oder auch McCarthy. Was sollte das auch bringen, wenn Henry Bescheid wusste? Jegliches Vertrauen in meinen Plan hatte sich in Luft aufgelöst.

Wer hätte gedacht, dass heute ausnahmsweise ich Wren mal bitten würde, früher zu gehen, statt umgekehrt? Offensichtlich war ihr Gespräch mit Laila aber sehr spannend, sie wirkten ganz vertieft.

Ergeben heftete ich meine Augen wieder auf die Speisekarte.

Mozzarella-Sticks. Hähnchenflügel. Kartoffelchips.

»Athalia.«

Beim Klang meines Namens schoss mein Kopf hoch. Im schwachen Licht erkannte ich ein vage vertrautes Lächeln.

»Blake.« Ich klang ebenso überrascht, wie ich war.

Blake Zachary, charmant und mit breitem Lächeln. Laut

McCarthys Liste sein bester Freund. Groß, dunkel und gut aussehend: Blake war die Personifikation dieses Typs Mann. Wir waren mal im selben Bierpong-Team gewesen, weiter erstreckte sich unsere Bekanntschaft miteinander bisher allerdings nicht.

»Amüsierst du dich gut?« Beiläufig gab er dem Barkeeper seine Bestellung durch, während er mich musterte. Seine Augen waren so dunkel, dass sie fast schwarz wirkten; ganz anders als das Honigbraun von McCarthys … und ich musste unbedingt sofort damit aufhören, an Augen zu denken, die ich gerade gar nicht vor mir sah.

»Mhm.« Ich nickte. »Und du?«

»Einen Sieg zu feiern ist immer schön«, erwiderte er. »Jedenfalls besser als eine Niederlage – danke, Mann.« Er nickte dem Barkeeper zu, der das bestellte Bier vor ihm auf dem Tresen absetzte. »Ich finde, wir sollten uns besser kennenlernen«, fuhr er fort, seine Stimme sanft und seidig. »Jetzt, wo du mit meinem besten Freund zusammen bist und so. Ich weiß kaum etwas über dich. Nichts außer der Tatsache, dass du furchtbar schlecht im Bierpong bist und Dylan angeblich genauso sehr hassen sollst wie dein Bruder.« In seinen Augen lag eine Herausforderung, aber seine Haltung war ganz lässig.

»Machst du gerade eine Art Background-Check bei mir, Zachary?«, fragte ich belustigt, was ihm ein leichtes Lächeln ins Gesicht zauberte.

»Ganz und gar nicht.« Er zuckte mit den Schultern, hob das Glas an seine Lippen und trank einen Schluck, dann schüttelte er den Kopf. »Tut mir leid«, schnaubte er. »Ich wollte auch mal die Einschüchternder-bester-Freund-Nummer ausprobieren. Wren hat die Rolle perfektioniert.« Er blickte über meine Schulter kurz in ihre Richtung. »Wie habe ich mich geschlagen?«

»Schrecklich«, urteilte ich grinsend. »Wirklich ganz furchtbar.« Dann lachte ich und war erleichtert, als er mit einstimmte.

»Gut.« Sein Blick wanderte an mir hinunter … Mein Pulli war eher halbherzig in den Faltenrock gesteckt, dessen Grau fast so dunkel wie meine Strumpfhose. Als Blake mir wieder ins Gesicht sah, konnte ich seinen Ausdruck nicht deuten. »Fangen wir noch mal von vorn an.«

Sobald er die Rolle des einschüchternden besten Freundes abgelegt hatte, war es eigentlich sehr angenehm, mit ihm zu plaudern, und wir unterhielten uns gut zehn Minuten lang, bevor er sich umdrehte, um einen weiteren Drink für Mike zu bestellen. Wer auch immer das war.

Ich begutachtete erneut die laminierte Speisekarte vor mir auf dem Tresen. Meine Fingerspitzen ruhten immer noch darauf.

»Das muss ja ein toller Snack sein.« Ich erschrak über die vertraute Stimme, die direkt hinter mir erklang. Mein Kopf schnellte hoch, und ich tat so, als würde ich die Schnapsflaschen hinter der Bar betrachten. »Was auch immer du bestellt hast, es ist hoffentlich die zwanzig Minuten wert, die es dauert.«

McCarthy wusste genau, dass ich nichts bestellt hatte. Er wollte nur sehen, wie ich mich wand, und diese Genugtuung gönnte ich ihm nicht. Nicht, nachdem es mir heute Abend schon mal seinetwegen die Sprache verschlagen hatte.

»Ich nehme wahrscheinlich die Nachos. Was meinst du?« Ich tat, als würde ich noch mal die verdammte Speisekarte lesen. Aus dem Augenwinkel konnte ich sehen, wie Blake seinen besten Freund aufmerksam musterte.

McCarthy schlang von hinten seine Arme um meine Taille, legte den Kopf auf meine Schulter und schmiegte sich an mich. Um unsere Fassade aufrechtzuerhalten natürlich, weiter nichts.

Obwohl ich eben schon eine ganze Weile auf seinem Schoß gehockt hatte, fühlte sich das hier so anders an, dass mir der Atem stockte. Hoffentlich bemerkte er das nicht.

Als er sprach, war seine Stimme kaum mehr als ein Flüstern. »Ich glaube«, begann er, den Mund direkt neben meinem Ohr. »Ich glaube, du hast vergessen, dass du eigentlich meine Freundin sein sollst. Nicht seine.« Als er mit einem knappen Nicken auf Blake zeigte, streiften seine Lippen meine Haut. Eine subtile Berührung. Nichts Besonderes. Ich ignorierte die Gänsehaut, die mir über den Nacken lief, als sein heißer Atem mich kitzelte. Und ich widerstand dem Drang, mich gegen seine große Gestalt zu lehnen.

Mit einem Finger fuhr er geistesabwesend über meine Taille. Zum Glück dämpfte der Stoff die Wirkung ein wenig.

Es hatte überhaupt nichts mit ihm zu tun. Mein letztes Mal war nur schon so lange her, es spielte gar keine Rolle, wer mich berührte, sondern dass es überhaupt jemand tat.

Der Geruch nach Bier, der in der Luft hing, vermischte sich mit seinem Aftershave, und ich hätte ihn beinahe von mir gestoßen, um Luft zu holen, ohne dass sein berauschender Duft mir in die Nase drang. Stattdessen schloss ich kurz die Augen, um mich zu sammeln, und drehte mich dann zu ihm um.

Mir war nicht klar gewesen, wie nahe wir uns dadurch kommen würden. Ein paar Zentimeter trennten uns, mehr nicht. Sein Gesicht, seine Augen, seine Lippen … Wenn ich hochsah, war alles genau vor mir. Ich wollte ein bisschen Abstand zwischen uns bringen, stieß aber mit dem Rücken gegen die Theke.

Er guckte mich an, als wollte er sich jedes Detail genau einprägen. Jede noch so kleine Sommersprosse rings um meine Nase, die grünen Augen, die ich von Dad geerbt hatte, die von der warmen, stickigen Luft in dieser Bar geröteten Wangen.

Die Stille wurde schnell ohrenbetäubend. »Ich lerne doch

nur deinen besten Freund besser kennen«, entgegnete ich leise und ironisch. »Du solltest dich freuen. Wenigstens verstehen wir uns.« Ich spähte zu Wren, die immer noch in ihr Gespräch mit Laila vertieft war, und er verstand offenbar sofort, was ich meinte.

Grinsend legte er den Kopf schief, hob eine Braue und sagte in oberlehrerhaftem Ton: »Du meinst meinen besten Freund, der in dich verknallt ist, seit du deinen Bruder mal vom Training abgeholt hast?« Sein Gesicht war dicht vor meinem, seine Lippen wieder an meinem Ohr, damit nur ich hörte, was er mir zuraunte. »Und der dann ständig vor dem ganzen Team von dir geschwärmt hat? Ich kläre dich ja nur darüber auf, wie es für die anderen aussehen könnte.« Er zuckte mit den Schultern und rückte endlich ein wenig von mir ab.

»Schon gut, schon gut, beruhig dich.« Ich verdrehte die Augen und hob die Hände in gespielter Kapitulation. Dann verspürte ich plötzlich den Drang, sie auf seine Brust zu legen. Nur ganz kurz. Ich meine ja nur, besagte Brust war genau vor mir. Rasch ließ ich die Arme sinken. Bevor er etwas sagen konnte, tippte ich mit dem Zeigefinger auf die Speisekarte. »Also. Nachos?« Ich blickte durch meine mascarageschwärzten Wimpern zu ihm auf, und das Lächeln, mit dem ich die Frage stellte, drohte meine Augen zu erreichen.

McCarthy schnaubte, nickte und bemühte sich, sein eigenes Lächeln zu unterdrücken.

Er sah sich nach dem Barkeeper um – Gene hieß er, wie ich inzwischen wusste –, nahm meine Hand und zog mich mit sich, damit wir meine Nachos bestellen konnten.

Als ich mich umdrehte, war Blake längst zurück am Tisch. Fünf Minuten später saß ich wieder auf McCarthys Schoß, und es war wohl das erste Mal, dass uns die Gegenwart des anderen nicht störte.

KAPITEL 14

»Du willst mich wohl verarschen.«

Wie angewurzelt blieb ich mitten auf dem belebten Korridor stehen. Aber sosehr ich es auch wollte, ich konnte meine Augen nicht abwenden. Wie bei einem Autounfall.

In seiner ganzen Pracht lehnte McCarthy an der Wand gegenüber vom Hörsaal. In seiner grauen Trainingshose steckte ein weißes Kompressionsshirt, die langen Ärmel zeichneten seine verschränkten Arme nach wie eine zweite Haut. Zwischen seinen Fingern prangte eine leuchtend rote Rose.

Eine Flut an Beleidigungen schoss mir durch den Kopf, als ich mich irgendwann wieder in Bewegung setzte und auf ihn zustolzierte.

Er sah auf, bevor ich ihn erreichte, und sein amüsierter Gesichtsausdruck verriet mir alles, was ich wissen musste. McCarthy lächelte mir strahlend entgegen, die Zunge zwischen den Zähnen, und die Grübchen in seiner Wange waren deutlich zu erkennen.

»Du bist unmöglich.« Meine Stimme war leise und verärgert.

»Ich hab was für dich.« Er schien beschlossen zu haben, sich dumm zu stellen, und hielt mir die rote Rose hin. »Ich erinnere mich, dass du mir sagtest, es seien deine Lieblingsblumen.«

Sein dreistes Lächeln machte alles noch schlimmer. »Oder waren es die, die du nicht leiden kannst? Ah, verdammt, ich weiß es nicht mehr.« McCarthy legte den Kopf zurück und tat so, als würde er überlegen. Er schluckte, und ich versuchte, nicht seinen Adamsapfel anzustarren. Scheinbar nachdenklich musterte er mich, grub die Zähne in die Unterlippe und gab offenbar sein Bestes, um das unerträgliche Grinsen zu verbergen, das sich auf seine Lippen drängen wollte.

Er versagte aufs Kläglichste.

»Aber ist doch eigentlich egal, oder?«

Genervt riss ich ihm die Rose aus der Hand und erwischte dabei nicht nur eine, sondern gleich zwei Dornen mit dem Daumen. Am liebsten hätte ich ihm das blöde Ding ins Gesicht geschleudert.

»Oh mein Gott«, flötete ich und tat so, als würde ich gleich in Ohnmacht fallen. »Womit habe ich einen so aufmerksamen Freund verdient?« Meine Stimme klang hingerissen und liebevoll, meine Miene hingegen teilte ihm unmissverständlich mit, er solle sterben gehen.

»Mit allem, was du tust«, flötete er zurück und zwinkerte mir zu. Dann stieß er sich von der Wand ab und schlurfte Richtung Hörsaal, der sich so langsam füllte, wobei er mich im Vorbeigehen ganz leicht mit der Schulter streifte. Vor dem Hörsaal wartete er auf mich, und ich erhaschte gerade noch so einen Blick auf Henrys Hinterkopf, als er an ihm vorbei hineinstürmte.

McCarthy und ich schritten gemeinsam durch die offenen Türen.

»Weißt du, warum ich die Dinger nicht leiden kann?«, fragte ich beiläufig und betrachtete die Rose in meiner Hand. Er setzte sich mit größter Selbstverständlichkeit neben mich.

»Oh, lass mich raten!«, überlegte er fieberhaft in gespielter

Aufregung. »Sie sind einfach, langweilig, billig?« Er schüttelte den Kopf. »*Nein!* Ich hab's. Als ihr klein wart, hat dein Bruder in einem eurer Sommerhäuser verbotenerweise eine Rose vom Strauch gepflückt und dir die Schuld dafür in die Schuhe geschoben. Zur Strafe wurde dir das Taschengeld um die Hälfte gekürzt, und wie solltest du bloß mit tausend Dollar pro Woche überleben?« Er gab offenbar sein Bestes, um meine Stimme zu imitieren.

»So klinge ich nicht.«

»Ich meine ja nur, diese *Dreistigkeit*«, fuhr McCarthy fort und grinste immer noch breit. »Ich verstehe vollkommen, warum dich das für immer verfolgt.«

Ich rollte so vehement mit den Augen, dass ich fast befürchtete, sie könnten stecken bleiben, und hatte absolut keine Ahnung, weshalb ich mir nur mit Mühe und Not ein Lächeln verkneifen konnte. »Nein, so war es nicht«, seufzte ich theatralisch, und nur widerwillig wandte ich mich um, weg von ihm und seinen Grübchen ... als Professorin Carter den Saal betrat. Mit einem kräftigen Rums schloss sie die Tür hinter sich, und ich schüttelte den Kopf. »Aber er hat mich in einen Rosenbusch gestoßen, als wir den Sommer in den Hamptons verbrachten. Das hat mich für immer traumatisiert.«

Ich zuckte erschrocken zusammen bei dem Lachen, das dermaßen laut aus McCarthy herausplatzte, als hätte er es die ganze Zeit schon zurückgehalten. Es schallte durch den Saal und handelte uns beiden einen bitterbösen Blick von Carter ein.

Dieses echte Lachen war dem falschen, das ich im Laufe unserer Fake-Beziehung für meinen Geschmack ein bisschen zu oft hatte hören müssen, um Lichtjahre voraus. Allein sein vorgetäuschtes Lachen gefiel mir mehr als gut, aber im Vergleich zu diesem Lachen, dem echten, wirkte es halbherzig und schwach. Das echte sprudelte regelrecht aus ihm heraus, wirkte ein klein wenig jungenhaft und … richtig süß. Und traf mich völlig unerwartet. Ich starrte ihn an.

McCarthy erwiderte meinen Blick und presste eine Hand auf den Mund. Schaute rasch zu Carter, die ihn ebenfalls anstarrte, und errötete leicht unter ihren lauernden Augen.

»Was ist denn so komisch, McCarthy?«, echote ihre Stimme durch den gesamten Hörsaal, und selbst von hier oben konnte ich sehen, wie sich ihre dunklen Brauen zusammenschoben und sie zwischen uns hin- und herguckte.

Die Heiterkeit wich aus McCarthys Gesicht, seine Antwort kam blitzschnell. »Nichts. Tut mir leid.« Er sprach laut, um sicherzugehen, dass Carter ihn verstand. Sie hob nur die Schultern.

»Ich habe Pressley nie für eine Komikerin gehalten«, kommentierte sie trocken und erntete dafür ein paar Lacher. Mit einem letzten Blick in unsere Richtung widmete sie sich wieder ihrem Laptop.

»Sie würden sich wundern«, nuschelte McCarthy in sich hinein. Ich war sicher, dass die Worte nicht für meine Ohren bestimmt waren. Immerhin war es fast ein Kompliment – so etwas war ich von ihm nicht gewohnt.

Lächelnd verstaute ich die rote Rose in meiner Tasche und achtete darauf, dass sie nicht zerdrückt wurde, als ich meinen Laptop herausholte.

Leider war das noch nicht das Ende der Geschichte. Bei Weitem nicht.

Vier Tage später strahlten mir vier identische, ekelhaft perfekte und dornenbewehrte Rosen in einer Vase von meiner Fensterbank entgegen. Eine für jeden Tag der Woche. Beim Nachhausekommen steckte ich die fünfte ebenfalls ins Wasser und pfefferte meine Tasche in die Ecke, bevor ich mich aufs Bett warf. Die Decke und der Kissenbezug passten nicht zueinander, und aus dem halb offenen Kleiderschrank ergoss sich ungefähr die Hälfte seines Inhalts samt meiner Kuscheldecke über den Boden. Ich sollte dringend mal wieder aufräumen, aber zwischen Unterricht, Fake-Dates und den zusätzlichen Statistik-Aufgaben, zu denen McCarthy mich verdonnert hatte, war mir in der letzten Woche nicht genug Zeit dafür geblieben.

Mein Blick wanderte zurück zu dem einzigen Detail im Zimmer, das nicht so recht zu dem restlichen Chaos passte.

McCarthy hatte offensichtlich Riesenspaß an dieser ganzen Rosengeschichte. Jedes Mal, wenn er mir eine schenkte, schaute er so stolz drein, als wäre es die allererste und als könne er es kaum erwarten, mein Gesicht zu sehen, wenn er sie mir überreichte. Es spielte keine Rolle, dass es spätestens seit Mittwoch völlig vorhersehbar war.

Wenn er mich entdeckte, kräuselte sich noch immer seine Nase auf diese ganz bestimmte Weise, Vorfreude leuchtete in seinem Gesicht, und wenn ich die Augen verdrehte, grinste er von einem Ohr zum anderen. Jedes. Einzige. Mal.

Aufstöhnend riss ich den Blick von den Rosen los und versuchte, mich auf meine nächste anstehende Aufgabe zu konzentrieren: Ich musste irgendwie die nötige Motivation aufbringen, mich für die Party in Schale zu schmeißen, der Henry heute Abend seine Ehre erweisen wollte.

Das bedeutete nämlich unweigerlich, dass auch sein Lieblings-Power-Paar mit von der Partie sein würde.

KAPITEL 15

Es war dreiundzwanzig Uhr abends, als McCarthy vor meiner Tür auftauchte und mir versicherte, er sei zu allen Schandtaten bereit. Er sah allerdings ganz und gar nicht danach aus. Und dann gähnte er auch noch herzhaft.

»Wir müssen nicht gehen«, ruderte ich sofort zurück. Ich fand, das war sehr …

»*Wow*«, brachte er ergriffen hervor. »Das ist so aufmerksam von dir.«

Ja, genau das.

»Ich weiß«, sagte ich übertrieben begeistert. »Du liegst mir einfach so sehr am Herzen, das solltest du doch inzwischen wissen.« Ich hastete zurück in die Küche und hörte, wie die Tür ins Schloss fiel – offenbar hatte McCarthy sich selbst hereingelassen. »Außerdem möchte ich, dass die Leute wissen, dass meine Gesellschaft sehr anregend und erfreulich ist, und wenn mein Freund auf mir einschläft, sieht es nach dem genauen Gegenteil aus.« Ganz bestimmt wollte ich nicht etwa kneifen, nur weil ich nervös war. »Bier?« Ich öffnete den Kühlschrank und stellte mich auf die Zehenspitzen, um das oberste Fach zu erreichen. Als er nicht antwortete, warf ich einen fragenden Blick über die Schulter.

McCarthy schaute gerade noch schnell genug hoch und mir

in die Augen. Dann streifte er die dunkle Carhartt-Jacke ab und hängte sie über einen Hocker. Als er auf mich zukam, fasste ich das als Ja auf, schnappte hastig eine Dose aus dem Kühlschrank, bevor er es selbst tun konnte, und drehte mich mit einem triumphierenden Lächeln wieder zu ihm um.

Schneller als er zu sein fühlte sich fast wie ein kleiner Sieg an. Aber vermutlich hätte ich mich noch mehr gefreut, wenn ich nach dem Umdrehen nicht direkt seinen Oberkörper vor dem Gesicht gehabt hätte. Er war doch schneller gewesen, als ich erwartet hatte. Ich sah auf, und mein Grinsen wich mir im selben Moment aus dem Gesicht, als er drauf losgrinste, fast als wäre es von meinen Lippen auf seine gesprungen. Ohne den Blickkontakt zu unterbrechen, legte er die Hand um die Dose und streifte meine Finger, bevor ich loslassen konnte.

Ich wollte auf keinen Fall darüber nachdenken, wie seine Berührung meine Haut versengte. Oder darüber, wie Hitze in meinem Nacken aufstieg.

»Nein danke«, sagte er leise und stellte das Bier wieder zurück. Kühle Luft wehte mir in den Rücken, und ein Schauer überlief mich. McCarthy war so nah, dass ich das unterdrückte Lachen in seiner Brust vibrieren spüren konnte. Sein Kopf schwebte direkt über meinem, und ich war unglaublich dankbar für den Größenunterschied, dem ich es zu verdanken hatte, dass immerhin ein wenig Abstand zwischen unseren Gesichtern war.

Ganz beiläufig suchte er mit den Augen den Inhalt meines Kühlschranks ab und tat so, als würde er gar nicht merken, dass ich zwischen ihm und der Kälte eingezwängt war. »Hättest du vielleicht was Süßeres anzubieten?«, fragte er scheinbar geistesabwesend und stützte sich an der oberen Ecke des Kühlschranks ab. Sein Gesicht senkte sich zu meinem herab. »Bitte?«

Irgendwas an ihm war heute Abend anders. Er kam mir unberechenbarer vor als sonst.

Verdammt, irgendwas stimmte definitiv nicht mit dem Kerl, wenn es einen dermaßen nervös machte, wenn er mal ausnahmsweise *Bitte* oder *Danke* sagte.

Ich nutzte die Gelegenheit, mich unter seinem Arm hinwegzuducken, um ein bisschen Distanz zu gewinnen. Dabei streifte mein Blick seine durchtrainierten Arme, die man wegen der kurzen Ärmel seines Shirts gut sehen konnte. Aber ich guckte sie kaum an, wie gesagt, mein Blick *streifte* sie nur. Das wäre jedem passiert.

»Oh, McCarthy«, sagte ich leichthin und verdrängte das zaghafte Flattern in meinem Bauch. Es lag nur daran, dass ich nervös war. Wegen der Party. »Ich fühle mich geschmeichelt. Aber du kannst mich nicht haben. Erinnerst du dich an den Vertrag?«

Er legte den Kopf schief und gluckste amüsiert. »Was für ein Jammer, nicht wahr?«

Was für ein Jammer. Ich tat, als hätte ich nichts gehört. *Interpretier bloß nicht zu viel rein.* Dann lehnte ich mich neben ihn an den Tresen und schaute ihn absichtlich nicht an, damit möglichst nichts mein Urteilsvermögen über Dylan McCarthy Williams trübte. Seine bloße Anwesenheit. Der erdige Duft seines Aftershaves, der Klang seines Lachens und das deutliche Gefühl, dass er mich gerade aufmerksam betrachtete.

»Das hier ist nicht unbedingt ein Soda-Haushalt. Tut mir leid. Ich hätte dich nicht für eine Naschkatze gehalten«, musste ich eingestehen.

»Schon in Ordnung. Es gibt vieles, was du nicht über mich weißt«, erwiderte er lässig, dann stieß er sich von der Theke ab und stellte sich vor mich. »Fertig?« Er musterte mich, als wollte er zunächst mein Aussehen überprüfen, ehe er sich mit mir auf der Frat Row sehen lassen würde.

»Ich weiß nicht«, gab ich zu. Meine Ehrlichkeit überraschte mich selbst, und offenbar hatte er ebenfalls eine andere Antwort erwartet. Mit hochgezogenen Brauen warf er mir einen prüfenden Blick zu und schüttelte den Kopf. »Ist das dein Ernst?«

Statt einer Antwort verließ ich die Küche und stolzierte zu dem großen Spiegel in meinem Zimmer. Da Wren unterwegs war, hatte ich mich zum ersten Mal seit langer Zeit allein ausgehfertig gemacht, und mir fehlte die zweite Meinung zu meinem Outfit. Mit einem kurzen schwarzen Kleid konnte man eigentlich nicht wirklich was falsch machen, aber …

»Es ist ein bisschen schlicht«, stellte ich fest, laut genug, dass er mich in der Küche hören konnte. Oder war es vielleicht eher ein bisschen too much? Ich dachte an meine letzten Fratpartys zurück und versuchte mich zu erinnern, ob ein Kleid wohl angemessen war. Nachdenklich drehte und wendete ich mich vor dem Spiegel, um mich aus allen Perspektiven zu betrachten.

Okay. Entschieden. Ich konnte mein Outfit nicht leiden.

Stöhnend ließ ich die Hände sinken. Im nächsten Moment tauchte McCarthy in der Tür auf, und wir sahen einander im Spiegel an. Er lehnte sich gegen den Rahmen und beäugte mich ungläubig.

»Du denkst doch nicht ernsthaft darüber nach, dich noch mal umzuziehen, oder?« Sein Blick wanderte über meinen Körper, verweilte vielleicht sogar kurz auf meinem Hintern. *Wer weiß das schon?* Ich vermochte es jedenfalls nicht zu sagen und achtete auch gar nicht darauf.

»Doch.« Ich stieß die Luft aus. »Es ist zu schick. Oder zu schlicht. Vielleicht auch zu …« Verunsichert versuchte ich, das Outfit zu korrigieren, das in meiner Wahrnehmung längst unkorrigierbar geworden war. Zog den Saum des Kleids weiter an den Oberschenkeln hoch. Drehte mich von einer Seite zur anderen. Umfasste meine Brüste, drückte sie nach oben und fragte mich, ob ich vielleicht doch zum Push-up-BH greifen sollte, statt gar keinen anzuziehen, was mich recht flach erscheinen ließ. In Sekundenschnelle hatte sich meine Abendgarderobe in einen modischen Notfall verwandelt, und ich hatte McCarthys Anwesenheit ganz vergessen. Bis mich sein ersticktes Räuspern daran erinnerte.

Ich spürte lediglich zwei große Hände auf den Schultern, bevor mich McCarthy zu sich umdrehte. Erschrocken schaute ich zu ihm hoch, die Augen weit aufgerissen, und ließ meine Hände von meinem Ausschnitt fallen. McCarthy atmete tief durch, um seine Verärgerung darüber, wie lange ich brauchte, in den Griff zu bekommen.

Zumindest dachte ich das, bis sein Blick kurz an meinem Ausschnitt hängen blieb.

»Es ist perfekt«, stieß McCarthy hervor und richtete seine dunklen Augen wieder auf mein Gesicht. »Alle werden sich nach dir umsehen, Pressley, daran besteht kein Zweifel.« Der gewohnt sarkastische Unterton kehrte in seine Stimme zurück und war Balsam für mein verdächtig klopfendes Herz. »Aber damit ich heute mit dir angeben kann, müssen wir erst mal diese Wohnung verlassen.«

Ich zog mich trotzdem noch mal um, allerdings betraf das nur die Schuhe. Unterwegs bedauerte ich meine Entscheidung für die kniehohen Stiefel allerdings schnell, wenn auch nur aus einem einzigen Grund: ihr Plateauabsatz. Keiner von uns hatte fahren wollen, aber McCarthys Idee, dann einfach zur Party rüberzulaufen, erwies sich als schlechter Einfall. Nach nicht einmal der Hälfte des fünfzehnminütigen Spaziergangs zwang ich ihn dazu, ein Uber zu rufen. Wenn ich die Nacht überleben wollte, blieb uns keine andere Wahl. Gleich darauf bedankten wir uns auch schon bei dem Fahrer und sprangen aus dem

Auto. Es war direkt klar, welches Haus wir ansteuern mussten, auch ohne auf die Nummern zu achten.

Laute Musik, Neonlicht, lachende Menschen: Eine Fratparty war praktisch schon aus kilometerweiter Entfernung auszumachen, vor allem, wenn es die Geburtstagsfeier für den Kapitän der Fußballmannschaft war.

Deshalb hatte McCarthy gewusst, dass Henry hier sein würde.

Ohne meine Begleitung anzugucken, schob ich meine Hand in seine. Sie war groß, warm und fest und schloss sich ohne das geringste Zögern um meine.

Dies war unser erster offizieller Auftritt als Paar, die kleine Siegesfeier mit seinem Team in der Bar zählte wohl kaum. Jetzt musste es für alle echt aussehen, in jeder Situation, die ganze Zeit. Nicht nur für Henry. Nicht nur, wenn er in der Nähe war und uns beobachtete.

Sondern während der gesamten Party.

In den nächsten Stunden musste ich dafür sorgen, dass jeder flüchtige Blick, jede Berührung absolut echt wirkte. Und aus irgendeinem Grund erschien mir diese Aufgabe nicht mehr so schwierig wie noch vor ein paar Wochen.

Als hätte McCarthy meine Gedanken gelesen, drückte er kurz und beruhigend meine Hand, und dann zog er mich ins Haus.

KAPITEL 16

Als Erstes machten wir uns auf die Suche nach den Drinks. Uns beiden war klar, dass wir Alkohol brauchten, wenn wir diese Sache durchziehen und dabei authentisch rüberkommen wollten.

Das Frathaus hatte eine offene Küche, die nur durch die Kücheninsel vom Wohnzimmer getrennt war. Bei Veranstaltungen wie dieser diente die Insel dann als Bar. Auf dem Tresen dahinter lagen Pizzareste, manche noch in der Schachtel, manche ... nicht. Es herrschte das reinste Chaos.

Die an die Wände des Wohnzimmers geschobenen Sofas waren voll besetzt, ebenso wie die behelfsmäßige Tanzfläche dazwischen. Verschwitzte, betrunkene, glückliche Leute wirbelten so wild darüber, dass sie zu Flecken verschwammen, die Hände entweder in der Luft oder auf jemand anderem.

Auf der Treppe standen und saßen lauter Grüppchen. Und technisch gesehen lag sogar jemand auf den Stufen – er war gerade gestolpert. Dies war die lauteste, wildeste Party, auf der ich je gewesen war, und das war noch eine Untertreibung.

Mein Blick fiel wieder auf meine Begleitung für diesen Abend. Auch wenn er vorhin bei mir nach etwas Süßem verlangt hatte – jetzt hatte er sich gerade eine Flasche Bier geöffnet. McCarthy trank einen Schluck und blinzelte angewidert.

Ich konnte mir nur vorstellen, wie scheußlich es schmecken mochte und wie warm es drei Stunden nach Partybeginn schon war.

Obwohl der billige Wein in meinem Plastikbecher wahrscheinlich auch nicht viel besser war.

»D!« Der erfreute Ruf erregte meine Aufmerksamkeit, und ich drehte mich um.

»Kenny.« McCarthy schien ebenso erfreut zu sein, den Typen zu sehen, der auf uns zukam. Ich kannte ihn vage vom Sehen. Sie umarmten sich auf diese komische Männerart, bei der man sich nicht wirklich umarmt, bevor McCarthy einen weiteren Schluck von seinem pisswarmen Bier nahm, diesmal ohne Grimasse. »Hast du das Geburtstagskind schon begrüßt?«

Kenny schüttelte den Kopf, das dunkelblonde Haar fiel ihm in die Stirn. Er zuckte mit den Schultern. »Noch nicht – bin gerade erst angekommen.« Er richtete seine Augen auf mich. »Wie ich sehe, hast du ein Date mitgebracht.«

Ich lächelte höflich, weil es wahrscheinlich nicht besonders cool rüberkäme, ihm jetzt die Hand zu schütteln.

»Sieht echt nice aus.« Seine Aufmerksamkeit lag aber längst wieder auf meinem Fake-Freund.

Dude, ich stehe direkt neben dir.

McCarthy runzelte die Stirn. »Sie steht genau neben dir.« Wie zur Betonung hob er unsere ineinander verschlungenen Hände. Ganz kurz fragte ich mich, ob ich laut gedacht hatte. »Du kannst *ihr* das Kompliment machen statt mir.«

Kennys Augen weiteten sich. Ohne einen von uns beiden anzusehen, lachte er nervös auf. Sein Unbehagen brachte mich zum Lächeln.

Bevor er irgendeine Antwort stottern konnte, erlöste ihn McCarthy von seinem Elend und sagte, wir würden mal nach dem Geburtstagskind suchen. Im Vorbeigehen klopfte er Kenny auf die Schulter.

Sobald wir außer Hörreichweite waren, beugte er sich zu mir runter, damit ich ihn über die dröhnende Musik hinweg verstand. »Nimm es nicht persönlich.« Er klang belustigt. »Kenny hat ein großes Problem damit, mit Frauen zu sprechen. Wir arbeiten dran, es ihm beizubringen, aber er gerät ständig in Panik. Verschwitzte Handflächen, Stottern, das volle Programm.«

Ich zuckte mit den Schultern. »Also genau wie du«, sagte ich bloß, was völliger Blödsinn war, das wusste ich ebenso gut wie er. Ich lächelte ihn an.

»Jaaa.« Er zog das Wort komisch in die Länge und grinste. »Ganz genau wie ich.«

Wir fanden den Grund für diese Party im hinteren Teil des Hauses, wo er am gemauerten Kamin lehnte, umringt von etlichen Leuten. Big Mike, das Geburtstagskind, war überhaupt nicht groß – es war der Dude-Typ alias Michael von neulich aus der Bar. Wir gesellten uns zu ihnen, und als McCarthy lässig den Arm um meine Schultern legte und mich mitten im Gespräch an sich drückte, zog Mike die Augenbrauen hoch, und im selben Moment hoben sich auch seine Mundwinkel. Er schien reges Interesse an unserer Fake-Beziehung zu hegen, denn er schnitt McCarthy mitten im Satz das Wort ab, um »Also« zu sagen, und zwar mit einer um gut drei Oktaven höheren Stimme. »Was genau ist das eigentlich?«, fragte er und zeigte zwischen McCarthy und mir hin und her.

McCarthy schnaubte nur beiläufig und warf mir lächelnd einen Blick zu, der besagte, dass er das schon regeln würde.

»Ich weiß, dass du nicht viel Erfahrung mit dem anderen Geschlecht hast, aber ich hätte schon angenommen, dass du eine Frau erkennst, wenn du …«

Big Mike unterbrach McCarthys selbstgefällige Antwort, indem er ihm einen Klaps gegen den Hinterkopf verpasste. »Ich habe Geburtstag, Arschloch. Sei gefälligst nett zu mir!« Er lachte. »Pressley wird sich in die Hose machen, wenn er mitkriegt, dass ihr zusammen hier seid …« Er hielt inne und sah mich entschuldigend an. »Der andere Pressley-Zwilling«, stellte er unnötigerweise klar, ein herzliches Lächeln auf den Lippen.

Mir stockte der Atem.

Niemand hatte Henry jemals als den *anderen Pressley-Zwilling* bezeichnet. Das war sonst immer ich.

»Soll er doch«, erwiderte McCarthy achselzuckend, während ich noch damit beschäftigt war, mich über Big Mikes Worte zu freuen.

»Tja, es war sowieso nur eine Frage der Zeit. Stimmt's?«, sagte Big Mike leichthin und stieß McCarthy gegen die Schulter.

Ich spürte, wie er sich verspannte. Er brummte eine unverständliche Antwort, den Arm immer noch um meine Schultern gelegt.

»Und außerdem«, fuhr Big Mike fort, »macht die Wut ihn definitiv zu einem besseren Spieler, nicht wahr? So haben wir alle was davon.«

Bei der Erwähnung von Fußball entspannte sich McCarthy wieder.

Himmel, es war so viel einfacher, ihn zu lesen, wenn ich nah genug war, um seine Muskelspannung zu spüren.

»So gut hat er noch nie gespielt«, gab er zu. »Er läuft doppelt so schnell, ist doppelt so selbstbewusst – unsere Verteidigung war dank ihm zehnmal besser als sonst. Die Brown hat nächste Woche keine Chance. Mit mir in der Nähe werden die nicht einmal den Ball an Pressley vorbeikriegen.« Sein Blick huschte zu mir. »Beziehungsweise mit *ihr* in der Nähe.«

Das war mein Stichwort, zu gehen. Fußballgespräche waren schon immer mein Stichwort gewesen, um zu gehen. »Gern geschehen, Jungs«, lachte ich und befreite mich vorsichtig aus McCarthys Griff. Big Mike lachte ebenfalls und nickte mir zu. McCarthy hingegen wirkte verwirrt über meine Flucht. »Ich bin gleich wieder da, ich suche nur schnell mal die Toilette.«

»Oben«, wies mich das Geburtstagskind an, und ich bedankte mich, schon ein Stück entfernt, mit einem Daumen hoch.

Ich quetschte mich an den Paaren und Grüppchen vorbei, die auf der Treppe hockten und standen – glücklicherweise aber nicht mehr lagen –, und erreichte einen deutlich ruhigeren, jedoch auch nicht wirklich menschenleeren Flur, der in beide Richtungen führte. Das Badezimmer fand ich hinter der Tür direkt gegenüber der Treppe.

Als ich das Bad wieder verließ, wartete McCarthy davor auf mich. Ich war von der Reaktion meines Körpers überraschter als von seinem Anblick selbst. Als er sich von der Wand abstieß und auf mich zukam, lächelte ich ihn unwillkürlich an.

Ganz kurz huschten seine Augen auf etwas hinter mir, und ein kaum merkliches Grinsen umspielte seine Lippen, ehe sich seine Aufmerksamkeit wieder auf mich richtete. Mir blieb keine Zeit, auch nur einen flüchtigen Gedanken zu fassen, da war er auch schon bei mir, und ich wurde von einer Art menschlichem Wirbelwind mitgerissen.

Er bewegte sich – *uns* –, ehe ich wusste, wie mir geschah, umfasste meine Taille und stieß mich sanft nach links, in einen Raum, den ich vorher gar nicht bemerkt hatte. Dann drehte er mich und schob mich mit dem Rücken gegen die Tür, sodass sie sich schloss. Ich saß fest. Zwischen ihm und einem unbeweglichen Objekt.

Mit weit aufgerissenen Augen sah ich zu ihm auf, so perplex, dass er sich das Lachen nur mit Mühe verkneifen konnte. Es dröhnte leise in seiner Brust, ich konnte es spüren, weil seine Brust fast meine berührte. Mein Atem ging schnell und flach.

»Tut mir leid.« Es klang aufrichtig. Seine Hand verweilte jedoch an meiner Taille, und ich machte keine Anstalten, ihn dazu zu bringen, das zu ändern. Meine Haut brannte unter seiner Berührung, die ich trotz der Stoffschicht zwischen uns überdeutlich spürte.

»Pressley.« Es klang, als hielte er das für eine Erklärung, aber ich wurde nicht schlau daraus, auch nicht, als er mit einem Nicken auf die geschlossene Tür deutete, gegen die er mich drückte.

Immer noch völlig durcheinander, fragte ich: »Ja?«

»Nein.« McCarthy schüttelte den Kopf, sein Grinsen wurde breiter. »Der andere Zwilling.«

Da waren sie wieder, diese drei Wörter.

Ich hätte schwören können, dass meine Augen aufleuchteten, und ich hätte nicht mal genau sagen können, weshalb eigentlich. Ich wusste nur, dass es sich gut anfühlte, mal nicht *der andere Zwilling* zu sein. Und insgeheim glaubte ich, dass er es deshalb gesagt hatte … Nicht, dass er das jemals zugegeben hätte. »Hinter dir«, fuhr er fort.

Im nächsten Moment hämmerte jemand gegen die Tür, und ich begriff. Rasch schloss McCarthy ab, und die Stellen meines Körpers, die er mit einem Mal nicht mehr berührte, fühlten sich kalt und leer an.

»Athalia!« Henrys Stimme war ein wütendes Zischen, und ich drückte mich aus Reflex noch fester gegen die Tür, nur um sicherzugehen. Ich starrte McCarthy an, der dicht vor mir stand, und blinzelte, unsicher, was ich tun sollte.

»Du schaltest schnell«, gab ich mit zittriger Stimme zu und versuchte, mich zu beruhigen, aber leider machte mir mein eigener Körper einen Strich durch die Rechnung.

McCarthy blickte auf mich herunter, sein heißer Atem kitzelte meine Nase. »Den Rest überlassen wir dann wohl seiner Fantasie«, murmelte er und zuckte mit den Schultern.

Ich wollte eigentlich nicht, dass sich mein Bruder so etwas vorstellte – aber genau darum ging es ja, oder? Henry wusste nicht, dass wir einfach nur still dastanden und an Ort und Stelle verharrten. Er wusste nicht, dass ich heute Abend zum ersten Mal McCarthys Hand genommen hatte oder dass wir noch nie so dicht, so lange, voreinander gestanden hatten wie in diesem Moment.

»Was soll die Scheiße?«, fluchte Henry draußen. Jemand anders antwortete, seine Stimme war gedämpft und viel ruhiger, und ich verstand nicht genau, was er sagte. Henry schnaubte. »*Nein*, Reuben, ich kann nicht einfach …« Er unterbrach sich und gab ein zorniges Stöhnen von sich. Dann wütete er weiter. Lautstark.

Von wegen, es wäre ihm völlig egal.

»Athalia!«, rief er wieder. Seufzend drehte ich meinen Kopf wieder in McCarthys Richtung, überrascht davon, wie nah er mir immer noch war. Ich atmete scharf ein.

Hatte er eben auch schon so dicht vor mir gestanden? Drehte ich jetzt etwa völlig durch?

Er lachte leise, und ich funkelte ihn finster an. »Halt … einfach die Klappe.« Ich seufzte noch mal tief und hoffte, er würde nicht allzu genau bemerken, was für eine Wirkung er auf mich hatte. Zur Ablenkung ließ ich den Blick durch den dunklen Raum schweifen und entdeckte eine Badezimmertür, den Schatten eines Kingsize-Betts mitten im Zimmer und draußen eine Straßenlaterne, deren schwacher Schein durch die Vorhänge drang.

»Was denn?« Er lachte wieder und hob die Hände, wie um seine Unschuld zu demonstrieren. Das Ganze brachte nicht halb so viel Distanz zwischen uns, wie ich gebraucht hätte. »Das liegt doch an dir, Prinzessin.« Schon wieder dieser spöttische Spitzname. Ich fixierte ihn mit schmalen Augen, und in meinem Magen rumorte es heftig. »Ich kann doch nichts dafür, dass du so nervös wirst …«

»Ich bin nicht nervös«, entgegnete ich viel zu schnell. »Kein bisschen.« Als er nur in sich hinein schmunzelte, hätte ich am liebsten zornig aufgeschrien. »Du machst überhaupt gar nichts mit mir, McCarthy«, stellte ich leise klar, trug viel zu dick auf. *Na toll.*

Ich hatte noch nicht genug getrunken, um dem Alkohol die Schuld zu geben. Ich wünschte, ich könnte es, aber von einem Becher Billigwein errötete ich normalerweise nicht und stotterte auch nicht so dümmlich herum.

»Ist das so?«, fragte er schmollend, und ich zuckte leicht zusammen, als er spielerisch mit einem Finger meinen Arm hinauffuhr und mir ganz schnell das Gegenteil bewies – die Berührung hinterließ eine prickelnde Gänsehaut. »Und wie erklärst du dir dann das hier?« Seine Stimme war so selbstgefällig wie sein Grinsen.

Gott, jemand musste mich von meinem Elend erlösen. *Bitte!*

Nur leider war ich nicht mehr ganz sicher, dass ich im Moment wirklich irgendwo anders sein wollte als genau hier.

Seine braunen Augen leuchteten verführerisch. »Du musst dich an meine Nähe gewöhnen, Pressley.« Er betrachtete seinen Finger, der weiter meinen Arm hinaufstrich und dabei Hitze auflodern ließ. Hitze, die mir bis in die Wangen stieg, und sein langer, zielsicherer Finger, der jetzt an meinen Schlüsselbeinen entlangfuhr, war dieser Wärme dicht auf den Fersen.

Ich neigte den Kopf zur Seite, aber es war keine Absicht, keine bewusste Entscheidung.

»Du darfst nicht bei jeder kleinsten Berührung direkt nervös werden«, mahnte er, und mir lief ein Schauer über den Rücken.

Wieder wollte ich die Anschuldigung zurückweisen. »Aber ich bin nicht …« Ich bekam keinen Ton mehr heraus, als er den Finger sanft unter mein Kinn schob und es nach oben drückte, damit ich ihm in die Augen sah. Plötzlich waren auch seine Lippen ganz dicht an meinen. Unwillkürlich starrte ich sie an.

»Entspann dich«, raunte er, seine Stimme so dunkel und rau wie nie zuvor. Er klang fast ein wenig … erstickt, beobachtete konzentriert jede Regung meines Gesichts. Was auch bedeutete, dass er auf keinen Fall übersehen haben konnte, wie ich seine Lippen angestarrt hatte. »Ich bin dein *Freund*, schon vergessen? Wenn du willst, dass das überzeugend wirkt, solltest du dich an so etwas hier gewöhnen.« Sein Mund wanderte zu meinem Ohr, und er flüsterte: »Meine Hände überall auf dir. Meine Lippen auf deiner Haut.«

Es klang wie ein Versprechen. Und er schien entschlossen, es zu halten. Sein Atem stockte, und sein Mund …

»Athalia!«

Scheiße.

Henrys Gebrüll vor der Tür katapultierte mich zurück in die Wirklichkeit.

Ich war ziemlich sicher, dass ich vorübergehend in eine Art Paralleluniversum geraten war, in dem es mir nichts ausgemacht hätte, wenn McCarthy weitergemacht hätte. Fast wollte ich Henry noch dringender verfluchen, als ich dorthin zurückkehren wollte. *Fast.*

Ein verärgertes Stöhnen entrang sich mir. Niedergeschlagen ließ ich den Kopf gegen die Holztür sinken.

»Ich weiß genau, was du tust, Athalia!«

Bei diesen Worten riss ich die Augen auf, und als ich

McCarthy entsetzt ansah, hätte ich schwören können, dass sie doppelt so groß waren wie sonst.

Er wirkte so kühl, ruhig und gefasst wie immer. Bewegte den Finger von meinem Kinn zu meinen Lippen, um mich schweigen zu heißen.

Und er hatte ja recht, oder? Henry konnte es unmöglich wissen. Wüsste er es, hätte er nicht so wütend gegen die Tür gehämmert.

So gut war seine Menschenkenntnis nicht, so mühelos durchschaute er mich nicht. Oder?

»Das ist verdammt erbärmlich, Athalia. Ernsthaft …«, kam es von der anderen Seite der Tür. »Ich hatte ja sowieso schon niedrige Erwartungen an dich, aber heilige Scheiße, ausgerechnet *McCarthy?*«

Oh.

Meine Hand zuckte zur Klinke, ohne dass ich die bewusste Entscheidung getroffen hätte, die Tür zu öffnen und meinem Bruder gegenüberzutreten – mein Temperament ging mit mir durch. Und als McCarthy meine Hand festhielt und mich daran hinderte, genau das zu machen, wäre ich fast auf ihn losgegangen.

Auf meinen Blick hin hob er schnell die Hand, zerzauste mir mit einem boshaften Lächeln die Haare und zuckte mit den Schultern. »Ich wollte nur schnell dafür sorgen, dass es überzeugend aussieht. Bereit?«

Ich schloss die Augen, holte tief Luft und machte sie wieder auf, fest entschlossen, die Sache durchzuziehen. »So was von bereit.«

McCarthy riss die Tür so energisch auf, dass Henry uns fast in die Arme fiel.

Bei unserem Anblick zuckte mein Bruder erschrocken zurück. Vermutlich hatte er nicht erwartet, dass er zu mir durchdringen würde. Andererseits wusste er genau, wie er mich auf die Palme brachte. Wenn wir beide uns bei einem sicher sein konnten, dann, welche Knöpfe wir beim anderen drücken mussten, um die gewünschte Reaktion zu erzielen.

Erschüttert musterte er uns, und dann verflog das Entsetzen in seiner Miene und machte einem triumphierenden Lächeln Platz. Ich spürte McCarthy dicht hinter mir.

»Ich weiß, was du tust«, wiederholte Henry.

»Ich habe dich schon beim ersten Mal verstanden.« Meine Stimme klang kühl und unbeeindruckt, meine panisch im Kreis rasenden Gedanken konnte ich gut verbergen.

»Gut.« Er maß McCarthy mit einem so bedrohlichen Blick, dass ich nicht in seiner Haut hätte stecken wollen. »Ihr könnt also damit aufhören, was auch immer ihr da gerade abzieht, denn ich weiß …«

Schnell unterbrach ich ihn, ehe er es laut aussprechen konnte. »Ich weiß nicht, was du weißt, Henry.« Ich befürchtete, dass ich es durchaus wusste, aber ich achtete nicht auf meine eigenen Zweifel. »Es ist mir egal, was du zu wissen glaubst«, fuhr ich fort. »Ich weiß nur, dass du einen Scheiß weißt.«

Ergab es überhaupt irgendeinen Sinn, was ich da sagte? Meine Wut verschluckte jeden klaren Gedanken.

Mein Bruder warf den Kopf zurück, als wollte er sagen: *Oh, bitte!* »Du weißt genau, wovon ich spreche.« Er richtete den noch immer vor Wut lodernden Blick auf McCarthy. »Du führst ihn vor wie eine neue Handtasche, und zwar immer nur dann, wenn ich es mitbekommen kann. Keiner der Leute, die ich gefragt habe, hat gesehen, wie ihr auch nur Händchen haltet, geschweige denn euch küsst …«

»Du hast mir hinterherspioniert?«, mischte sich zum ersten Mal McCarthy ins Gespräch ein. Seine Brauen schoben sich zusammen, und ich erkannte, wie er gereizt mit der Zunge gegen die Innenseite seiner Wange stieß, aber er klang fast gleichgültig.

»Natürlich hab ich das, wenn du mit meiner Schwester rummachst, verdammt noch mal!« Henry funkelte ihn an, und im Gegensatz zu McCarthy konnte er seine Gefühle nicht so gut verbergen – in seinen grünen Augen loderte unbändige Wut.

Das war schon immer ihre Dynamik gewesen. Henry ging wahnsinnig schnell an die Decke. McCarthy hingegen ... Ich hatte ihn noch nie *wirklich* wütend gesehen. Nur verärgert, genervt, irritiert ... Diese Liste allerdings ließe sich endlos fortsetzen.

Vermutlich hatten sich die beiden deshalb noch nie gut verstanden – McCarthys Art brachte Henry nur noch mehr auf die Palme, und dass Henry so schnell in die Luft ging, amüsierte McCarthy wahrscheinlich schon seit Langem. Ein Teufelskreis.

Ein Seitenblick auf McCarthy verriet mir, dass er es nicht besonders lustig fand, von Henry quasi ausspioniert zu werden, aber ich fühlte mich trotzdem irgendwie ... siegreich. Wann hatte Henry sich zuletzt die Mühe gemacht, mich irgendwas zu fragen? Geschweige denn, dass er andere Leute meinetwegen ausgefragt hätte?

»Was?«, durchbrach Henry die kurze Stille. »Du denkst, ich lasse dich einfach ...«

»Wir küssen uns«, platzte ich heraus, als Antwort auf seine vollkommen zutreffende Feststellung, dass wir das natürlich nicht taten. Denn dass wir uns nie in der Öffentlichkeit küssten, war eine Lücke in unserer Geschichte, und offenbar hatte mein Gehirn beschlossen, dass diese geschlossen gehörte. Die Köpfe der beiden ruckten zu mir herum, und ich starrte Henry nieder. »Und zwar heftig. Und ständig.«

Hatte ich zu dick aufgetragen? McCarthy schien das zu finden, er versetzte mir jedenfalls zur Warnung einen leichten Stoß.

»Nein, tut ihr nicht.« Henry ließ sich nicht beirren. Wahrscheinlich, weil er sich das ebenso wenig vorstellen wollte wie ich. »Du redest nur Scheiße, und das weißt du auch. Gib. Es. Einfach. Auf.«

Aber er sollte klipp und klar wissen, dass das nicht infrage kam. Wir waren beide mit dem gleichen Riesen-Ego geboren worden, ein Erbe unseres lieben Vaters. Ich wollte auf keinen Fall zugeben, dass das alles ein Schwindel war. Ich wäre lieber gestorben – denn wenn es aufgeflogen wäre, hätte mich diese Schmach sowieso umgebracht.

»Wir haben uns eben gerade geküsst.« Ich gestikulierte in den Raum hinter uns. Und so dicht, wie wir beieinanderstanden, hätte es auch gut sein können.

Henry lugte ins Zimmer und antwortete ebenso überzeugt wie eben schon: »Habt ihr nicht.« Er musterte mich. Ich verabscheute es, wie sich seine Lippen kräuselten, wenn er sicher war, dass er recht hatte. Und ich hasste es, wie meine Nase zuckte, wenn glasklar war, dass ich unrecht hatte.

Zwischen dem Moment, in dem ich ebenso überzeugt war wie Henry, dass ich McCarthy niemals küssen würde, und dem nächsten, in dem ich kurz davor war, es einfach zu tun, lag lediglich ein Wimpernschlag.

Hätte ich erklären müssen, wie und wann McCarthy mich zu sich umgedreht oder wann und wie ich die Arme um seinen Hals geschlungen hatte … ich wäre in ernste Erklärungsnot geraten.

Wir bewegten uns perfekt synchron, ohne uns mit Worten oder auch nur Blicken zu verständigen. Es war, als verwische die Realität zu einem verschwommenen Streifen … bis zu dem Moment, als meine Lippen nur noch um Haaresbreite von seinen entfernt waren, ich mit dem Rücken gegen die Wand stieß und zögerte. Ich spürte seinen Atem auf meiner Haut. Seine Hände auf meinen Hüften.

Aus dem Augenwinkel sah ich Henry davonstürmen, doch McCarthy senkte unbeirrt den Kopf, und ich … schloss einfach die Augen.

Mein Zorn verflog, als seine Lippen das erste Mal meine berührten. Sein Atem, der sich mit meinem vermischte, seine Hand, die sich sanft um mein Gesicht legte. Für einen sehr eigenartigen Moment glaubte ich, dieser Kuss sei der einzige Grund, warum wir überhaupt Lippen hatten. Ich öffnete den Mund und grub eine Hand in sein Haar.

Japp, definitiv kein 3-in-1-Shampoo.

Es dauerte wahrscheinlich zehn Sekunden, bis ich mich von ihm löste, um nach Luft zu schnappen – nicht genug Zeit, um meine Erregung zu erklären. McCarthy gab einen leisen, erstickten Laut der Missbilligung von sich, der mich fast dazu gebracht hätte, in die zweite Runde zu gehen. Er räusperte sich, wahrscheinlich in der Hoffnung, das eindeutige Geräusch von eben zu tarnen, aber das funktionierte nicht. Ich war mir jedes Geräuschs, jeder seiner Bewegungen überdeutlich bewusst. Als ich hörte, wie schnell und flach er atmete, wallte eine Woge von Lust durch meinen Körper, die nach *mehr* verlangte.

Nope. Nopenopenopenope.

»Das war keine gute Idee.« Seine Stimme war kaum mehr als ein Flüstern.

Ich bekam kaum Luft, und mir war, als wäre ich an Ort und Stelle festgewachsen. Vielleicht wollte ich ja gar nicht mehr von ihm weg.

Das war absurd.

Als ich den Kopf drehte und den Flur entlangsah, spürte ich seinen Blick auf meinem Gesicht brennen. Henry war längst weg, und das war mir klar gewesen. Es war mir klar gewesen, als wir uns geküsst hatten, und ich hatte es trotzdem getan.

Keine gute Idee.

Aus vielen Gründen war es wahrscheinlich sogar die schlechteste Idee gewesen, die ich je gehabt hatte.

1. Er war Dylan McCarthy Williams.
2. Ich hatte ihn einfach *geküsst.*
3. Und es hatte sich irgendwie zu gut angefühlt, um es einfach wieder zu … vergessen.

Aber warum bereute ich es dann nicht? Ich schluckte schwer, schaute ihn an und lag mit der Vermutung, dass er keine Sekunde lang den Blick von mir abgewandt hatte, goldrichtig.

KAPITEL 17

Wir liefen schweigend nach Hause.

Henry war wahrscheinlich abgehauen, als McCarthys Lippen noch auf meinen gelegen hatten, und ich war zu nüchtern, um so zu tun, als wäre nicht das passiert, was eben … passiert war. Also hatte ich ihn im Flur stehen lassen und mich aufgemacht, um allein nach Hause zu gehen.

McCarthy holte mich keine zwei Minuten später ein und begleitete mich, ohne sich von seinen Freunden zu verabschieden. Das war nicht nett von ihm, aber ich nahm es ihm nicht übel, weil seine Gesellschaft mich nicht … störte.

Ja, das überraschte mich selbst.

Nachdem wir etwa fünf Minuten lang schweigend die dunkle Straße entlanggelaufen waren, unterbrach McCarthy die angenehme Stille. »War es denn so schlimm?« Scherzhaft stieß er mich mit der Schulter an, und obwohl es eine ganz sanfte Berührung war, wäre ich ins Taumeln geraten, hätte er mich nicht rasch um die Taille gefasst, um mich zu stützen. Natürlich.

Ich wandte den Kopf und entdeckte einen verschmitzten Ausdruck auf seinen Lippen. Die gleichen Lippen, die so weich und einladend waren …

»Es war furchtbar, ja«, bestätigte ich schnell und schüttelte den Kopf. Meine Wangen glühten. »Absolut schrecklich.«

Mit einem belustigten Schnauben ließ er mich los, und wir gingen weiter.

»Ja, du hast recht.« Er nickte nachdenklich. Kurz guckte ich zu ihm rüber, weil ich wusste, dass er gerade versuchte, ein Lächeln zu unterdrücken, und aus irgendeinem Grund wollte ich es gern sehen. »Eine sehr schwache Leistung deinerseits.«

»Meinerseits?« Ich stemmte die Hände in die Hüften und blieb ein weiteres Mal stehen, um ihn ärgerlich anzustarren. Nicht nur, weil ich wollte, dass er meine gespielte Empörung sah, sondern auch, weil meine Füße mich umbrachten und ich nicht sicher war, ob ich in diesen Stiefeln auch nur einen Schritt weiterlaufen konnte.

»Allerdings«, sagte er nachdrücklich.

Gleichermaßen amüsiert und ungläubig schüttelte ich den Kopf. »Ach sooo.« Ich stieß das o so herablassend aus, wie ich nur konnte. Er lachte, dann ging er weiter. Und obwohl jeder Schritt furchtbar wehtat, folgte ich ihm wie ein verlorenes Hündchen.

»Ist so.«

»Na klar.« Ich kicherte. Dann kapitulierte ich vor meinen Stiefeln, hakte mich bei McCarthy ein und stützte mich mit einem erleichterten Seufzer auf ihn.

Er zuckte nicht mal mit der Wimper, sondern lachte nur leise. »Alles okay?«, fragte er mit diesem sarkastischen Unterton, der so typisch für ihn war.

Ich antwortete zunächst mit einem Ächzen, ehe ich es aussprach: »Nein. Meine Stiefel bringen mich um.« Ich stoppte ihn, hob einen Fuß und wackelte demonstrativ mit einem der hochhackigen Stiefel.

McCarthy hob belustigt die Brauen. »Wenn du so oft stehen bleibst, sind wir erst zu Hause, nachdem mein Wecker geklingelt hat«, stellte er fest. »Und das ist um sechs Uhr morgens.«

In seiner Stimme schwang gespielte Verärgerung mit, bevor er mich ohne jede Vorwarnung mit sich zog. Meine Füße taten so weh, dass ich kurz davor war, ihn lautstark zu beschimpfen. Zu seinem Glück drückte er mich aber im nächsten Moment auf irgendeine Sitzfläche, und ich verstummte. Mit einem tiefen Seufzer lehnte ich mich erleichtert gegen die harte Holzbank, auf die er mich gesetzt hatte.

»Was soll das werden?«, fragte ich neugierig, mein Ärger war so gut wie verflogen. Ich legte den Kopf schief, als er sich vorbeugte und an seinen Schuhen herumfummelte. Beim Klang meiner Stimme schaute er zu mir auf, als könnte er nicht anders.

Irgendwas an der Art, wie er mich durch seine dunklen Wimpern hindurch betrachtete, sein braunes Haar, das in der Dunkelheit beinahe schwarz schimmerte und in seine Stirn fiel, die hochgezogenen Augenbrauen … Das alles machte etwas mit mir.

Etwas, über das ich nicht weiter nachdenken wollte.

»Ich gebe dir meine Schuhe«, erläuterte er sachlich. Einfach so. Kein Lachen, keine weitere Erklärung.

»Was?« Zu behaupten, ich klänge verwirrt, wäre eine Untertreibung gewesen. »Das musst du wirklich nicht …«

»Halt die Klappe.« Er sagte es, ohne mich auch nur anzusehen, und schlüpfte aus seinen Turnschuhen.

Dieser McCarthy – der, der mir sagte, ich solle die Klappe halten – war mir lieber als jener McCarthy, der mich mit unerwarteten freundlichen Gesten überfiel. Wenigstens wusste ich, was ich mit dieser Version anzufangen hatte.

Sie küssen, anscheinend.

»Wenn du weiter in diesen Stiefeln vor dich hinwackelst, kommen wir nie und nimmer heute noch zu Hause an.« Er stellte mir seine Schuhe vor die Füße.

»Ich kann barfuß laufen.«

McCarthy schnaubte. »Ich lasse dich ganz sicher nicht barfuß laufen.« Er tat, als wäre das ein völlig absurder Vorschlag, dabei hatte er es offenbar selbst gerade vor.

»Warum nicht?«, platzte ich heraus. »Eigentlich ist es eine total gute Idee.« Ich beugte mich vor und zog meine Stiefel aus. Auf keinen Fall würde ich sein Angebot annehmen. Es war einfach zu nett, und ich wusste nicht, wie ich damit umgehen sollte.

Aber als ich aufstehen wollte, legte er eine Hand auf meine Schulter und drückte mich sanft, aber bestimmt wieder nach unten. Ich erstarrte, den Blick auf den Bürgersteig gerichtet.

Weil er mir auf einmal so nah war, dass der Duft seines Aftershaves in der Luft lag. Alles um mich herum war praktisch getränkt von Dylan McCarthy Williams, und ich glaubte nicht, dass ich es ertragen konnte, ihn obendrein auch noch zu sehen.

»Pressley«, raunte er, und seine Stimme klang ganz anders als sonst. »Zieh meine verdammten Schuhe an, damit wir nach Hause gehen können.«

Und das tat ich dann auch.

Meine hochhackigen Stiefel baumelten in McCarthys Hand, seine weißen Socken wurden vermutlich mit jedem Schritt dunkler. Ich lief immer noch wie auf Eiern, aber nicht mehr vor Schmerz, sondern weil seine Schuhe gefühlt doppelt so groß waren wie meine. Das war zwar ein bisschen mühsam, aber sehr viel angenehmer als zuvor. Irgendwann fragte ich mich, ob er versehentlich auf meiner linken Seite gelandet war oder ob er die Gehsteigregel tatsächlich kannte, nach der die Frau auf der straßenabgewandten Seite des Mannes geht.

Angenehme Stille stellte sich ein. Das mochte ich mit am liebsten an McCarthy: Wir mussten kein Gespräch erzwingen, sondern konnten einfach miteinander schweigen, ohne dass es unangenehm war.

»Warum hasst du mich?«, fragte ich schlicht, aus aufrichtiger Neugier heraus und ohne jeden Vorwurf. Ich wollte es wirklich wissen. Wer wäre nicht zumindest ein wenig neugierig?

McCarthy schnaubte. Ich bemerkte, wie er den Kopf in meine Richtung drehte, aber ich schaute weiter stur geradeaus auf die Straße. In der Ferne rauschten einige Autos an unserer kleinen College-Stadt vorbei. Ich hatte mich langsam, aber sicher an das Laufen in McCarthys Riesenschuhen gewöhnt, weswegen er sich mittlerweile nicht mehr wie anfangs noch die ganze Zeit über mein tölpelhaftes Rumgehumpel lustig machte.

(Im Gegenzug hatte ich ihn übrigens Bigfoot genannt.)

»Ich hasse dich nicht«, brummte McCarthy und klang weniger gereizt als sonst. »Wenn überhaupt, dann hasse ich deinen Bruder. Und ich bemitleide dich dafür, dass du dich schon so lange mit ihm herumschlagen musst.«

»Na ja.« Ich zuckte mit den Schultern, kickte einen Kieselstein in den Grasstreifen zu meiner Rechten und verlor dabei fast seinen Schuh. Ein rascher Blick – das Ganze war ihm leider nicht entgangen, denn er grinste breit, versuchte es aber offenbar zu unterdrücken. Ich räusperte mich und sah wieder nach vorn. »Dann frage ich dich eben: Warum hasst du ihn?«

»Hast du deinen Bruder mal persönlich kennengelernt?«

Ich bereute mein Auflachen sofort, als es laut durch die leeren Straßen hallte. Mit leicht geröteten Wangen guckte ich ihn wieder an – und da war es: das Grinsen, das er zuvor noch versucht hatte, zu verbergen.

Bevor ich noch mal nachhaken konnte, blieb McCarthy stehen. Er hielt mir meine Stiefel hin, und ich begriff jetzt erst, dass wir an meiner Wohnung angekommen waren. »Gern geschehen«, neckte er mich, als ich sie ihm abnahm und aus seinen Turnschuhen stieg.

Ich verdrehte die Augen, hörte aber nicht auf zu lächeln. Statt der sarkastischen Bemerkung, die er wahrscheinlich erwartete, sagte ich »Danke« und meinte es auch so.

Wahrscheinlich konnte er damit genauso wenig umgehen wie ich damit, dass er mir seine Schuhe angeboten hatte. Vielleicht waren wir somit jetzt quitt? Aber leider war mir selbst klar, dass das nicht stimmen konnte. Mit einem schnöden Dankeschön ließ sich nicht im Entferntesten aufwiegen, dass er den ganzen Weg meinetwegen auf Socken gelaufen war.

»Im Ernst«, setzte ich noch mal neu an. »Danke.«

Nope, immer noch nicht ansatzweise genug, um quitt zu sein. Er blieb stumm. »Na schön.« Mit einem Nicken zur Tür – als wüsste er nicht selbst, dass wir am Ziel waren – sagte ich: »Sehen wir uns am Montag?«

Er nickte und schob die Hände in die Jackentaschen. »Nun geh schon rein, damit ich mich auf den Weg machen kann.«

Igitt.

Sei. Nicht. So. Nett.

»Danke.« So langsam kam ich mir echt blöd vor. Eilig kramte ich in meiner kleinen Tasche nach dem Schlüssel, um mich endlich verdünnisieren zu können, bevor mir ein weiteres ungenügendes Dankeschön herausrutschte.

Ich stolperte ins Haus und drehte mich erst um, als ich den Aufzug erreichte. Unsere Blicke trafen sich in dem Moment, als McCarthy gerade auf dem Absatz kehrtmachen wollte. Unsicher, was ich tun sollte, warf ich ihm durch die Glastür ein echtes Lächeln zu.

Zu meinem Erstaunen erwiderte er es ohne jedes Zögern.

Danke, murmelte ich ein letztes Mal.

Nur fürs Karma.

KAPITEL 18

Unser Kaffee bei *Daisy's* wurde irgendwie zur Routine. Diese Woche sagte McCarthy ab.

Mir ist was dazwischengekommen, ich schaffe es nicht rechtzeitig.

Ich antwortete nicht darauf, und es juckte mich definitiv nicht in den Fingern, eine passiv-aggressive Antwort zu tippen.

Ich war auch überhaupt nicht neugierig, was passiert sein mochte.

Kein bisschen.

Mittlerweile war es Mittwoch, und wir waren seit dem … *Vorfall* nicht mehr allein gewesen. Vorfall nannte ich es vor allem deshalb in meinem Kopf, um nicht benennen zu müssen, was es tatsächlich gewesen war. Nämlich ein Kuss. Ein guter, verdammt, ein fast *perfekter* Kuss.

Als ich nun pünktlich für unsere Nachhilfestunde an seine Bürotür klopfte, lugte bereits die achte Rose aus meiner braunen Umhängetasche hervor. Offenbar fand er das immer noch urkomisch.

Ich hatte mich an das sarkastische »Lieber nicht« gewöhnt, das er durch die geschlossene Tür zu rufen pflegte, wenn ich klopfte, aber diesmal wartete ich nicht darauf. Aus mir selbst schleierhaften Gründen hatte ich es eilig und stieß einfach die

Tür auf. Das war meine erste schlechte Entscheidung des Tages.

Shaw stand vor mir und blinzelte auf mich herunter. Sein Blick reichte aus, um mich mitten in der Bewegung erstarren zu lassen. Wenn ich mich nicht rührte, würde ich vielleicht mit meiner Umgebung verschmelzen, und sein Zorn würde mich verschonen.

Doch trotz der gedeckten Farben, die ich trug – ein enges schwarzes Longsleeve, das in einer weiten, braunen, maßgeschneiderten Hose verschwand, ein Gürtel um die Taille, passend zum dunkleren Braun meiner Umhängetasche –, und obwohl ich vollkommen still stand, sah er mich und beäugte mich über seinen krummen Nasenrücken hinweg. Vielleicht lag es an dem olivfarbenen Trenchcoat, der über meinem Arm hing.

Shaws Miene blieb ausdruckslos, doch seine blauen Pupillen bohrten sich in meine.

»Oh mein Gott«, hauchte ich und bemerkte das amüsierte Zucken von McCarthys Lippen. »Es tut mir so leid, ich hatte nicht erwartet, dass jemand um diese Zeit hier ist …« Unwillkürlich zuckte mein Blick auf die Uhr an der Wand über der Verbindungstür beider Büros. Es war Punkt zwei Uhr nachmittags.

»Warum haben Sie dann geklopft, Miss Pressley?«

»Ich …«

»Wenn Sie annehmen, dass Mr Williams als mein Assistent keinerlei andere Verpflichtungen hat, als Ihnen Nachhilfe zu geben, gibt es keinen Grund, zu klopfen. Oder doch?« Shaw zog eine Braue hoch. »Vor allem, wenn Sie nicht den Anstand haben, auf eine Antwort zu warten.«

Das war der endgültige Schlag, und seinem zufriedenen Gesichtsausdruck nach zu urteilen, wusste er das.

Ich schluckte schwer. Mir lag ein ganzes Sortiment Schimpfwörter auf der Zunge, die ich ihm gern an den Kopf geworfen hätte. »Entschuldigung«, krächzte ich. Das war alles, was ich sagen konnte, und es kostete mich meine ganze Beherrschung, am Ende des Satzes nicht noch ein »Sie schrulliger Blödarsch« hinzuzufügen.

Shaw wandte sich ohne ein weiteres Wort ab und begutachtete McCarthy, der hinter seinem Schreibtisch stand. Ich bekam gerade noch mit, wie der selbstgefällige Ausdruck aus seinem Gesicht wich, und im Gegenzug zeigte ich ihm hinter Shaws Rücken den Mittelfinger.

»Na schön.« Der Professor räusperte sich. »Wir waren hier fertig, nicht wahr?«

»Ja, Sir. Ich kümmere mich sofort darum.« McCarthy hob einen Stapel Papiere hoch und nickte Shaw höflich zu. Der Professor warf mir noch einen letzten bösen Blick zu, bevor er in seinem Büro verschwand.

»Du Arsch«, schoss es aus mir heraus, und ich fuhr zu McCarthy herum. Ich hätte schwören können, dass ich ein Lächeln über seine Lippen huschen sah, ehe er sich schulterzuckend in seinen Stuhl fallen ließ.

»Was sollte ich denn tun?«, behauptete er, als gäbe es keine Handys.

»Oh, ich weiß nicht«, sagte ich theatralisch und hob die Hände. »Vielleicht hättest du mich vorwarnen können?« Entrüstet stieß ich die Luft aus und setzte mich ebenfalls. Wie um meine Niederlage zu unterstreichen, entglitt die Tasche meinem Griff und plumpste zu Boden. »Schick mir eine Nachricht, ruf mich an. Schreib mir eine verdammte E-Mail, wenn es sein muss.« Verärgert fügte ich hinzu: »Vor ein paar Tagen wusstest du noch genau, wie man das macht.«

Das hätte ich nicht sagen sollen – tiefe Reue durchflutete

mich, als ich sah, wie er die Lippen zu einem überraschten und zugleich provozierenden Grinsen verzog.

»Oh.« Mit schief gelegtem Kopf sah er mich an. »Du redest von *Daisy's.*« Er lehnte sich in seinem Stuhl zurück, und ein zufriedener Seufzer kam über seine Lippen. »Hast du dir dein kleines Hirn deswegen zermartert? Dich gefragt, warum ich es nicht schaffe? Was wohl dazwischengekommen sein mag?«

Ein seltsamer, ungläubiger Laut entfuhr mir. »Du hältst viel zu viel von dir selbst.«

Er grinste noch breiter, als hätte er mich nicht gehört, und seine Grübchen blitzten auf. »Hast du …« Er schnappte nach Luft. »Hast du mich etwa *vermisst*, Pressley?«

»Oh mein Gott«, stöhnte ich und schaute zur Decke. »Ich habe dich nicht vermisst«, stellte ich klar. Für mich und für ihn. »Ich habe mir nicht den Kopf deswegen zerbrochen, und es ist mir egal, warum du abgesagt hast oder was dazwischengekommen ist.«

McCarthy kicherte in sich hinein. »Macht Euch keine Sorgen, Prinzessin. Ich würde es nicht wagen, Euch abzusagen, wenn der Anlass nicht von äußerster Wichtigkeit wäre.« Er sah mich an, als er *Prinzessin* sagte, und lachte leise. »Coach wollte vor dem Unterricht mit uns sprechen. Über das bevorstehende Spiel gegen die Brown.«

»Das ist mir *egal.*«

»Ja, klar.« Er zwinkerte mir selbstgefällig zu. »Übrigens«, ergänzte er. »Wenn du willst, dass ich dich darüber informiere, wer zu welcher Zeit und aus welchem Grund in meinem Büro sein könnte …« Ich wollte ihn wieder unterbrechen, aber McCarthy hob die Stimme und redete einfach weiter: »… bräuchte ich wohl zuallererst mal deine Nummer.«

Angesichts dieses stichhaltigen Arguments verdrehte ich genervt die Augen. Ich zögerte einen Moment, seufzte dann resigniert und streckte die Hand nach seinem Handy aus. Im nächsten Moment hielt ich es entsperrt in den Händen. »Melde mich bloß nicht für irgendwelche komischen Spams an«, drohte ich und tippte widerwillig meine Nummer ein.

»Sonst noch was?« Seinem überheblichen Gesichtsausdruck nach zu urteilen, genoss er das Ganze ein wenig zu sehr. Ich gab ihm das Handy zurück.

»Sonst lasse ich dich umbringen.« Mein zuckersüßes Lächeln passte nicht zu dem eisigen, ernsten Tonfall meiner Stimme. McCarthy gluckste – es war wirklich ein richtiges Glucksen, und das war irgendwie niedlich. »Ich würde nur zu gern sehen, wie du das versuchst, Pressley.«

»Pearson-Produkt-Moment-Korrelation?«

Es war wahrscheinlich das hundertste Mal, dass er das heute sagte, und das war nicht übertrieben. Aber man soll ja positiv denken. Vor einer Stunde hatte ich diesen Begriff noch nie in meinem Leben gehört, und jetzt kannte ich ihn.

Ein Fortschritt, oder?

Doch das half mir nicht dabei, ihn zu definieren. All die neuen Begriffe bildeten einen riesigen, chaotischen Statistikknoten in meinem Hirn. Die Chance, darin die richtige Definition einer *Pearson-Produkt-Moment-Korrelation* zu finden, war ziemlich gering.

Ich stöhnte auf, legte den Kopf zurück und starrte zur Decke. McCarthy hatte seinen Platz auf der gegenüberliegenden Seite des Schreibtischs verlassen und gesagt, er müsse sich ein bisschen bewegen, um seinen Frust abzubauen. Völlig okay in meinen Augen … bis er beschlossen hatte, sich neben mich an den Schreibtisch zu lehnen, um es mal mit einem einschüchternden Ansatz zu probieren.

Seine Worte, nicht meine.

Die Knöchel übereinandergeschlagen, die Arme verschränkt, stand er da. Um ihn und mich selbst davon zu überzeugen, dass ich kein Problem mit unserer körperlichen Nähe hatte, rückte ich meinen Stuhl direkt vor ihn. Es blieb nicht viel Platz zwischen meinen angewinkelten Knien und seinen ausgestreckten Beinen. Während ich meine Augen Richtung Decke wandern ließ, erhaschte ich einen flüchtigen Blick auf sein hoffnungsvolles Gesicht.

Wie er immer noch voller Hoffnung sein konnte, war mir echt ein Rätsel. Ich selbst hatte sie schon vor langer Zeit aufgegeben. Dennoch gab ich mein Bestes. Irgendwie war ich es Mom schuldig.

Pearson-Produkt-Moment-Korrelation.

Es war ein bisschen wie das Auswendiglernen von Begriffen und Definitionen im Englischunterricht in der Highschool. Das einzige Fach, in dem ich nicht im Schatten meiner Eltern stand, deshalb war ich gut darin gewesen. Besser als Mom mit ihrem Algorithmus-Gleichungs-Gehirn es gewesen war, und vielleicht sogar besser als Henry mit seiner mangelnden Kreativität, die ihm bei Eselsbrücken und dergleichen nicht zugutekam. Ich hingegen war absolute Spitze darin.

Nur dass McCarthy nicht Cinquain-Gedichte und Sonette definiert haben wollte, sondern nach einer bestimmten Art Korrelation fragte. Das bedeutete eine Art Verbindung zwischen …

»Er misst die Stärke einer Korrelation«, begann ich zögerlich. Aber er nickte. »Und die Richtung des Zusammenhangs zwischen zwei Variablen?« Halb war es geraten, halb auch … nicht?

Zu meiner Überraschung verzog McCarthy nicht das Gesicht vor Enttäuschung über meine Antwort, wie er es heute schon unzählige Male getan hatte. Er verdrehte nicht die Augen, machte keine spöttische Bemerkung und wiederholte auch nicht die Frage. Stattdessen schlich sich ein breites Lächeln auf sein Gesicht, und er stützte die Hände auf dem Tisch hinter sich ab.

»Korrekt!« Er strahlte mich an. »Klasse.«

In einem entfernten Winkel meines Geistes bemerkte ich, dass sich sein Lob gut anfühlte. Als hätte ich etwas Wichtiges erreicht, weil ich ihn stolz gemacht hatte. Im ersten Moment merkte ich nicht, dass sich auch auf meinem Gesicht ein Lächeln ausbreitete.

Sobald ich mir dessen aber bewusst wurde, presste ich meine Lippen zusammen, und McCarthy tat es mir gleich. Er räusperte sich. »Wir sollten diese Stunde mit der womöglich einzigen richtigen Antwort beenden, die wir dir heute entlocken werden«, schlug er vor.

»*Ha-ha.*« Ich wollte nicht zugeben, dass er wahrscheinlich recht hatte. »Hab doch mal ein bisschen mehr Vertrauen in mich, McCarthy.«

Vielleicht musste ich, um diesen Kurs zu meistern – oder zumindest nicht durchzufallen –, endlich aufhören, darüber nachzudenken, was für eine großartige Statistikerin meine Mutter gewesen war (und wie schlecht ich im Vergleich abschnitt), und mich stattdessen auf das konzentrieren, was ich besser konnte (beispielsweise etwas auswendig zu lernen).

McCarthy brummte leise und sagte mit einem amüsierten Schnauben: »Das Problem ist nicht *mein* Vertrauen in dich, Prinzessin.«

Schon wieder dieser Spitzname.

Meine Mundwinkel sollten nicht zucken, wenn er mich so nannte, und mein Magen nicht anfangen zu flattern. Es war als Beleidigung gemeint. Eine Anspielung darauf, was für ein privilegiertes Leben ich seiner Meinung nach führte. Also begutachtete ich ihn nur abschätzig.

»Glaubst du immer noch, dass das Ganze klappen kann?« Ich hätte fast gelacht, als ich das fragte. Wir machten das hier schon eine ganze Weile, und ich war weit von einer passablen Note entfernt. Und die Prüfungen rückten immer näher.

McCarthy zuckte nur mit den Schultern. »Natürlich.« Er sprach es mit einer solchen Selbstverständlichkeit aus, dass es mich fast überzeugt hätte. »Wenn du versagst, bedeutet das, dass ich versagt habe«, erinnerte er mich, und nach einer kurzen Pause fügte er hinzu: »Und ich versage nie.«

Ich schnalzte mit der Zunge. Er hatte natürlich recht. Wenn es irgendwas auf dieser Welt gab, das größer war als mein Ego – das mich im Moment eindeutig im Stich ließ –, dann war es *sein* Ego. Und wenn McCarthy sich sicher war, er würde nicht versagen, dann tat er es auch nicht.

Ich betrachtete ihn für einen Augenblick, musterte den leichten Bartschatten und seine markanten Gesichtszüge. Seine Lippen waren leicht geöffnet, gerötet und ein wenig geschwollen ... Wahrscheinlich, weil er beim Warten auf meine Antworten immer darauf herumkaute. Der Blick seiner braunen Augen schweifte durch das kleine Büro, als verbrächte er nicht jede Woche mehrere Stunden hier, hätte sich nicht jedes Detail längst eingeprägt. Er sah mich nicht an, und ich genoss es, ihn einfach eine Weile stumm beobachten zu können.

Diese Erkenntnis ließ mich aufschrecken.

Ich räusperte mich. Beim Anblick seines hübschen Gesichts und seiner noch hübscheren Lippen musste ich plötzlich daran denken, dass sie erst vor wenigen Tagen meine berührt hatten.

Das reicht.

Ich sprang so schnell auf, dass ich fast das Gleichgewicht verlor. Mit einem lauten Scharren schrammten die Stuhlbeine über den Holzboden, und McCarthy wandte blitzschnell den Kopf in meine Richtung.

Plötzlich war er mir schon wieder ganz nah. So, so nah.

Seine Pupillen weiteten sich, und ich spürte seinen Atem an meiner Nase.

Mir blieb die Luft weg, und ich wusste, dass er es bemerkte, als seine Mundwinkel sich ganz leicht bogen. Im nächsten Moment hatte er sich wieder gefangen und blickte wieder ganz sachlich drein. Kalt. Stoisch.

»Hey, hör mal …«

»Schau mal …«

Wir fingen gleichzeitig an und unterbrachen uns gegenseitig. Ein nervöses Lachen kitzelte mich in der Kehle, und ich fragte mich, was zum Teufel mit mir los war. Seit wann kicherte ich so albern? Und das ausgerechnet wegen eines Mannes?

»Diese … *Sache* am Freitag«, fing er erneut an, ein wenig zögerlich. Ich hätte fast gelacht. Er nannte es eine Sache, und ich nannte es einen Vorfall. Außerdem hatte ich gerade dasselbe ansprechen wollen.

Er beäugte mich forschend, als ich nicht antwortete und ihm nur zunickte.

»Großer Fehler, oder?«, erkundigte er sich betont lässig. Er stieß sogar ein kurzes Lachen aus, aber ich begriff sofort, dass es nicht echt war.

Und dann traf mich die Erkenntnis wie ein Blitz: Er war auch nervös. Dylan McCarthy Williams, das Sinnbild der Nonchalance, war *nervös*. Ich hätte nie gedacht, dass ich diesen Tag noch erleben würde. Trotz des Themas machte mir das richtig gute Laune. Und recht hatte er außerdem.

»Ein großer Fehler«, versicherte ich ihm. Denn offenbar gefiel es mir nach diesem Kuss nicht, wenn er unsere Termine absagte. Das war nicht akzeptabel. Das durfte nicht sein.

»Und es darf nicht wieder vorkommen«, ergänzte er und sah

mich endlich an, ließ den Blick seiner braunen Augen an mir auf und ab gleiten. »Richtig?«

Ich schluckte und schüttelte den Kopf. »Niemals.«

Meine Brust hob und senkte sich schwer, und sein stoischer Gesichtsausdruck geriet ins Wanken. Er musterte mich eindringlich, schaute mir wieder direkt in die Augen.

Sagte kein Wort. Sah mich nur an.

Und dann passierte es irgendwie doch wieder.

Eine seiner Hände fand sich an meiner Taille wieder, die andere an meiner Wange – die Berührung so leicht und zögerlich, dass ich es kaum spürte. Ebenso leicht berührten mich seine Lippen, und seine Zunge bat sanft um Einlass. Als ihm dann ein raues Stöhnen entfuhr, war das alles, was ich brauchte, um das Ganze zu rechtfertigen.

Mit einer schnellen Bewegung drehte McCarthy unsere ineinander verschlungenen Körper um, und der Schreibtisch, an dem er eben noch gelehnt hatte, presste sich nun in die Rückseite meiner Oberschenkel. Selbst als ich mich daraufsetzte, lösten sich unsere Lippen kaum voneinander, und gleich darauf stand er zwischen meinen Schenkeln und zog mich dichter an sich. Sein Atem ging schnell, seine Bewegungen waren fiebrig.

Ich grub die Hände in sein Haar und zog daran. Er unterdrückte ein weiteres Stöhnen.

Mir war, als stünde ich in Flammen, oder vielleicht, als wäre ich sogar schon zu Asche verbrannt. Jede Berührung ließ mich auflodern. Sein Keuchen in meinem Mund, sein Atem auf meinen Lippen, und wie er mich wieder küsste, als ich mich gerade losmachen wollte – all das zeigte mir, wie sehr er es wollte.

Es darf nicht wieder vorkommen. Was für ein Lügner.

Als er seinen Kopf zurückzog, brannte in seinen Augen dasselbe Verlangen, das auch ich tief in meinem Bauch spürte.

»Ich habe einen Vertrag unterschrieben«, keuchte er gegen

meine Lippen, als wolle er sich selbst daran erinnern, dass wir KEIN SEX aufgeschrieben hatten – in Großbuchstaben. »Und du auch.« Mit beiden Händen umfasste er meinen Hinterkopf, die Daumen immer noch an meinen Wangen. Er schluckte heftig, als könnte er sich nur unter Aufbietung seiner gesamten Willenskraft davon abhalten, mich wieder zu küssen, und er hielt mich fest, damit ich es ebenfalls nicht tat. »Neigst du etwa dazu, deine Verträge zu brechen, Pressley?«

Nein, dachte ich. *Aber ich kann mich nicht dazu aufraffen, irgendeinen Vertrag ernst zu nehmen, wenn ich an nichts anderes denken kann als an dich.*

Wenn er es aber so haben wollte … na schön. Wenn er darauf bestand, diesen Teil unserer Vereinbarung einzuhalten, würde ich es ihm wenigstens so schwer wie möglich machen. Ihn dazu bringen, gegen den Vertrag zu verstoßen, ehe es mir selbst passierte.

Mit einem leisen Lachen brachte ich die so dringend benötigte Distanz zwischen uns, die ich eigentlich gar nicht wollte, und sah ihn lächelnd an. »Bist du sicher, dass du dich auf dieses Spiel einlassen willst, McCarthy?«

Offenbar wusste er sofort, was ich meinte. »Es mit dir zu spielen wäre mir eine Ehre.«

KAPITEL 19

???, Mittwoch, 20:55
Herzlichen Glückwunsch! Sie haben einen $1000-Geschenkgutschein Ihrer Wahl gewonnen. Klicken Sie [Link], um ihn jetzt zu beanspruchen.

Ich war gerade dabei, die Spam-Nummer zu sperren und McCarthy dafür zu verfluchen, dass er genau das tat, was ich ihm verboten hatte, als eine zweite Nachricht folgte.

???, Mittwoch, 20:55
Und führen Sie Ihren Freund nach dem Spiel am Sonntag fürstlich zum Abendessen aus.

Ich verdrehte die Augen und verkniff mir ein Lächeln.

ICH, Mittwoch, 20:56
fick dich

ICH, Mittwoch, 20:56
aber na gut, bin dabei

ICH, Mittwoch, 21:22
aus vertraglichen Gründen, natürlich

MCCARTHY, Mittwoch, 21:22
Natürlich.

Wren war nicht so genervt gewesen wie erwartet, als ich sie gebeten hatte, mich zum Spiel zu begleiten. Ich musste sie nicht mal bestechen. Und als McCarthy das 1:0 gegen Brown erzielte, jubelte sie auf der Tribüne und warf die Hände in die Luft.

Das überraschte mich nicht besonders – viel mehr überraschte mich, dass ich ebenfalls jubelte.

Ich beruhigte mich schnell wieder, aber als ich sah, wie die HBU-Jungs sich auf ihren Stürmer stürzten und er in der Gruppenumarmung verschwand, lächelte ich. Ihren Jubel konnte ich allerdings über die Buhrufe der Menge hinweg, die zu achtzig Prozent aus Studierenden der Brown bestand, nicht hören. Wir waren gut zweieinhalb Autostunden von unserem heimatlichen Campus entfernt, was die Anzahl an HBU-Fans stark senkte. Aber egal, ebenso wie der strömende Regen. Wir versohlten ihnen den Arsch trotzdem.

Bis zur Halbzeit blieb der Spielstand unverändert, und wir gingen mit einem 1:0 in die kurze Pause. Ich ließ mich in den Sitz plumpsen, aus dem mich Wren gleich nach dem Tor auf die Füße gezerrt hatte, und seufzte. Mein Herz schlug viel zu schnell, und als der Adrenalinstoß nachließ, kam die Erschöpfung.

»Schau mal, was ich mitgebracht habe!« Nach dem Tor war Wrens Laune ungewöhnlich gut.

Ihr schulterlanges zweifarbiges Haar war zerzaust, die Wangen waren rot von der Kälte und dem Geschrei, mit dem sie die negative Energie der Brown-Fans, die sie angeblich deutlich in der Luft spürte, zu überbrüllen versucht hatte. In der Hand hielt sie wie die größte Kostbarkeit der Welt die Polaroidkamera, die ich ihr letztes Jahr zum Geburtstag geschenkt hatte.

Die schwarze Farbe passte zur Hälfte ihrer Haare, ebenso wie der dunkle HBU-Kapuzenpullover, den sie voller Stolz trug. Ich sah sie an und erwiderte ihr Grinsen.

»Ich möchte mich für den Rest meines Lebens daran erinnern, dass ich dabei war, als wir der Brown in ihrem Heimstadion in den Arsch getreten haben«, sagte sie laut genug, um von allen im Umkreis auch ja gehört zu werden. Ein seltenes, triumphierendes Grinsen umspielte ihre Lippen.

Ich verdrehte die Augen, konnte mir aber mein eigenes Lächeln nicht verkneifen. Ich liebte es, sie so sorglos, so unbeschwert zu sehen. Und es war mir schnurzpiepegal, dass ihr Glück sich aus dem Leid der Anhänger von der Brown speiste.

Vielleicht hätte ich längst öfter mit ihr zu diesen Spielen gehen sollen.

Bei dem Gedanken durchfuhr mich ein regelrechter Tsunami aus Schuldgefühlen. Er kam aus dem Nichts, so unerwartet, dass ich vor Überraschung scharf Luft holte.

Wren schüttelte die Kamera und riss mich damit aus der Benommenheit meiner Erkenntnis, was für eine schlechte Freundin ich doch war. »Würdest du?«, fragte sie ungeduldig.

Ich nickte und nahm sie entgegen. Wren streckte die Zunge heraus, lächelte so breit, dass sie die Augen dabei zusammenkniff, und wartete auf den Blitz, der gleich darauf aufleuchtete.

»Du willst also ein Andenken daran haben, für McCarthy zu jubeln?«, neckte ich sie, steckte die Kamera ein und schob mein schlechtes Gewissen mit der einzigen wirksamen Methode beiseite, die ich draufhatte: Sarkasmus.

Sie schnappte sich das Foto aus meiner Hand und zog eine Grimasse. »Komm mir nicht so«, murmelte sie, aber sie klang belustigt. »Er ist seit jeher Teil des Teams. Und ich habe die Mannschaft immer angefeuert. Das heißt aber nicht, dass ich mich nicht schlapplachen würde, wenn er sich mal auf die Schnauze legt.«

Ich warf ihr einen eindeutigen Seitenblick zu und machte keinen Hehl aus meinem Spott.

Wren fuhr fort: »Weißt du noch, wie er mal von irgendeinem Torwart eins auf die Nase gekriegt hat? Mitten im Spiel?«

Ich schüttelte den Kopf. Offensichtlich war ich nicht dabei gewesen.

»Himmel«, seufzte sie und schwelgte in Erinnerungen an das, was für sie anscheinend die gute alte Zeit war. »Was würde ich darum geben, um diesen Moment noch mal erleben zu dürfen.« Ich hörte das Lächeln in ihrer Stimme, noch bevor ich mich wieder zu ihr umdrehte und es sah.

Ich hoffte, mein amüsiertes Schnalzen klang so, als fände ich die Anekdote genauso lustig wie sie. Aus irgendeinem Grund tat ich das allerdings nicht. »Was ist passiert?«, erkundigte ich mich, plötzlich sehr interessiert, und fragte mich wieder, warum ich nicht öfter zu den Spielen gegangen war.

Wren zuckte mit den Schultern und ließ sich auf den Sitz neben mir plumpsen. »Keine Ahnung, die Details sind mir entfallen.« Es wirkte, als würde sie die Szene noch mal vor ihrem geistigen Auge Revue passieren lassen, und ihre Lippen formten sich zu einem irgendwie besorgniserregenden Lächeln.

Aber sie war glücklich, und selbst wenn es das Elend meines Fake-Freunds war, über das sie sich freute, meinetwegen. Er war mir egal.

Ebenso die Frage, weshalb ihm jemand ins Gesicht geschlagen hatte.

Die HBU gewann 1:0. Wie von McCarthy vorhergesagt, ließ Henry keinen einzigen Schuss durch. Die meiste Zeit wirkte er fast wie eine Art zweiter Torwart, nur dass er die Hände nicht benutzte. Vereinzelt schallten Siegesrufe über die Tribüne, doch überwiegend erhoben sich ringsum Seufzer, Flüche und Buhrufe.

Meine ganze Aufmerksamkeit galt allerdings McCarthy. Wren neben mir jubelte laut, und ich applaudierte breit grinsend, ohne den Blick von ihm abzuwenden.

Trotz der kühlen Temperaturen und des Regens zog die gesamte Mannschaft ihre Trikots aus, sobald der Siegespfiff ertönte. McCarthy joggte schwungvoll vom gegnerischen Tor bis zu unserem eigenen, lässig und sichtlich zufrieden.

Ich merkte erst, dass ich ihn anstarrte, als er den Kopf wandte und sich unsere Blicke trafen. Er wusste, wo wir saßen – er hatte mich sofort entdeckt, als die Mannschaften das Spielfeld betreten hatten. Er hatte mit dem Blick die Tribüne abgesucht, und ich hatte es ihm leicht gemacht, indem ich den Mittelfinger hoch in die Luft streckte, ein verschmitztes Lächeln im Gesicht. Er hatte mir im Gegenzug einen Kuss zugeworfen.

Jetzt sah er mich wieder unverwandt an, ein gewinnendes Lächeln auf dem Gesicht, mit voll ausgeprägten Grübchen. Er lachte, was ich aus dieser Entfernung leider nur erkennen, aber nicht hören konnte, und zwinkerte mir zu.

Ich verdrehte die Augen und wünschte, ich könnte meine Lippen zu einer genervten Grimasse zwingen, aber mein Lächeln war wie festgeklebt. Immer noch klatschend, folgte ich ihm mit dem Blick, als er sich abwandte und die letzten paar Meter zur anderen Seite des Spielfelds trabte.

»Wie kommen wir eigentlich nach Hause?«, fragte Wren neben mir. Sie klang abgelenkt und klatschte ebenfalls noch immer, ihre Aufmerksamkeit war starr aufs Feld gerichtet.

Keine von uns hatte heute um neun Uhr morgens sonderlich viel Lust gehabt, zwei Stunden hinterm Steuer zu sitzen, also waren wir mit einer Fahrgemeinschaft hergekommen. Laila, von der ich inzwischen wusste, dass sie Michaels Cousine war – nicht seine Schwester –, hatte uns von Anfang an gesagt, dass sie uns nicht beide wieder mit zurücknehmen konnte. Ein Platz war auf der Rückfahrt für genau den besagten Cousin reserviert. Das hatte sie wieder und wieder betont.

Wir hatten bloß gemeint, dass unsere Zukunfts-Ichs schon eine Lösung finden würden. Jetzt hasste ich unsere Vergangenheits-Ichs dafür.

Ich seufzte. »Gute Frage.« Ich klang so ratlos, wie ich mich fühlte.

Wren zuckte mit den Schultern.

Großartig.

»Du hättest lauter klatschen können.«

»Du hättest besser spielen können.«

»Ich habe dich kein einziges Mal jubeln hören, Pressley.«

»Das wirst du auch nie.«

Japp, am Ende war ich in McCarthys Auto gelandet. Der heruntergekommene schwarze Jeep war nicht das, was ich von ihm erwartet hatte, aber ich fand ihn charmant. Im Gegensatz zu meinem G-Wagon hatte er jedenfalls Charakter.

Es hatte fast dreißig Minuten gedauert, Wren davon zu überzeugen, den einzigen noch freien Platz in Lailas Auto zu nehmen. Als sie endlich eingestiegen war, hatte ich mich in McCarthys Richtung umgedreht, bereit, mich zu erniedrigen.

Natürlich hatte er die ganze Aktion amüsiert beobachtet.

Er hatte an seinem Auto gelehnt, völlig unbeeindruckt vom strömenden Regen, die Brauen erwartungsvoll hochgezogen.

Ich wusste, dass er mich nicht vom Haken lassen würde, ohne dass ich ihn darum bat.

Also fragte ich ihn, ob ich bei ihm mitfahren könnte. Und er sagte sofort Ja.

»Gib es zu«, drängte er jetzt, den Blick auf die Straße gerichtet und eine Hand am Lenkrad, die andere lässig auf dem Steuerknüppel. Ja, korrekt, McCarthy fuhr mit Handschaltung. »Das war ein Wahnsinnstor.«

Es war tatsächlich ein verdammt gutes Tor gewesen, und das gab ich auch gern zu ... nur nicht vor ihm.

»Der Ball ist definitiv ... reingegangen«, bestätigte ich und nickte nachdenklich.

Er biss sich auf die Unterlippe, um sein Lachen zu unterdrücken. Erfolglos. Ich spähte zu ihm rüber und sah, wie er mit der Zunge gegen die Innenseite der Wange drückte und belustigt den Kopf schüttelte.

Schnell wandte ich mich ab und studierte den Inhalt meiner Tasche, um mich von den unpassenden Gedanken abzulenken, die mein Hirn zu erobern drohten. Ich untersuchte sehr gründlich meinen Schlüsselbund, als würde ich ihn nicht seit meinem neunten Lebensjahr mit mir herumtragen. Befühlte den weichen Schal, den ich abgenommen hatte, nachdem McCarthy die Heizung aufgedreht hatte. Grub tiefer und tiefer, um irgendwie beschäftigt zu sein.

Beschäftigt, beschäftigt, beschäftigt. Sieh ihn nicht an, ermahnte ich mich. Das erinnert dich nur an ... den Vorfall.

Und – zack – da war es wieder. Hervorragend. Die Vorstellung von seinen Lippen auf meinen, der Duft seines Aftershaves, sein Daumen, der auf meiner Wange Kreise zog, während seine andere Hand an meiner Taille lag. An all das dachte ich praktisch überhaupt gar nicht mehr. Wieso auch?

Meine Wangen brannten, und ich konnte merken, wie ich

rot wurde. Rasch suchte ich nach irgendetwas, das mich wieder ablenkte.

Beschäftigt, beschäftigt, beschäftigt.

Ich griff nach dem nächsten Gegenstand, den ich in die Finger bekam. Wrens Polaroidkamera. Beinahe verwundert zog ich sie heraus, bis mir klar wurde, was ich da überhaupt in der Hand hielt. Erst jetzt fiel mir auf, dass ich vergessen hatte, sie ihr zurückzugeben.

Und ich hatte zum zweiten Mal in McCarthys Gegenwart einen Kurzschluss.

»Lächeln!«, forderte ich ihn mit unnatürlich hoher Stimme auf, hob die Kamera und richtete das Objektiv auf mich und den Mann neben mir. Mit gerunzelter Stirn nahm er den Blick von der leeren Straße, nur für den Bruchteil einer Sekunde, und wandte den Kopf in meine Richtung. Ich wartete nicht auf seinen Kommentar, schließlich diente diese Aktion einzig und allein dem Versuch, mich abzulenken.

Als ich einige Minuten später das vollständig entwickelte Bild betrachtete, stellte ich fest, dass das nicht besonders gut funktioniert hatte.

Ich sah toll aus auf dem Bild, ja, aber das fesselte meine Aufmerksamkeit nicht mal eine Sekunde lang. Ich konnte bloß McCarthys Abbild anstarren. Sein nasses, wirres Haar, das feuchte Hemd, das sich über seinem Bizeps spannte, wie er *mich* ansah statt in die Kamera … Nein, das alles machte es nicht besser. Kein bisschen.

Kurz schloss ich die Augen, unterdrückte ein frustriertes Aufstöhnen und gab lediglich ein Schnaufen von mir. In einem weiteren verzweifelten Versuch, mich irgendwie abzulenken, klemmte ich das Polaroid in den Rückspiegel und wartete seine Reaktion ab.

»Das verfehlt irgendwie den Zweck eines Rückspiegels«,

merkte er sachlich an und betrachtete das Foto. Mit hochgezogener Braue warf er mir wieder einen Blick zu.

Ich zuckte mit den Schultern. »Sei nicht so langweilig«, zog ich ihn auf. »Eines Tages musst auch du sterben, McCarthy, und dann ist wenigstens mein Gesicht das Letzte, was du siehst.«

Der Gedanke an seinen Tod war jetzt sehr viel weniger angenehm als noch vor sechs Monaten. Bei der bloßen Vorstellung zog sich in mir alles zusammen, und in mir stiegen Gefühle auf, die ich lieber nicht näher ergründen wollte. Am liebsten hätte ich das Foto wieder abgenommen, tat es aber nicht. »Nichts ist wirklich von Bedeutung«, erklärte ich stattdessen. Denn so war es nun mal.

Ein Lachen entfuhr McCarthy, ironisch und schön. »Außer Geld, richtig?« Herausforderung schwang in seiner Stimme mit, und er musterte mich neugierig, als wolle er mich nur provozieren. Offenbar hatte er mal wieder vergessen, dass er ebenso privilegiert aufgewachsen war wie ich.

Ich zuckte mit den Schultern. »Geld bedeutet weniger, wenn man sich darum nie Gedanken machen musste«, sagte ich nur. »Gerade du solltest das wissen, McCarthy.«

Er schnappte nach Luft und tat schockiert, aber in seinen Augen funkelte es amüsiert.

Ich konnte mir ein leichtes Lächeln nicht verkneifen. »Versteh mich nicht falsch«, fügte ich schnell hinzu und verdrehte kurz die Augen, ehe ich ihn ansah. »Es ist großartig. Wahrscheinlich das Beste, was mir je passiert ist. Aber ich hab nichts dafür getan – es war einfach schon immer da. Verstehst du, was ich meine?«

»Wie selbstkritisch«, warf er sarkastisch ein und lachte leise, ehe er lässig einen höheren Gang einlegte und beschleunigte. »Es erfreut mein Herz, zu hören, dass du dir deiner Privilegien bewusst bist. Ich wusste gar nicht, dass du das draufhast.«

»Tja.« Ich schüttelte den Kopf. »Du hast ebenfalls nichts für dein Geld getan, oder? Wir sitzen quasi im selben Boot, ob es dir gefällt oder nicht.«

»Richtig.« Er zog das Wort in die Länge und hob wieder die Brauen. »Nur dass ich drei Sommer hintereinander gearbeitet habe, um dieses Auto zu kaufen, und mein Vater nur aus einem einzigen Grund meine Studiengebühren bezahlt ... nämlich damit ich niemandem einen Stipendienplatz wegnehme, der ihn dringender braucht.«

»Macht dich das also zu einem besseren privilegierten reichen Sprössling als mich?« Es kam gereizter heraus als beabsichtigt. Meine Fähigkeit, sarkastisch zu klingen, ließ empfindlich nach, wenn ich verärgert war. Und ich war auf dem besten Weg dahin.

McCarthy schnaubte, den Blick auf die Straße geheftet. »Ja, das kann man wohl sagen.« Er sah selbstzufrieden aus. Wahrscheinlich war ihm aufgefallen, dass er es geschafft hatte, mir unter die Haut zu gehen. Schon wieder. »Wie auch immer«, fuhr er fort. »Apropos das Beste, was dir je passiert ist: Da steht doch nicht wirklich das Geld ganz oben auf der Liste, oder?« Jegliche Ironie war verflogen. Ich bekam fast ein Schleudertrauma von diesem plötzlichen thematischen Kurswechsel.

»Was?« Ich stieß ein verächtliches Lachen aus. »Erwartest du etwa, dass du mit auf dieser Liste stehst?«

»Tu ich das denn?« Er grinste mich schelmisch und übermütig an, und zu meinem Entsetzen spürte ich, wie meine eigenen Lippen ebenfalls zuckten. Hastig zwang ich mich, auf die Straße zu sehen.

»In deinen Träumen vielleicht.«

»Ja.« Er brummte. »In denen auf jeden Fall.« Ich sah ihn wieder an, aber er sprach einfach weiter: »Was ist mit Familie und Freunden? Stehen die nicht mit drauf?«

Er müsste die letzten sieben Jahre unter einem Felsen gehaust haben, um nicht über das Schicksal meiner Familie Bescheid zu wissen. Um nicht zu wissen, dass ich praktisch keine mehr hatte, mal abgesehen von Henry. Aber der zählte kaum, so wenig, wie wir miteinander zu tun hatten.

Amüsiert schüttelte ich den Kopf. »Versuchst du etwa, mich besser kennenzulernen, McCarthy?« Mit vorgetäuschter Verblüffung klimperte ich ihn an, aber es war schwer, diese Miene aufrechtzuerhalten, als er schon wieder grinste.

»Und was, wenn ja?«

Gute Frage. Was, wenn Dylan McCarthy Williams versuchte, mich besser kennenzulernen? Darauf hatte ich noch keine Antwort. Also zuckte ich nur mit den Schultern und dachte stattdessen lieber über seine erste Frage nach.

»Familie?«, sagte ich humorlos und blickte wieder aus dem Fenster. »Meinst du die Familie, die gestorben ist, als ich fünfzehn war?« Es war ja nicht so, als ob er es nicht wüsste. Jeder, der so bis über beide Ohren in der Fußballwelt steckte wie McCarthy, hatte bei Dads Tod vermutlich getrauert. Viele wussten heute noch genau, wo sie gewesen waren, als sie es erfuhren. Felix Pressley war eine Legende. »Oder die Familie, gegen die ich mich gerade mit dir verschwöre?«

Aber dann traf mich bei meinen eigenen Worten eine Erkenntnis.

Ich war so sehr damit beschäftigt gewesen, den perfekten Racheplan zu schmieden, dass ich das große Ganze völlig aus den Augen verloren hatte.

Nämlich die Tatsache, dass mein Bruder alles an Familie war, was ich noch hatte. Dass wir nicht besonders gut miteinander auskamen und ich genug davon hatte, dass er wie ein Einzelkind durchs Leben ging und sich nur dann an mich erinnerte, wenn ich Probleme hatte. Dass er sich nur dann für mich interessierte, wenn er mein Leben als verbesserungswürdig empfand, und dann rücksichtslos alle Grenzen überschritt, um es vermeintlich wieder in Ordnung zu bringen.

Ich schloss die Augen und schwieg, aus Angst, dass alles über mir zusammenschlug, wenn ich noch einen Ton von mir gab oder im falschen Moment McCarthy ansah. Wie konnte ich denn sagen, dass Familie das Wichtigste war, wenn meine eigenen Familienmitglieder das offenbar nicht so empfunden hatten?

Wenn es so gewesen wäre, hätten meine Eltern vielleicht nicht beschlossen, Thanksgiving auf den Bahamas zu verbringen. Vielleicht wären sie nicht in dieses Flugzeug gestiegen und geradewegs in die Turbulenzen geflogen, die daran schuld waren, dass sie nie wieder zurückkehrten. Vielleicht würde ich mich dann nicht vor dem Feiertag fürchten, an dem andere ihre Dankbarkeit zelebrierten.

Und vielleicht würde Henry dann nicht versuchen, diesen völligen Kontrollverlust dadurch zu kompensieren, dass er Kontrolle zu seinem Lebenssinn erklärt hatte. Vielleicht würde er dann nicht nur an sich selbst, seine Karriere und seine Zukunft denken, sondern auch an die Menschen, die er auf seinem Weg verloren hatte. So wie er auch sich selbst zum Teil verloren hatte.

»Was ist mit Wren?«

Ich schluckte schwer, und obwohl ich bei seinen Worten den Drang verspürte, ihn anzugucken, tat ich es nicht.

»Sie ist Teil deiner Familie, oder?«, hakte er nach.

Als sich meine Stimmung kurz vor unserem ersten gemeinsamen Thanksgiving verdüsterte, hatte Wren das Puzzle schnell zusammengesetzt. Wie die meisten Leute hatte sie gewusst, wer meine Eltern gewesen waren und was ihnen zugestoßen war (doch im Gegensatz zu den meisten anderen hatte sie es nicht erwähnt, bevor ich das Thema selbst ansprach). Und selbst wenn sie nicht genau gewusst hätte, an welchem Feiertag sie gestorben waren, hätte eine kurze Google-Suche sie sofort ins Bild gesetzt.

Sie zog also sehr schnell die richtigen Schlüsse, als ich mich verschloss und unter der Decke verkroch, um zu lesen, zu texten oder zu weinen. Ganz leise.

Allerdings nicht leise genug, denn auf einmal hatte sie ungefähr den halben Inhalt meines Kleiderschranks in eine Tasche gestopft und verkündet, sie würde im Auto auf mich warten. Keine Chance, weder für ein Wenn noch für ein Aber. Und schon gar nicht für ein Warum oder sonstigen Protest.

Wir hatten uns gerade mal drei Monate gekannt, als sie mich mitnahm, um Thanksgiving mit ihrer Familie zu verbringen. Und seitdem bestand sie darauf, dass Gleiche an jedem anderen Feiertag auch zu tun.

Weihnachten? Ich war dabei.

Ostern? Man kann es sich denken.

Der vierte Juli? Jawohl.

Ihre Eltern hatten meine Anwesenheit nie infrage gestellt. Delphia und James hatten mich mit offenen Armen empfangen. Niemand hatte je nachgebohrt, wenn ich mies drauf war oder mich im Gästezimmer einschloss. Niemand hatte von mir verlangt, ständig bei allem anwesend zu sein. War ich mal nicht zum Essen erschienen, stand später ein voller Teller vor meiner Tür. Meistens hatte ich zwar an den gemeinsamen Essen teilgenommen, aber wenn nicht, hatten sie Verständnis.

Ja, sie brachten mir Verständnis entgegen. Wertschätzung. Vielleicht sogar ein bisschen … Liebe.

In den letzten drei Jahren hatten sie mir gezeigt, was *Familie* bedeutet, mehr als meine eigene Familie es je getan hatte.

»Man muss nicht vom gleichen Blut sein, um zur selben Familie zu gehören.« McCarthy hatte offenbar erraten, wohin mich meine Gedanken führten. Ruhig und freundlich fuhr er fort: »Du kannst wählen. Du hast immer eine Wahl.«

Als ich die Augen öffnete und langsam meinen Kopf zu ihm wandte, war sein Gesichtsausdruck genauso sanft wie seine Stimme. Er schenkte mir ein kurzes aufrichtiges Lächeln und sah dann wieder Richtung Straße.

Verständnis, dachte ich. Das war es, was ich in seinen Augen erkannte.

KAPITEL 20

Als ich am folgenden Montag von der Uni nach Hause kam, türmten sich in der Küche Schüsseln voller Teig- und Mehlreste, und es roch einfach himmlisch. Sofort wurde ich nervös. Das letzte Mal, als Wren in einen solchen Backrausch geraten war, hatte sie in der Abschlussprüfung eine Drei bekommen und keine Stunde später Jason dabei erwischt, wie er mich betrog.

Wren war eine Stressbäckerin, wie sie im Buche stand, und deshalb schrillten angesichts der duftenden Schokokekse und des Dutzends Red-Velvet-Muffins sämtliche Alarmglocken bei mir.

Sie hockte gerade vor dem Ofen und beförderte das dritte Blech hinein, als sie mich bemerkte und innehielt. Ich wog jedes Wort sorgfältig ab, jede Bewegung, sogar die Art, wie ich atmete, denn dies war ganz klar eine außerordentlich heikle Situation. »Was ist passiert?«

Wren erwachte aus ihrer Starre. Geräuschvoll schob sie das Blech in den Ofen und schloss mit einem Rums die Klappe. Sie richtete sich hinter der Kücheninsel auf und kehrte mir den Rücken zu. »Magst du ihn?« Ihre Stimme klang brüchig und unheimlich ruhig. Beiläufig staubte sie ihre weiße Schürze ab, nahm sie ab und legte sie vor sich auf den Tresen, als wäre sie eine frisch ausgeschiedene Kandidatin einer Kochshow.

»Wen?«

Wren drehte sich um und lehnte sich gegen die Theke. Ihre Frisur saß auch nach diesem heftigen Anfall von aggressivem Stressbacken noch perfekt. An der Nasenspitze hatte sie Mehl, und wäre ich nicht so aufgewühlt gewesen, hätte ich es bestimmt süß gefunden. Sie zog die Brauen hoch. »Du bist doch nicht blöd, Athalia.«

Mit anderen Worten: *Rate doch mal.*

Ich hätte fast geschnaubt. »McCarthy?«, fragte ich und hätte gelacht, wäre Wrens Miene nicht so todernst gewesen.

»*Dingdingding*«, murmelte sie sarkastisch. »Der einzig Wahre.«

»Was ist mit ihm?« Ich wog noch immer jedes Wort ab und war in höchster Alarmbereitschaft.

»Lass es mich so ausdrücken.« Sie nickte nachdenklich, ihre Stimme klang belustigt. »Vögelt ihr?«

Ich riss die Augen auf, verschluckte mich an meinem eigenen Atemzug und musste so schrecklich husten, dass ich befürchtete, mir würde jede Sekunde das Herz stehen bleiben. Gleichzeitig schüttelte ich so schnell den Kopf, dass mir schwindlig wurde. Sobald ich wieder atmen konnte, starrte ich Wren an. »Was zum Teufel?« Jetzt wog ich meine Worte nicht mehr so sorgfältig ab.

Wren zuckte mit den Schultern. Ihre zusammengekniffenen Augen waren der einzige Riss in ihrer aufgesetzten gelassenen Fassade.

»Warum fragst du so was?«

»Heather und ich haben heute gemeinsam zu Mittag gegessen«, sagte sie beiläufig. Heather – die beste Freundin meines Bruders, deren Geschwätzigkeit mir oft sehr nützlich war. Diesmal offenbar nicht.

Ich wusste, dass die beiden sich gut verstanden, war also

nicht allzu verblüfft. Ich sagte nur: »Oh«, da sprach Wren auch schon weiter.

»Sie redet echt viel, nicht wahr?«, meinte sie herausfordernd. »Sie redet und redet und redet, es hört gar nicht mehr auf. Es braucht nicht mal eine Aufforderung, damit sie stundenlang weiterredet. Und sie sagt einfach … die verrücktesten Dinge.« Wren zog eine Braue hoch. »Oder etwa nicht?«

»Was denn zum Beispiel?«

Statt auf meine Frage zu antworten, wandte sie den Blick ab. »Also? Schlaft ihr miteinander?«

Ich schüttelte den Kopf. »Natürlich nicht.«

»Ach so.« Sie schnalzte, aber nicht sonderlich amüsiert. »Also hast du ihn einfach nur so geküsst?« Sie stieß sich von der Theke ab, sammelte die vier unterschiedlich großen Glasschüsseln ein und spülte sie am Waschbecken aus. Dass sie mir dabei wieder den Rücken zuwandte, machte aus irgendeinem Grund das Nachdenken leichter.

»Woher weißt du davon?«

Mit einem Klirren stellte sie die erste Schüssel in den Geschirrspüler. »Heather redet«, wiederholte sie, als läge die Antwort auf der Hand.

Und Henry redete mit Heather. Wenn Heather also Wren erzählt hatte, was sie von ihm erfahren hatte, bedeutete das …

»Sei nicht so selbstgefällig«, motzte sie, ohne mich dabei überhaupt anzusehen. Aber ich konnte nicht anders, denn das bedeutete, dass der Plan trotz meiner Zweifel funktionierte.

Die nächste Schüssel wanderte lauter als die letzte in den Geschirrspüler.

»Und?«, fragte Wren.

»Es ist doch gerade der Sinn der Sache, dass sie denken, dass wir …« Aus irgendeinem Grund fühlte es sich falsch an, es auszusprechen. Also brach ich ab und zuckte mit den Schultern. »Du weißt schon.«

Wren konnte sich das Lachen nicht verkneifen, aber ich glaubte auch nicht, dass sie es ernstlich versuchte. »Vögelt?«, bot sie an. »Fickt? Miteinander schlaft? Es gibt *so* viele Worte dafür.« Die dritte Schüssel landete in der Spülmaschine, und es krachte und klirrte so laut, als wäre sie zerbrochen. Wren wandte sich der letzten Schüssel zu. »Du warst in solchen Angelegenheiten immer nur recht prüde, wenn es um J…« Sie schnitt eine Grimasse. »Bei dem, dessen Name nicht genannt werden darf.«

Ich wunderte mich noch über die unerwartete Wortwahl, als ich verstand, was sie meinte, und wurde still. Wren nickte, als wüsste sie genau, was in meinem Kopf vorging, und ich schob den Gedanken weit von mir. »Nein«, sagte ich nachdrücklich. »Ich kann McCarthy nicht leiden. Wir haben nicht *gevögelt.*« Bei dem Wort rümpfte ich die Nase. »Warum interessiert dich das so sehr?«

Die letzte Schüssel flog unsanft in den Geschirrspüler, bevor sie mich wieder ansah. Ich zuckte zusammen, wegen des Klirrens und wegen ihres Gesichts, auf dem sich auf einmal ein regelrechter Strudel an Gefühlen abzeichnete.

»Oh, ich weiß auch nicht.« Sie lachte humorlos. »Vielleicht, weil ich mich um dich sorge, Athalia. Bist du auf die Idee schon mal gekommen?« Sie seufzte tief. »Ich will nicht, dass du schon wieder verletzt wirst. Ich will diese Scherben nicht schon wieder aufsammeln. Ich will dich einfach nicht noch mal in so einem Zustand erleben.«

»Du übertreibst«, erwiderte ich barsch, und es tat mir nicht mal leid. »Dafür müsste ich mich überhaupt erst einmal für ihn interessieren.«

Was aber nicht der Fall war.

»Das tust du ja aber, oder nicht?«

»Nein«, antwortete ich wie aus der Pistole geschossen.

Wren war nicht der Typ, dem ins Gesicht geschrieben stand, wenn er wütend war. Stattdessen schloss sich ihre Hand so fest um die Kante des Tresens, dass ihre Knöchel weiß hervortraten. Ihre Wangen liefen rot an, die Nasenlöcher weiteten sich … lauter Anzeichen dafür, dass sie kurz vorm Ausrasten war. Nicht, dass sie das jemals tun würde.

»Ich kenne dich«, stellte sie klar, ließ den Tresen los und trocknete sich die Hände ab. »Ich weiß, für wen du dich interessierst und für wen nicht. Ich weiß, wann du lügst, und ich weiß, wann du die Wahrheit sagst. Ich weiß …«

Ich unterbrach sie. »Du weißt nicht alles, Wren.« *Weil du ihr nicht alles erzählt hast*, hallte es in meinem Kopf. »Und wenn du glaubst, dass McCarthy mich interessiert, kennst du mich offenbar kein bisschen.« Ich war mir nicht sicher, ob ich wütend auf sie oder auf mich selbst war. Auf jeden Fall wurde meine Stimme mit jedem Wort lauter und gereizter.

Ich war ehrlicherweise auch nicht sicher, weshalb ich ihr nichts von dem Kuss erzählt hatte. Zumindest der erste war ja harmlos gewesen, einfach nur Teil eines Plans, der offenbar perfekt funktionierte.

Ein bisschen zu gut sogar, wenn sogar meiner besten Freundin Zweifel kamen, ob das Arrangement zwischen McCarthy und mir wirklich ein Fake war.

Wahrscheinlich hatte ich vermieden, darüber zu sprechen, weil ich dann so tun konnte, als wäre nichts passiert. Und auf die Weise konnte ich mir auch viel besser einreden, dass der Kuss gar nicht so gut gewesen war.

Wren seufzte erneut und neigte den Kopf, musterte mich mitfühlend. »Du hast einen furchtbaren Männergeschmack, Athalia Payton Pressley.«

Ich blinzelte sie an.

»Ich bin deine beste Freundin. Du erzählst mir von jedem noch so kleinen Schmatzer auf jeder Party, aber von diesem Kuss hast du mir nichts erzählt, aus einem – nun ja – sehr offensichtlichen Grund.« Sie zog eine Braue hoch. »Das ist alles, was ich dazu zu sagen habe. Ich dachte, ich wäre deine Freundin.« In vorgetäuschter Gleichgültigkeit steuerte sie auf ihr Zimmer zu.

Es gab nur eins, was ich noch mehr hasste als das tatsächliche Streiten: Wenn jemand vor einem Streit davonlief. Ich war Konflikte schon immer frontal angegangen. Wollte Probleme lösen, sobald sie auftauchten. Mein Ex-Freund hingegen war ein klassischer Vermeider gewesen, hatte immer gewollt, dass wir erst mal einen Tag abwarteten, bevor wir es ausdiskutierten. Ich glaube, das war für mich das Schlimmste an unserer Beziehung gewesen.

Wenn jemand einfach das Weite suchte, geriet ich in Panik. Dann dachte ich, ich würde mich für den Rest meines Lebens so beschissen fühlen. Und dass wir später vielleicht keine Gelegenheit mehr haben würden, das Problem gemeinsam zu lösen.

Jetzt war nichts mehr an meinen Worten wohlbedacht, sondern ungelenk, grob, panisch … ich wollte einfach nur, dass sie blieb, dass wir uns weiterstritten, genau hier und jetzt.

»Ich dachte auch, wir wären Freundinnen«, rief ich ihr spöttisch nach. »Aber offenbar willst du dich lieber wie meine eifersüchtige *Freundin* aufführen statt wie eine echte Freundin.«

Ihre Schritte stockten, aber nur ganz kurz, bevor sie einfach weitermarschierte und die Tür hinter sich zuknallte. Damit war meine beste Freundin in ihrem Zimmer verschwunden.

KAPITEL 21

In den nächsten Tagen sanken die Temperaturen spürbar, und die Bäume verloren ihre letzten Blätter. Das Ende des Novembers erwischte mich kalt – bei allem, was passierte, hatte ich fast nicht mitbekommen, wie die Zeit verstrich.

Es fiel mir immer schwerer, mich jeden Morgen aus dem Bett zu quälen. Nicht nur, weil der Todestag meiner Eltern näher rückte, sondern auch, weil ich wusste, dass Wren diesmal nicht an meiner Seite sein würde.

Seit unserem Streit hatte sie kaum ein Wort mit mir gewechselt. Wenn ich einen Raum betrat, verließ sie ihn einfach.

Dabei war sie es doch gewesen, die überreagiert hatte. Sie war es, die aus einem harmlosen Kuss einen Elefanten machte, weil sie – ja, warum eigentlich? Weil sie McCarthy hasste? Leider brachte ich es nicht über mich, das Gespräch mit ihr zu suchen, wenn sie doch diejenige war, die sich lächerlich verhielt.

Eins konnte ich allerdings nicht leugnen: Als ich heute Morgen mit Fieber aufwachte, hätte ich sie gern um einen kalten Lappen gebeten.

Als ich aber auf dem Thermometer die 39,4 ablas, seufzte ich zufrieden auf. Mit Fieber hatte ich jedes Recht darauf, im Bett zu bleiben und Trübsal zu blasen, und ich brauchte mir auch keine Sorgen zu machen, dass Wren mich aus meiner Höhle zerren würde, denn Wren redete nicht mit mir.

Also hatte ich mich ohne Umschweife wieder unter meiner Decke verkrochen und weitere sieben Stunden geschlafen. Wäre ich nicht so krank gewesen, hätte ich mich großartig gefühlt.

Alles tat mir weh. Ich fror, obwohl eine kurze Berührung meiner Stirn mir verriet, dass ich vor Hitze glühte, und ich konnte kaum genug Energie aufbringen, um ans Aufstehen zu denken, geschweige denn dafür, es tatsächlich zu tun. Aber ich sollte mir wenigstens etwas Wasser holen. Vielleicht etwas, um das Fieber zu senken. Schmerzmittel. Das nasse, kalte Tuch, das ich mir eben schon gewünscht hatte.

Allein diese Überlegungen erschöpften mich schon so sehr, dass ich noch fünf Minuten im Bett blieb und geflissentlich die Stimme in meinem Kopf ignorierte, die mir einflüsterte, dass Wren wahrscheinlich wissen würde, was zu tun war. Und dass sie sich noch vor wenigen Tagen um alles gekümmert hätte, ohne dass ich mich auch nur einen Zentimeter hätte rühren müssen.

Vor Schmerz stöhnend hievte ich mich aus dem Bett, steuerte schwankend auf die geschlossene Tür zu und war schon völlig erschöpft, als ich sie erreichte. Ich band mein Haar zu einem hohen Dutt, um weniger zu schwitzen, wischte mir über die Stirn, die so feucht war, als wäre ich gerade einen Marathon gelaufen, und öffnete dann die Tür.

Wäre ich nicht so fix und fertig gewesen, hätte ich laut aufgeschrien.

Auf der braunen Ledercouch mitten im Zimmer hockte mein Tutor. Mein Fake-Freund. Der Erzfeind meines Bruders. Sogar ohne Kontaktlinsen oder Brille erkannte ich ihn sofort. Unbekümmert wie eh und je saß er mit lang ausgestreckten

Beinen da, Füße bequem auf dem Sofa. In der Hand hielt er eins von Wrens Büchern, in das er vollkommen vertieft schien.

War ich in einem Fiebertraum?

McCarthy wandte mir das Gesicht zu. Falls ihm auffiel, wie schrecklich ich aussah, ließ er es sich nicht anmerken. »Ah«, seufzte er und schlug das Buch mit einem dumpfen Schlag zu. »Sie ist wach.« Sein Blick schweifte über meine seidenen Pyjamashorts und das dazu passende Oberteil. »Lange Nacht?« So sarkastisch er auch klang, ich glaubte, einen Anflug von Besorgnis über seine Züge huschen zu sehen.

»Was machst du denn …?« Ich verstummte, verwirrt und überwältigt und …

»Es ist Mittwoch«, antwortete er und linste auf seine Armbanduhr, obwohl ich mir fast sicher war, dass er die Zeit exakt wusste. »Fünfzehn Uhr … Eine Stunde später als verabredet. Du bringst meinen Tagesablauf ganz schön durcheinander.«

Selbst jetzt brauchte ich noch ein paar Sekunden, ehe ich begriff, dass er unsere Nachhilfestunde meinte.

Gott, ich bin wirklich ganz schön fertig.

»Erwecke ich etwa den Eindruck, als wäre ich gerade in der Verfassung, eine Stunde lang dein Gequatsche ertragen zu können?«, fragte ich trocken, lehnte mich haltsuchend gegen den Türrahmen und sah demonstrativ an mir herunter, um die Worte zu unterstreichen. »Ernsthaft?«

Ich versuchte, nicht daran zu denken, wie ich aussah. Es war okay, ich war nun mal krank. Aber trotzdem fühlte ich mich sehr verletzlich.

Meine Familie hatte immer im Rampenlicht gestanden, und selbst an den Tagen nach ihrem Tod hatte ich immer darauf geachtet, wie ich mich kleidete und wie ich mich gab, weil mein Auftreten nun mal eine Botschaft vermittelte. Und die Botschaft, die ich stets vermitteln wollte, war: *Ich komme klar.*

McCarthy lachte leise und stand auf. »Ganz sicher nicht.« Wieder blitzte Besorgnis in seinen Augen auf, und damit hätte ich umgehen können – aber die Art, wie sich seine Augenbrauen zusammenzogen, und wie schwer er schluckte, als er vor mir stehen blieb …

Ohne ein weiteres Wort legte er mir den Handrücken an die Stirn, den Blick unverwandt auf mich gerichtet. Fast wäre ich instinktiv zurückgewichen. Ich fühlte mich schrecklich, wollte nicht, dass er mir so nahe kam, aber aus einem mir unerklärlichen Grund sträubte ich mich nicht, sondern stand einfach nur da.

Wenn ihm auffiel, wie verschwitzt ich war, verkniff er sich zumindest jeglichen Kommentar darüber. »Du glühst ja richtig, Pressley«, murmelte er, und seine Augen verengten sich … vor aufrichtiger Sorge? Wahrscheinlich nicht. Er nahm die Hand von meiner Stirn und legte sie sanft an meine Wange. »Du verbrennst fast«, sagte er und ließ seine Hand wieder sinken.

»Was soll ich sagen.« Ich wich seinem brennenden Blick aus und zitterte ein bisschen, allerdings lag es diesmal nicht am Fieber. »Ich bin wohl einfach wahnsinnig heiß, daran wird es liegen.«

»Wortwörtlich.« Der Hauch eines Lächelns zuckte über seine Lippen und verflog wieder.

»Und im übertragenen Sinne«, fügte ich hinzu.

McCarthy atmete hörbar aus, legte den Kopf schief und nickte. »Und im übertragenen Sinne«, wiederholte er etwas leiser, und dann, als wäre ihm gerade erst bewusst geworden, dass er mir tatsächlich zugestimmt hatte, räusperte er sich. »Du weißt ja, was man sagt«, scherzte er, jetzt wieder ganz erfüllt vom gewohnten Übermut. »Heiße Mädels lassen sich gern von ihren Fake-Freunden gesund pflegen.«

Bevor ich auch nur ansatzweise protestieren konnte, lag ich

wie eine Braut, die er über die Schwelle zu tragen gedachte, in seinen Armen. Im nächsten Moment dann auf der Couch. McCarthy verschwand in meinem Zimmer, ohne mich um Erlaubnis zu bitten.

Er kam mit allen drei Decken wieder heraus: meiner Bettdecke, der Decke, die meist über meiner Stuhllehne hing, und der Ersatzdecke, die ich schon ewig gesucht hatte.

»Was machst du hier eigentlich?«, fragte ich erneut, um mich von der Tatsache abzulenken, dass Dylan McCarthy Williams mich gerade zudeckte. Meine Stimme war kaum ein Flüstern, aber er hörte mich und suchte meinen Blick.

Wieder zuckte ein Lächeln über seine Lippen, aber er sah rasch weg, ehe es sich auf seinem ganzen Gesicht ausbreitete. »Ach, du weißt schon.«

Weiß ich nicht.

»Ich überprüfe nur, ob meine einzige Schülerin mutwillig meine sorgfältig zusammengestellten Unterrichtsstunden schwänzt.«

Ich lachte halbherzig. »Also bist du einfach in ihre Wohnung eingebrochen?«

»Nun.« Er versuchte, sein Grinsen zu unterdrücken. »Sie ist nicht nur meine Schülerin, sondern auch meine Freundin, und ich bin ein sehr anhänglicher Mann.« Seine Miene wurde ernst, das Lächeln verschwand. »Du solltest wirklich die Wohnungstür abschließen, wenn du zu Hause bist, Pressley. Jeder hätte hier einfach reinspazieren können.«

Er steckte die Decken um mich fest, bis ich mich fragte, ob ich mich je wieder aus eigener Kraft daraus würde befreien können, dann hockte er sich neben mich. »Wo ist denn eure Hausapotheke?«, fragte er.

Ich zuckte mit den Schultern, meine Augen starr auf die hohe Decke gerichtet. Mir war überdeutlich bewusst, wie nah er mir war, und wenn ich den Kopf drehte, würde ich wahrscheinlich den Minzgeruch seines Kaugummis wahrnehmen. Und ich selbst hatte mir heute noch nicht mal die Zähne geputzt. Ekelhaft.

»Wahrscheinlich im Bad«, riet ich. Dort hätte ich jedenfalls gesucht, wenn er nicht aufgetaucht wäre.

Nicht dass ich mich dazu in der Lage gefühlt hätte … drei Schritte, und ich wäre erschöpft genug gewesen, um wieder ins Bett zu plumpsen. Nach Medikamenten zu suchen hätte Stunden gedauert. Buchstäblich. McCarthy hingegen war innerhalb weniger Minuten wieder da. Mit Paracetamol und einem Glas Wasser in der einen Hand, in der anderen ein feuchtes, kühles Tuch, wirkte er in meinen Augen fast wie ein Ritter in glänzender Rüstung.

Im Schneidersitz setzte er sich vor mich auf den grün-weiß karierten Teppich, legte seine Fundstücke auf den Couchtisch und reichte mir erst das Glas Wasser. »Trink erst mal was, bevor du eine Tablette nimmst«, befahl er sanft. Untypischerweise hörte ich auf ihn, und auch ihm fiel das auf.

»Hast du gerade etwa einfach getan, was ich dir gesagt habe? Ohne Widerrede?« McCarthy keuchte auf. »Unglaublich. Vielleicht solltest du öfter krank sein.« Wir wussten beide, dass er es nicht ernst meinte, aber das hielt ihn nicht davon ab, weiterzumachen. »Wenn es dich so gefügig macht.« Er grinste.

»Ich hoffe, ich stecke dich an«, brummte ich mit finsterer Miene. Leise lachend drückte mir McCarthy eine Tablette in die Hand.

»Ich bin immun.« Er zwinkerte mir zu, stand mit einem leisen Ächzen vom Boden auf und ging Richtung Küche. »Meine Schwester wird ständig krank. Was auch immer du für Keime verbreitest, ich hab's wahrscheinlich schon durchgemacht, und mein Immunsystem kümmert sich gerade drum.« Er klang lässig, fast spöttisch, und ich hätte einiges dafür gegeben, sein dämliches Grinsen zu sehen, zu dem sich gerade hundertprozentig sein Mund verzog. Aber ich wollte nicht über die Armlehne spähen.

»Deine Schwester?«, fragte ich und legte den Kopf zurück, um die Tablette mit einem kleinen Schluck Wasser runterzuspülen. »Ich wusste gar nicht, dass du eine hast.« Das hatte gar nicht auf dem kleinen Infozettel gestanden, den wir zu Beginn unseres Deals ausgetauscht hatten.

Einige Sekunden verstrichen. Vermutlich hatte er genickt, ehe ihm einfiel, dass ich ihn nicht sehen konnte. »Stimmt«, sagte er, untermalt vom Geräusch sich öffnender und schließender Schubladen. »Nun …« Wieder hörte ich das Lächeln in seiner Stimme. »Vier Schwestern, genau genommen.«

»*Vier* Schwestern?« Ich kam mir dumm vor, weil ich ständig einfach nur alles wiederholte, aber schließlich war ich krank und hoffte deshalb inständig, dass er nachsichtig mit mir war. Sein Lachen schallte durch die Wohnung.

»Diana, Denise, Dakota, Delilah«, zählte er auf, mit einem Unterton in der Stimme, den ich nicht deuten konnte. Ich schloss die Augen. Es interessierte mich nicht, was er in meiner Küche trieb, ich konzentrierte mich allein auf seine Stimme. Sanft und beruhigend.

»Diana ist die Älteste, sie hat gerade ihren Master beendet. Die Zweitälteste ist Denise. Sie wollte ein Jahr in Europa verbringen und ist von da nie zurückgekehrt.« Ein amüsiertes Schnaufen.

Ich nickte verständnisvoll. »Ich liebe es da«, murmelte ich und drehte mich auf die Seite, ohne die Augen zu öffnen.

McCarthy fuhr fort: »Nach Denny wurde meine Mutter mit *diesem* Prachtexemplar gesegnet«, scherzte er, und ich grinste, froh, dass er es nicht sehen konnte. »Bei Dakotas Geburt war ich sieben, und Mom sagt, ich hätte sie vom ersten Moment an wieder loswerden wollen. Kein Wunder, sie ist heute noch eine Nervensäge.« Er schnaubte liebevoll.

Ich hörte nichts bis auf seine Stimme. Entweder war es gespenstisch still, oder ich blendete alles andere aus, um ihn besser verstehen zu können. Er klang jetzt wieder näher. Vermutlich blendete ich auch seine Schritte völlig aus.

»Delilah ist erst zwölf«, schloss er ab – direkt neben mir.

Als ich die Augen öffnete, um mich zu vergewissern, nahm sein glatt rasiertes Gesicht mit den tiefen Grübchen und den weißen Zähnen mein gesamtes Sichtfeld ein. Er strahlte von einem Ohr zum anderen, was eindeutig den Schwestern galt, von denen er mir gerade erzählt hatte. Es war voller Liebe, Bewunderung und der Sehnsucht, sie schon bald wiederzusehen. Ich konnte nicht wegschauen.

»Sie klingen alle sehr viel netter als du«, raunte ich.

Er seufzte. »Das sind sie auch.«

»Bist du sicher, dass du damit fertig wirst? Also mit meinen Bazillen?« Er war mir so nah, dass ich sie ihm inzwischen bestimmt schon direkt ins Gesicht geatmet hatte. Armer Kerl.

»Ist das etwa … Besorgnis?« Er riss die Augen weit auf und tat schockiert. »Nun, wer hätte das gedacht? Athalia Payton Pressley macht sich Sorgen. Um mich.« Er grinste breit und zog die Augenbrauen hoch, während er meine Reaktion genau beobachtete.

Ich konzentrierte mich ganz darauf, wie er meinen vollen Namen sagte, und stellte fest, dass ich es gern noch mal hören würde. »Niemals«, erwiderte ich. »Ich weiß nur, dass Männer und Grippe keine gute Kombination sind. Ihr seid immer so weinerlich. Damit will ich mich als deine *Freundin* nicht herumschlagen müssen.« Meine Stimme war sehr schwach, aber ich fand, ich hatte gepunktet. McCarthy stieß entrüstet die Luft aus, verschwand noch mal kurz in der Küche und kehrte mit einem Teller zurück.

»Ich bin nicht hungrig«, wehrte ich ab und beäugte misstrauisch die beiden Scheiben Toast. Der bloße Gedanke an Essen war schon unerträglich genug. Tatsächlich etwas zu essen schien noch zehnmal schlimmer.

»Wirklich schade.« Ein träges Lächeln fand seinen Weg auf McCarthys Gesicht. »Weil du essen musst, Prinzessin.« Sein Blick wanderte von mir zu dem kulinarischen Meisterwerk in seiner Hand.

Kopfschüttelnd ignorierte ich den Spitznamen, der mit jedem Mal, den er ihn benutzte, eine größere Wirkung auf mich hatte. Mein Magen flatterte, meine Wangen fühlten sich an, als würden sie förmlich aufleuchten. Ich war dankbar, dass ich es heute auf das Fieber schieben konnte.

»Es soll nur deinen Magen ein wenig in Schwung bringen. Kein intensiver Geschmack oder Geruch«, lockte McCarthy. Ich schüttelte den Kopf noch nachdrücklicher. »Dir wird bestimmt nicht übel davon.« Langsam, zögernd hielt er mir den Teller hin, und dann schob er mir eine braune Haarsträhne hinters Ohr. Seine Hand verweilte sanft auf meiner Wange, kurz strich er mit dem Daumen darüber. Mein Herz schlug einen Salto, bevor es mir in die Magengrube rutschte. Selbst wenn mir nicht vom Essen schlecht werden würde … seine Kosenamen und sanften Berührungen richteten schon genug Chaos in meinem Bauch an. »Versprochen.«

Heute bedeutete ein Versprechen von ihm mehr als noch vor ein paar Monaten. Damals hätte ich es für einen Fiebertraum gehalten, dass er hier war und mich gesund pflegen wollte. Vielleicht sogar für einen Albtraum. Jetzt aber war ich sehr froh, ihn hier bei mir zu haben, jedenfalls insgeheim.

Also hörte ich auf ihn. Aß etwas, auch wenn es nur ein paar Bissen waren.

Er machte wieder einen Scherz über meine Folgsamkeit. Ich starrte ihn böse an. Er lächelte. Ich lächelte zurück.

Und dabei war absolut niemand hier, der es mitkriegen konnte.

Als ich aus einem langen Nickerchen auf der Couch wieder erwachte, war McCarthy verschwunden. Mein Bett war frisch bezogen, das Fenster geöffnet, und an der Vase mit McCarthys Blumen – die meisten inzwischen vertrocknet – lehnte ein Zettel.

Ich wusste doch, dass du sie magst, stand da, und in eine Ecke hatte er eine kleine Rose gekritzelt.

KAPITEL 22

Nachdem mein Fieber gesunken war, hatte ich leider keine Ausrede mehr, den verpassten Unterricht nicht nachzuholen.

Überraschenderweise lief es aber ziemlich gut. Wie die brave Musterschülerin, die ich war, saß ich mit meinem MacBook auf dem Schoß im Wohnzimmer und versuchte, den Stoff der letzten Accounting-Vorlesung nachzuarbeiten. Ich war konzentriert, fokussiert, motiviert …

Bis es an der Tür klingelte. Sofort sprang ich von der Couch, beglückt über die Ablenkung. Über die Klingelanlage öffnete ich die Haustür unten, ohne mir die Mühe zu machen, vorher zu fragen, wer es war. Dass ich keine Hose angezogen hatte, kümmerte mich nicht – mein dicker Kapuzenpulli, den ich auf der Suche nach einem bequemen Outfit im Schrank gefunden hatte, war lang genug.

Na schön, vielleicht war ich nicht *ganz* so konzentriert und motiviert, wie ich gedacht hatte. Aber eine Stunde Buchhaltung musste erst mal reichen.

Mein Lächeln geriet nicht mal ins Wanken, als ich sah, dass es McCarthy war, der aus dem Aufzug trat. In seiner Hand baumelte eine Papiertüte, und bei meinem Anblick runzelte er verwirrt die Stirn.

»Du, äh …?« Er ließ einen Finger um seine Augen kreisen, und ich verdrehte meine hinter der runden Brille.

»Ja, McCarthy. Ich bin praktisch blind. Ich trage eine Brille. Und plötzlich sehe ich so viel schlauer aus«, seufzte ich und bemerkte, wie sich ein Lächeln auf seine Lippen schlich. »Bringen wir es hinter uns.« Spöttisch breitete ich die Arme aus und machte mich auf einen Tiefschlag gefasst, auch wenn ich nicht genau wusste, was ich erwartete.

Doch statt mir Beleidigungen und schlechte Witze entgegenzuschleudern, legte er die Hände auf meine Schultern – meine Arme sanken langsam herab – und drehte mich zur Seite, um sich an mir vorbei in die Wohnung zu schieben.

»Du siehst bezaubernd aus«, spottete er, bereits auf dem Weg in die Küche. Er lief rückwärts, um mich weiter im Blick zu haben. »Viel weniger bedrohlich. Daran könnte ich mich gewöhnen.« Wieder stahl sich ein Lächeln auf seine Lippen. »Was ist mit deinem Bruder?« Er ließ noch mal einen Finger um seine Augen kreisen, um zu verdeutlichen, was er meinte.

»Hat sie sich vor ein paar Jahren lasern lassen.« Ich zuckte mit den Schultern und lief ihm kopfschüttelnd hinterher, als wäre dies seine Wohnung und nicht meine. »Was machst du hier?«, fragte ich schließlich, als er neben der Kücheninsel stehen blieb. »Schon wieder.«

Triumphierend hielt er die braune Papiertüte hoch, ein weiteres Lächeln auf den Lippen, als hätte er gerade einen Pokal gewonnen. »Ich dachte, du könntest etwas Treibstoff gebrauchen«, antwortete er. »Bei der ganzen Aufholerei, die du veranstalten musst.«

Sein Blick huschte durch die Wohnung und fand meinen Laptop auf dem Boden, den ich bei der ersten sich bietenden Gelegenheit, mich von der Arbeit ablenken zu lassen – also ihm –, nur allzu gern beiseitegestellt hatte. »Und den ganzen

Statistik-Aufgaben, die wir heute noch vor uns haben«, fügte er vergnügt hinzu.

Unwillkürlich zog ich eine Grimasse. Ja, ich musste einiges nachholen, aber Statistik stand auf meiner Liste weit unten. Aus offensichtlichen Gründen.

»Keine Sorge.« Er lachte, als er bemerkte, wie wenig ich mich freute. »Ich bin nicht mit leeren Händen gekommen. Ich biete dir einen fairen Tausch an: indisches Essen gegen eine Stunde Statistik. Du hast schließlich die Nachhilfe am Mittwoch verpasst.«

Mein Blick wanderte zu der Papiertüte. »Indisch?«

Und da roch ich es auch – die frittierte Herrlichkeit von Bhatura-Brot. McCarthy wusste nicht, dass es mein Lieblingsessen war, es stand nicht auf meinem Infozettel (obwohl … wenn ich so darüber nachdachte, hätte es definitiv draufgehört). Aber seiner siegessicheren Miene nach zu urteilen, war es kein Zufallstreffer.

»Geht es Wren gut?«, fragte ich panisch. Wann hatte ich sie das letzte Mal gesehen? Ja, sie ging mir gerade aus dem Weg, aber mal rein hypothetisch gefragt: Wie hätte McCarthy diese Information aus ihr herausprügeln können?

Meine Panik entlockte ihm ein lautes Lachen, das mich kurz alles andere vergessen ließ. »Wren geht es gut.«

Ich schüttelte schnell den Kopf, verstand nicht so ganz. »Aber die Info hast du von ihr? Wren Inkwood hat ausgerechnet dir von meinen Essensvorlieben erzählt? Sie …« Ich unterbrach mich und holte tief Luft, die Augen immer noch weit aufgerissen. »Hast du sie erpresst? Sie gefoltert? Was …?«

»Sie ist neulich, als du dein Fieber ausgeschlafen hast, nach Hause gekommen.« Seine sonst so strengen Züge umspielte immer noch ein amüsiertes Lächeln, das, sollte es auch nur ein klein wenig breiter werden, seine unverkennbaren Grübchen zum Vorschein bringen würde. »Ich war zufällig noch da. Wir haben geredet. Kein Zwang nötig, niemand wurde verletzt.«

»Du lügst«, sagte ich trocken.

»Das würde mir nie einfallen.«

»Du …«

Ich verstummte, als er auf mich zuschritt und direkt vor mir stehen blieb. Ich hob den Kopf, sah ihn an und redete mir ein, dass das seltsame Gefühl in meinem Bauch von seiner unglaubwürdigen Story herrührte und nicht davon, dass er so dicht vor mir stand.

Wren würde sich ihm nie und nimmer weniger als drei Meter nähern. Wenn sie ihn beim Hereinkommen im Wohnzimmer sitzen sähe, würde sie wahrscheinlich sofort auf dem Absatz wieder kehrtmachen.

Argwöhnisch formte ich meine Augen zu Schlitzen und starrte ihn an. »Du lügst.« Ich wich ebenso wenig zurück wie er.

»Tu ich nicht«, widersprach er leise. »Pfadfinderehrenwort.« Und endlich blitzten die Grübchen in seiner Wange auf.

»Du bist kein Pfadfinder«, erinnerte ich ihn. »Dieser Schwur bedeutet also rein gar nichts.«

Lachend warf er den Kopf zurück. »Dann eben bei meiner Ehre als Fake-Freund«, schlug er vor und hob die Hand, als wollte er einen Eid schwören. So wie jetzt hatte ich ihn nie zuvor lächeln sehen: aufrichtig, ehrlich, fast jungenhaft. Nur für mich. Es war ein so perfektes Lächeln, dass ich mich am liebsten übergeben hätte.

Ich beschloss, es erst mal gut sein zu lassen. Stattdessen gab ich mir alle Mühe, den Tumult in meiner Magengrube in den Griff zu kriegen, ebenso wie meinen irritierenden Impuls, seinen Schwur irgendwie süß zu finden.

»Wie war das Spiel?« Gute Ablenkung, auch wenn es mich

beunruhigte, dass ich aus freien Stücken mit dem Thema Fußball anfing. Aber alles war besser, als versehentlich zu bemerken, wie schön sein Haar heute saß und wie gut ihm seine Klamotten standen.

Er gab ein lautes Seufzen von sich, hörte auf zu lächeln und brach den Blickkontakt ab. Statt sich auf die Couch zu setzen, hockte er sich auf den Boden davor und lehnte sich an sie. Ich wusste nicht, weshalb, aber ich tat es ihm gleich. »Hätte besser laufen können«, antwortete er.

Die Höhen beim Fußball – bei jedem Sport, nahm ich an – waren hoch, aber dafür waren die Tiefen umso tiefer. Dad war oft tagelang schlecht gelaunt gewesen, und auf einmal fragte ich mich, ob er eigentlich gewusst hatte, wie unprofessionell das war. Zu verlieren war in meiner Kindheit sehr verpönt gewesen, und allein bei der Vorstellung empfand ich heute noch Unbehagen.

»Oh«, sagte ich verlegen. Wie reagierte man noch mal richtig darauf?

McCarthy schnaubte verlegen. »Hör auf«, lachte er und winkte ab. »Alles gut, passiert den Besten von uns. Du musst nicht so tun, als würde ich dir leidtun.« Nach kurzem Überlegen fügte er hinzu: »Oder als ob es dich überhaupt interessiert.«

Er stieß mit seiner Schulter gegen meine, und ich war erleichtert darüber, wie zwanglos es wirkte. Allerdings reichte sein Lächeln nicht ganz bis zu seinen Augen. »Sei das nächste Mal einfach da, ja?«, sagte er.

»Warum?«, fragte ich. »Abgesehen von der vertraglichen Verpflichtung und alldem?«

McCarthy zuckte mit den Schultern und holte unser Essen aus der Tüte. Es raschelte so laut, dass ich beinahe seine gemurmelten Worte überhörte – irgendwas von *Glücksbringer* und *Gewinnen*. Aber nur beinahe.

»Sei ehrlich, du hast es vermisst«, neckte mich McCarthy. »A/B-Testing, statistische Signifikanz …«

Ich stöhnte auf und ließ den Kopf gegen die Couch hinter uns sinken. Wir saßen im Schneidersitz, mein nacktes Knie berührte fast sein ausgestrecktes Bein. Wir hatten es so eilig mit dem Essen, dass wir uns keinen anderen Platz gesucht hatten, obwohl es in der großen Wohnung reichlich andere Möglichkeiten gegeben hätte. Ich hatte nicht mal eine Hose angezogen.

Nein, ich hatte Statistik bestimmt nicht vermisst. Wenn überhaupt, dann war ich wegen Statistik eher noch einen Tag länger im Bett geblieben.

»So sehr.« Mein Lächeln sagte das genaue Gegenteil. Ich griff nach dem restlichen Bhatura, riss ein Stück ab, biss hinein und sagte, triefend vor Sarkasmus: »Ich könnte mir nichts vorstellen, was ich lieber mit dir täte.«

So hatte das nicht rüberkommen sollen: irgendwie zweideutig, einladend … schlüpfrig. *Verflixt.* Ich räusperte mich und nahm mir noch ein Stück Brot.

Hat es sich nur in meinen Ohren so angehört?

Ich lehnte mich zurück und wagte es, ihm einen Blick zuzuwerfen. Seine Augen, bereits auf mir, funkelten mit Belustigung und … noch irgendwas. Ich wandte den Blick nicht ab. Das hätte mich all meine Willenskraft gekostet, und die sparte ich mir lieber auf, falls ich sie heute noch dringender brauchte.

So wie sich die Atmosphäre gerade veränderte, wie sich die Luft elektrisch auflud, würde ich sie wahrscheinlich ziemlich bald brauchen.

»Hm«, brummte er, und ich war dankbar, als er wegschaute und nachdenklich in die Ferne sah. Jetzt würde er die Spannung lösen, mit einem schlechten Witz oder einer fiesen Bemerkung, bei der ich mir nicht mehr sicher sein konnte, ob er sie ernst meinte oder nicht. Und ich war dankbar, weil mich das von den Gedanken an den *Vorfall* ablenken würde.

Von seinen Lippen auf meinen und seinen erstickten Lauten – *ah, verdammt.*

»Mir fiele da schon das ein oder andere ein.« Er zuckte mit den Schultern, und es klang so beiläufig, dass ich die Bedeutung seiner Worte erst nach ein, zwei, drei Sekunden begriff. »Dir etwa nicht?«

Diesmal drehte sich mir regelrecht der Magen um bei all den aufsteigenden Erinnerungen. Ich konnte nichts dagegen tun.

Und das lag nicht daran, dass ich es nicht probiert hätte.

Ich suchte sein Gesicht nach einem Hinweis auf Spott ab und stellte fest, dass er mal wieder mit der Zunge gegen die Innenseite seiner Wange drückte, um ein Lächeln zu unterdrücken. Trotzdem wirkte es kein bisschen spöttisch. Die Art, wie er mich ansah, war ebenfalls nicht im Geringsten spöttisch. Sein Blick war aufrichtig, kühn, ein bisschen herausfordernd, aber nicht auf die Art, die ich schon von ihm kannte.

Ich wollte die Spannung mit einem Lachen lösen, schämte mich aber sofort für das Geräusch, das einem nervösen Kichern schrecklich nahekam. Genervt schloss ich die Augen, und als ich sie wieder öffnete, schaute ich direkt in seine. Er guckte mich immer noch so verführerisch an wie eben.

»Dir schon?« Die Worte rutschten mir einfach heraus. Und verdammt, sie klangen schon wieder … zweideutig, einladend und schlüpfrig. Es war der gleiche Tonfall, den ich benutzte, um in Bars Freigetränke zu ergattern oder an einem Türsteher vorbeizukommen, und ich klimperte hinter meiner Brille auf dieselbe Weise mit den Wimpern. Normalerweise setzte ich diese Tricks sehr bewusst ein, aber jetzt gerade entzog es sich irgendwie meiner Kontrolle.

McCarthys Lippen formten sich zu einem zögerlichen und gefährlichen Grinsen. »Auf jeden Fall.«

Ein stockender Atemzug, die Andeutung eines Nickens, und im nächsten Moment saß ich auf seinem Schoß. Seine Hände lagen an meiner Taille, brachten all die unerwünschten Erinnerungen zurück, und ich sog scharf die Luft ein. Mit aller Macht verdrängte ich alle Gedanken daran, in welcher Situation ich mich gerade befand.

Ich saß auf seinem Schoß, mein schneller Atem wehte gegen seine Lippen, die nur wenige Zentimeter von meinen entfernt waren.

Ich hatte immer noch keine Hose an.

Mit weit aufgerissenen Augen starrte ich auf ihn hinunter und schluckte schwer, als er mich fester um die Taille packte. Zuckte zusammen, als seine Daumen Kreise auf meiner bloßen Hüfte zogen. Fast wäre ich einfach durchgedreht, und sein Grinsen wurde zu einem neckischen Lächeln.

»Du weißt, warum ich hier bin«, sagte er.

Und ich dachte: *Nein.* Ich hatte absolut keine Ahnung. Hätte mich in diesem Augenblick jemand nach meinem Namen gefragt, wäre der einzige, der meine Lippen verlassen hätte, wahrscheinlich seiner gewesen.

Er war überall, verschlang die ganze Welt. Dylan McCarthy Williams hatte mich völlig in der Hand, und ich wollte mich dagegen wehren – aber es fühlte sich viel zu gut und richtig an.

Ich wusste nichts mehr … außer dass ich nicht nur seine Hände auf meiner Haut spürte und seinen Atem auf meinem Mund, sondern ihn unter mir und das, was sich hart gegen den Bund seiner Jeans drängte. Nichts auf der Welt hätte mich davon abhalten können, meine Position ein wenig zu korrigieren, ein wenig mehr Reibung zu erzeugen. Ich gab ein leises Stöhnen von mir.

Er ließ den Kopf zurücksinken und stöhnte ebenfalls auf, das Geräusch dröhnte durch seine Brust und genau zwischen meine Beine. Er schluckte heftig und öffnete die Augen wieder, sah mich durch dichte Wimpern an, als könnte ich ihm die ganze Welt zu Füßen legen.

Was ich erwartete, war ein Feuerwerk und ein Kribbeln und explodierende Hitze zwischen meinen Beinen, als er ebenfalls das Gewicht verlagerte, seine Augen zehn Nuancen dunkler und sein Atem schwer. Nie im Leben hätte ich damit gerechnet, dass er lediglich seine Stirn an meine legen würde und ich nur seinen Atem auf den Lippen spürte, nicht seinen Mund. Er schüttelte den Kopf und schloss wieder die Augen.

»Pearson-Produkt-Moment-Korrelation?«

Ich hatte mich wohl verhört. Mein Atem ging schnell und abgehackt, ich spürte ihn immer noch hart unter mir. Warum um alles in der Welt sollte er …

»Die Definition bitte«, wisperte er dicht an meinem Mund.

»Was?«

Statt einer Antwort fragte er: »Du willst mich genauso dringend küssen wie ich dich, richtig?«

Ich nickte hastig.

War mir mein Übereifer peinlich? Ja, sehr. Würde ich es morgen bereuen? Wahrscheinlich, neben anderen Dingen. Kümmerte mich das? Nein. Überhaupt nicht.

McCarthy nickte ebenfalls. »Gut«, flüsterte er, lächelte. Die Augen immer noch geschlossen, wiederholte er: »Gut. Wenn du mir die richtigen Antworten gibst, küsse ich dich.« Seine Hände an meiner Taille glitten tiefer, tiefer, bis sie schließlich meinen Hintern umfassten. Er stöhnte noch einmal auf, und ich spürte es unter mir pochen. »Und gib mir die Antworten schnell. *Bitte*«, fügte er fast flehend hinzu.

Ich konnte keinen klaren Gedanken fassen und war nahezu

sicher, dass ich mir seine Worte nur einbildete. Und wie sollte ich ihm seine Fragen beantworten, während ich auf ihm saß, seine Hände an meinem Körper und seine Lippen nur wenige Zentimeter von meinen entfernt?

Seine Hand wanderte an meinem nackten Bein hinunter, und instinktiv stieß ich ihm mit einem erstickten Laut die Hüften entgegen. Zischend sog er die Luft ein. »*Athalia*«, presste er mühsam hervor.

Es durchzuckte mich wie ein Blitz, und ich sah ihn mit verschleiertem Blick an.

»Schnell«, erinnerte er mich. »*Bitte.*«

Ich nickte. Schüttelte dann den Kopf.

»Worum ging es noch mal?«, hauchte ich, schloss die Augen und drückte meine Stirn fester gegen seine. »Was … ich meine … was hattest du noch mal gefragt?«

Himmel, ich war so ein Wrack.

»Pearson-Produkt-Moment-Korrelation.«

»Okay.« Ich versuchte inständig, mich zu konzentrieren. »Okay.« Das hatte ich beim letzten Mal richtig beantwortet. Und das kurz nachdem seine Lippen meine berührt hatten, seine Hände auf mir gewesen waren und sich sein Körper zwischen meinen Schenkeln befunden hatte, ähnlich wie jetzt. Frustriert stöhnte ich auf.

»Pearson-Produkt-Moment-Korrelation«, setzte ich an seinen Lippen an und spürte seinen schweren Atem und sein Nicken. Ich schluckte. »Sie misst die Richtung … *und* die Stärke des Zusammenhangs zwischen zwei Variablen.« Ich war noch nie so erpicht darauf gewesen, etwas richtig zu machen.

Und das war es auch. Das merkte ich daran, wie McCarthy zärtliche Küsse in meiner Halsbeuge verteilte, bevor er an meiner Haut saugte, gerade so sehr, dass ich mit einem erstickten Stöhnen den Kopf nach hinten sinken ließ. Er gab ein gedämpftes Geräusch von sich, dann brachte er seine Lippen direkt an mein Ohr. »Was ist mit der Nullhypothese?«, murmelte er, seine Stimme war erfüllt von dem verzweifelten Verlangen nach meiner richtigen Antwort. »Kannst du mir davon erzählen, Prinzessin?«

Ich wühlte in meinem Hirn nach der Antwort und ignorierte, wie sich mein Herzschlag bei diesem gottverlassenen Spitznamen beschleunigte. Während ich fieberhaft nachdachte, vergrub ich mein Gesicht in seiner Halsbeuge, ich wollte es *so* dringend richtig beantworten.

»Es ist eine Hypothese.« *Was auch sonst?*

McCarthy nickte, und seine Hand an meinem Hintern drückte fest zu. Ein Stöhnen entwich mir, und ich richtete mich auf. Unwillkürlich hoben sich meine Hüften ihm entgegen, und unser schneller Atem synchronisierte sich.

»Das stimmt«, ermutigte er mich. »Und was für eine?« Er küsste wieder meinen Hals, saugte, leckte sanft darüber.

»Es ist …« Wieder stöhnte ich auf, als er eine besonders empfindliche Stelle an meinem Hals entdeckte, aber ich bemühte mich, meine Antwort zu Ende zu denken. »Es ist die Hypothese, die wir zu widerlegen versuchen«, brachte ich erstickt hervor. »Die, die besagt, dass es zwischen zwei Variablen keinen Zusammenhang gibt.«

McCarthy stöhnte und stemmte die Hüften in die Höhe – seine Art, mir zu sagen, dass ich wieder richtiglag.

»Und die …« Hörbar stieß er den Atem aus und öffnete die Augen. Sah mich an. Hitze loderte in seinen Pupillen, die so stark geweitet waren, dass sie das Braun seiner Augen fast verdrängten. Er ließ den Kopf sinken und landete genau zwischen meinen Brüsten. »Die alternative Hypothese?« Zwischen den Wörtern drückte er Küsse auf meinen Kapuzenpulli und arbeitete sich mit weiteren wieder bis zu meinem Hals vor.

»Das Gegenteil«, schoss es aus mir heraus. »Von der Nullhypothese. Also …« Ich seufzte erneut auf. »Die alternative Hypothese besagt, dass es eine statistische Signifikanz gibt.«

»Good Girl.«

Eine neue Hitzewelle bahnte sich ihren Weg zwischen meine Beine, und ihm schien es ähnlich zu gehen. Seine Küsse wanderten weiter meinen Hals hinauf, er saugte und knabberte an mir, und dann schauten wir einander an. In seinem Blick lagen Lust und Verlangen und tausend andere Dinge, und ich glaubte nicht, dass es bei mir anders war.

Dann grinste er, fast als könne er es nicht fassen. »Das war mit Abstand die schlechteste Idee meines Lebens«, hauchte er fast lautlos, und mir rieselte eine Gänsehaut über den ganzen Körper. »Und dabei hatte ich noch so viele Fragen an dich.« Wieder stemmte er mir die Hüften entgegen, und ich stöhnte erstickt auf.

Ich wollte ihn so sehr. *Brauchte* ihn. Das ließ sich einfach nicht mehr beschönigen. Ich schüttelte den Kopf, und im nächsten Moment presste er seine Lippen auf meine, als wäre er gerade zu derselben Erkenntnis gekommen.

Ein überraschtes, aber zufriedenes Stöhnen entfloh mir. Seine Zunge fand sofort meine, es war der reinste Rausch aus Erregung und verzweifeltem Verlangen. Als wären wir füreinander geschaffen und als hätten wir das hier von dem Moment an tun sollen, als wir uns kennenlernten – so richtig fühlte es sich an.

Sein Keuchen an meinen Lippen, sein ersticktes Stöhnen, wenn ich mich gegen seinen harten Schwanz stemmte – ich nahm nichts anderes wahr als ihn. Doch irgendwas in meinem Unterbewusstsein, ein Instinkt, für den ich unendlich dankbar war, erkannte trotzdem das Geräusch der sich öffnenden Fahrstuhltür. Es hätten die Nachbarn von gegenüber sein können, ja, aber ebenso instinktiv wusste ich sofort, dass das nicht der Fall war.

McCarthy spürte, wie ich mich anspannte. »Alles okay?« Besorgnis vertrieb den Hunger aus seinen Augen, seine Stirn runzelte sich leicht.

Dann hörten wir beide den Schlüssel in der Tür klappern, und im nächsten Moment flog ich von seinem Schoß, halb von ihm gestoßen, halb sprang ich, und saß auf einmal wieder neben ihm auf dem Boden.

Fünf Sekunden später stand Wren in der Tür. Wir gaben alles, um möglichst unschuldig auszusehen, scheiterten aber ganz bestimmt kläglich.

Meine Wangen brannten fiebrig, während McCarthy versuchte, die offensichtliche Ausbeulung in seiner Hose zu verbergen. Sein angewinkeltes Bein und das Zucken in seinem Gesicht, als er sich bewegte, wirkten nicht ansatzweise so unauffällig und lässig, wie er es sich wohl erhofft hatte.

Wrens Blick huschte zwischen uns hin und her, sie war sichtlich verblüfft, ihn in ihrem Wohnzimmer vorzufinden. Wahrscheinlich war sie ähnlich erfreut darüber wie über meinen Anblick: nämlich überhaupt nicht. Sie rümpfte die Nase und zog die Tür hinter sich zu. *Himmel*, ich fühlte mich wie eine hormongesteuerte Sechzehnjährige, die gerade beim Fummeln erwischt worden war.

Wäre sie auch nur fünf Minuten später nach Hause gekommen, hätte sie uns vermutlich nackt auf dem Boden überrascht. Bei dem Gedanken errötete ich noch mehr.

Wir haben geredet. Kein Zwang nötig, niemand wurde verletzt.

Ich kniff die Augen zusammen. McCarthy war sehr damit beschäftigt, ganz woanders hinzusehen. Wrens Gesichtsausdruck war so unergründlich wie immer.

Nach ein paar Sekunden, in denen sie mich schweigend

musterte – so viel Aufmerksamkeit hatte sie mir seit unserem Streit nicht mehr geschenkt –, ging sie in die Küche. Mein Blick folgte ihr. Sie stellte ihre Tasche auf die Kücheninsel und beeilte sich offensichtlich sehr damit, ihre Einkäufe auszupacken. Aber ich spürte, dass sie mich immer noch beobachtete.

Verhalte dich ganz normal, Athalia.

Ich versuchte es. Ich versuchte es *wirklich.*

Aber als ich McCarthy wieder anguckte, wurde mir klar, wie fruchtlos diese Bemühungen waren. Sein Haar war völlig zerzaust, und ich konnte nur beten, dass Wren nicht auffiel, wie schnell sich seine Brust immer noch hob und senkte. Hoffentlich sah ich nicht genauso schlimm aus.

Nicht, dass er tatsächlich *schlimm* aussah. Genau genommen war dieser Dylan McCarthy Williams mein bisheriger Favorit: aufgewühlt, still, erregt.

Als er meine Augen auf sich spürte, schaute er mich an, und die Erinnerung an das, was wir eben gerade noch getan hatten, traf mich wie ein Schlag in die Magengrube. Hart. Fast wäre ich zusammengezuckt, aber ich riss mich zusammen.

Alles okay?, formte ich lautlos mit den Lippen und deutete auf sein kleines Problem. Obwohl es, soweit ich das beurteilen konnte, gar nicht ganz so klein war.

McCarthy verzog das Gesicht zu einem übertriebenen Lächeln und fragte ebenso lautlos zurück: *Was denkst du denn?* Langsam ließ er den Blick über mich schweifen, wobei er vermied, meine nackten Oberschenkel anzustarren, die unter dem dicken Pulli hervorblitzten.

Ganz leise, sodass nur ich ihn hörte, flüsterte er rau und angestrengt: »Ich habe schon mit mir zu kämpfen, seit du die Tür geöffnet hast, Athalia. Nur mit einem Kapuzenpullover bekleidet.« Die Unterbrechung durch meine Mitbewohnerin erschien mir nun nur noch grausamer.

»Ich trage auch Unterwäsche. Und Socken.« Die langen Socken, die ich normalerweise im Frühsommer immer beim Tennis anzog. Ich gab mein Bestes, um nicht zu viel über sein schmeichelhaftes Geständnis nachzudenken. Ohne Erfolg. Mein Herz plumpste durch die Magengrube hindurch direkt zwischen meine Beine, wo es laut vor sich hin hämmerte, nur weil er *meinen verdammten Namen* ausgesprochen hatte.

McCarthy schnaubte und verdrehte die Augen. »Das macht es nicht besser.«

Das hier wurde echt gefährlich.

Ich sehnte mich nach ihm, mit jeder Faser meines Seins. Verzweifelt und voller Sehnsucht, und das war überhaupt nicht typisch für mich. Es war sogar so untypisch für mich, dass mir Wrens Erscheinen plötzlich vorkam wie eine Art göttliche Intervention. Mit ihm zu schlafen wäre keine gute Idee, das hatten wir beiden schon von Anfang an gewusst.

In seinem sorgfältig ausgearbeiteten Vertrag gab es extra dafür eine eigene Klausel:

#3 KEIN SEX

Kurz und knapp. Ich sollte mich daran halten. *Wir* sollten uns daran halten.

Vor ein paar Wochen war er mir diesbezüglich noch viel entschlossener vorgekommen.

Als er noch davon geredet hatte, dass wir diesen Teil unseres Vertrags auf jeden Fall einhalten mussten.

KAPITEL 23

McCarthy machte es definitiv nicht leichter, irgendwelche Vorsätze einzuhalten, als er bald darauf das nächste Mal unangemeldet bei mir auf der Matte stand – anscheinend hatte er daran irgendwie Gefallen gefunden.

»Du bist wieder da.« Ich blinzelte zu ihm hoch. Aber ich konnte ihm nicht böse sein, immerhin war sein unangekündigtes Auftauchen eine willkommene Ausrede, mich nicht kopfüber ins Lernen für die Abschlussprüfungen stürzen zu müssen. Der Dezember rückte immer näher und damit auch die vermaledeiten Prüfungen. »Was machst du denn hier?«

Er schnappte beleidigt nach Luft und drängte sich an mir vorbei, ohne darauf zu warten, dass ich ihn hereinbat. Zu meiner eigenen Verwunderung gefiel es mir irgendwie, wie vertraut es sich anfühlte. Ich verzog keine Miene, sondern schloss einfach die Tür hinter ihm, als wäre es das Normalste der Welt.

»Ich bin gekränkt, Pressley. Wahrhaftig.« Er drehte sich zu mir um und musterte mich amüsiert. »Kann ein Fake-Freund nicht einfach mal so seine Fake-Freundin besuchen, ohne dass man ihm irgendwelche Hintergedanken unterstellt?«

Ich schnalzte belustigt mit der Zunge. »Nein.« Dann schob ich mich an ihm vorbei … Es war wohl das Beste, das Gespräch in mein Zimmer zu verlagern. Wren war zu Hause, und wir hatten seit unserem Streit immer noch kein Wort miteinander gewechselt. Ich wollte nicht riskieren, es noch schlimmer zu machen.

McCarthys Anwesenheit war da sicher nicht hilfreich.

»Immerhin bist du doch freitagabends so schwer beschäftigt.« Herausfordernd sah ich ihn an und zog die Brauen hoch. Wenn er dachte, ich hätte vergessen, dass wir unser wöchentliches Date nicht am Freitag haben konnten wegen irgendwelcher geheimnisvoller Termine, lag er falsch. »Normalerweise hast du heute keine Zeit für mich. Schon vergessen?«, stichelte ich.

McCarthy zuckte mit den Schultern. »Ich habe mir eben Zeit genommen.«

Er sagte es so beiläufig, so nonchalant, als wäre es keine große Sache, sich Zeit für mich zu nehmen. Aber für mich fühlte es sich irgendwie nach einer ziemlich großen Sache an.

»Also«, murmelte ich und blieb an meiner Schlafzimmertür stehen, um ihn vorbeizulassen. Er trat, ohne zu zögern, ein. »Dann muss es dafür einen Hintergedanken geben.« Ich schloss die Tür, ließ mich auf meinen Schreibtischstuhl fallen und drehte mich zu ihm um.

Ich beobachtete, wie sein Blick über den mit Karteikarten und Heften vollgestopften Schreibtisch direkt neben meiner Tür wanderte. An der gegenüberliegenden Wand stand mein Bett, mit zusammenpassender Bettwäsche – nachdem McCarthy es während meiner Krankheit frisch bezogen hatte – und einer blassrosa Decke am Fußende. Aber er kannte mein Zimmer ja schon und hielt sich nicht lange damit auf, sich umzusehen.

»Erwischt.« In gespieltem Schuldbewusstsein hob er die Hände. »Mein Hintergedanke ist, der beste Fake-Freund zu sein, den du je hattest.«

»Da du mein erster und einziger –«

»Das tut nichts zur Sache. Aber erzähl mir mehr darüber, dass ich dein Erster und Einziger bin, Pressley, ich bin ganz Ohr.« Er lächelte, und ich sah ein Grübchen aufblitzen.

»Das würde dir gefallen, nicht wahr?« Ich verdrehte die Augen.

Unsere Blicke begegneten sich. Er guckte nicht weg. Mir wurde schwindlig. Ich wartete darauf, dass er etwas sagte – irgendwas –, aber er sah mich einfach nur an.

Dann wechselte er das Thema. »Der Junge, dem ich freitags normalerweise Klavierunterricht gebe, ist krank.« Diese Information teilte er mir für meinen Geschmack viel zu beiläufig mit und ließ mir somit gar keine Zeit, nachzuhaken, zu staunen oder zu bemerken, wie süß der Gedanke war, wie er einem Kind Klavierunterricht gab. »Und ich dachte, du könntest etwas Ablenkung gebrauchen.« Er schaute sich um und betrachtete das Durcheinander auf meinem Schreibtisch. »Und so wie es aussieht …« Er nickte und blickte mir in die Augen. »Und so wie du aussiehst …«

»Danke«, unterbrach ich trocken und musterte ihn mit schiefgelegtem Kopf. Falls ich eventuell so aussah, als hätte ich drei Tage lang nicht geduscht – und genauso lange meine Wohnung nur für Vorlesungen verlassen –, dann deshalb, weil es genau so war.

»Mein Eingreifen ist dringend erforderlich. Und das ist keine Beleidigung, Athalia. Du siehst wie immer perfekt aus. Nur erschöpft.«

»Ungeduscht und zerzaust würde ich nicht als *perfekt* bezeichnen, aber da hat sicher jeder seine eigenen Vorlieben.«

»Ich werde diese Debatte nicht mit dir führen.« Und das schien er ernst zu meinen, denn gleich darauf fragte er: »Hast du schon gegessen?«

»Keine Zeit.« Ich hatte nicht einmal Zeit gehabt, ans Essen zu *denken.* Jetzt, wo ich es aber getan hatte, knurrte mein Magen. »Möchtest du was bestellen?«, fragte ich hoffnungsvoll. Zu meiner Enttäuschung schüttelte er den Kopf.

»Nein«, sagte er schlicht und stieß sich von der Tür, gegen die er gelehnt hatte, ab. »Lass uns kochen.«

Bevor ich ihm sagen konnte, dass wir mit Luft und Wasser – den beiden einzigen Vorräten, die Wren und ich anbieten konnten – unmöglich etwas kochen konnten, marschierte er auch schon aus meinem Zimmer Richtung Küche.

Ich hatte es nicht eilig, ihm zu folgen, er würde den Mangel an brauchbaren Zutaten schon noch früh genug bemerken. Gemächlich gähnend stand ich auf und streckte mich, ehe ich hinterhertrottete.

Doch dann hallte ein freudiges, langgezogenes *»Perfekt«* durch die Wohnung, das kein bisschen sarkastisch klang. Als ich zur Kücheninsel spähte, steckte er mit dem Kopf tief in einem unserer Schränke.

Offenbar spürte er meine Anwesenheit. »Ehrlich gesagt«, ertönte seine Stimme gedämpft aus dem Inneren des Schranks, »hatte ich ein bisschen mehr erwartet.« Er tauchte auf und hielt mir triumphierend eine Packung Nudeln hin. »Aber damit kann ich arbeiten.« Er warf mir den Karton zu, und ich fing ihn gerade noch so eben auf.

McCarthy durchwühlte inzwischen kopfschüttelnd unseren Kühlschrank, und ich konnte mir einen amüsierten Kommentar nicht verkneifen. »Fühl dich wie zu Hause, McCarthy«, murmelte ich und stellte den Karton mit den Nudeln auf der Arbeitsplatte ab.

Er drehte sich um und warf mir sein berüchtigtes Grübchengrinsen zu. »Mach ich.«

Ich gab mein Bestes, nicht in Ohnmacht zu fallen, sondern

verdrehte stattdessen nur seufzend die Augen – die einzige Möglichkeit, unauffällig den Blick abzuwenden. Er grummelte in der Tiefe des Kühlschranks noch ein bisschen vor sich hin und drehte sich dann mit einer solchen Entschlossenheit um, dass ich die Hoffnung auf Essen vom Lieferservice endgültig aufgab. »Wie wäre es mit Wodkasoße?«

Damit war die Sache beschlossen.

»Großartig. Jedenfalls wenn es halb Wodka, halb Soße ist.« Ich blinzelte ihn unschuldig an, immer noch lächelnd. Zufrieden bemerkte ich, wie seine Mundwinkel zuckten, allerdings genoss ich den Anblick mehr, als gut für mich war.

»Interessant.« McCarthy wandte sich wieder dem Kühlschrank zu, fischte wie ein Magier mehrere Zutaten heraus, von deren Existenz ich nichts geahnt hatte, und stellte sie auf die Kücheninsel. Dann verfuhr er mit unserer Speisekammer und dem Alkoholschrank auf dieselbe Weise.

Am Ende ergab die Ausbeute zwar recht wenige frische Zutaten, dafür aber einiges an Gewürzen, die restliche Sahne von Wrens Backabenteuern, eine ungeöffnete Tube Tomatenmark (woher kam die denn?), Olivenöl, geriebenen Käse und eine Flasche Wodka.

»Du hast keinen Knoblauch und keine Zwiebeln da, also müssen wir improvisieren«, sagte er und deutete mit einem Nicken auf zwei Behälter mit Knoblauch- und Zwiebelpulver, die ich gerade das erste Mal in meinem Leben sah.

Ich schlenderte um die Insel herum, blieb auf seiner Seite stehen und betrachtete neugierig die Zutaten. »Ich habe noch nie eine Tube Tomatenmark auch nur angefasst … wie kommt die in unseren Vorratsschrank?« Meine mangelnden Kochkenntnisse belustigten ihn offensichtlich – im Gegensatz zu mir schien er sich in der Küche ziemlich sicher zu fühlen. »Kochst du oft?«

Er zuckte mit den Schultern. »So oft, wie eben nötig ist.« Er stürzte sich kopfüber in die Schränke unter dem Herd und wirkte erleichtert, als er dort Töpfe und Pfannen fand. »Manche Leute wollen sich gern selbst versorgen können, Prinzessin.« In seinen Worten schwang ein selbstgefälliger Ton mit. »Und sich nicht vom Lieferservice abhängig mach… *hey!*« Er keuchte auf und rieb sich den Hinterkopf.

Ich warf das Geschirrtuch auf den Tresen, womit ich ihm gerade eine verpasst hatte, und er grinste mich nur frech an.

»Ist doch wahr«, beharrte er.

Niedergeschlagen seufzte ich. »Ich weiß.« Ich begutachtete die Zutaten und hoffte, mich damit von meinem anbrandenden schlechten Gewissen ablenken zu können. Doch ich spürte es kommen. Drei, zwei, eins …

»Athalia.« Seine tiefe Stimme war plötzlich ganz ernst, und es lag etwas Tröstliches darin, wie er meinen Namen sagte. Etwas Beruhigendes. Er erhob sich und stand plötzlich in voller Größe vor mir. Legte den Daumen unter mein Kinn und neigte mein Gesicht zu sich. Die Berührung war federleicht, sein freundliches Lächeln höchst unerwartet.

Er machte den Anschein, als wollte er mir etwas Wichtiges mitteilen, etwas Tröstliches, das die herannahende Welle noch eine Weile fernhalten würde – vielleicht bis zur nächsten Bemerkung, die mir allzu sehr bewusst machte, was für ein überprivilegiertes Leben ich führte.

Er räusperte sich. »Du hast aber schon mal Wasser erhitzt, oder?« Er bemühte sich um eine ernste Miene.

Ich stöhnte auf. »Ja, McCarthy.« Ich schenkte ihm ein aufgesetztes Lächeln. »Ich habe schon mal Wasser erhitzt.«

»Und Nudeln gekocht?« Es klang wie eine ernsthafte Frage.

»Ja«, antwortete ich. »Ich habe auch schon mal Nudeln gekocht.«

»Siehst du!«, rief er so erfreut, als wäre er auf eine Goldader gestoßen. »Dann hast du meiner Schwester schon mal was voraus.«

»Welcher?«

Er füllte einen Topf mit Wasser und warf mir über die Schulter einen Blick zu, seine Augen funkelten vergnügt. »Allen.«

Irgendwie war es schön, zu wissen, dass trotz seiner vielen Schwestern offenbar er es war, der seiner Mutter beim Kochen half. Dass er derjenige war, der seinen Schwestern eine schnelle Mahlzeit zauberte, wenn sie spät nach Hause kamen. Das war einfach … schön.

»Wie kommt das?«, wollte ich wissen.

McCarthy zuckte mit den Schultern und wandte sich dem Herd zu. Er kam sofort damit zurecht, ohne auch nur mit der Wimper zu zucken. »Glaubst du etwa, sie haben es nicht ausgenutzt, einen Bruder zu haben?«, fragte er. »Die älteren wollten vor ein paar Jahren nicht mal ausziehen, weil sie sich ab da dann selbst um ihren Haushalt hätten kümmern müssen.«

Baby-Dylan war also von seinen Schwestern gezwungen worden, die Wäsche zu waschen, den Abwasch zu erledigen und für sie zu kochen, wenn seine Mutter unterwegs gewesen war – oder vielleicht sogar dann, wenn sie da war.

Bei der Vorstellung musste ich lachen. McCarthy stupste mich gegen die Schulter und tat beleidigt. »Das ist nicht lustig«, beschwerte er sich und gab einen Teelöffel Salz ins Wasser. Offenbar war ihm nicht bewusst, dass er übers ganze Gesicht grinste

»Nein.« Ich schüttelte so schnell den Kopf, dass meine Sicht verschwamm, und lächelte so breit, dass mir die Wangen wehtaten. »Nein, das ist überhaupt nicht lustig.«

»Das ist ganz schön viel Wodka.« Ich saß auf dem Tresen neben dem Herd und schwang erwartungsvoll mit den Beinen. Es roch jetzt schon himmlisch.

McCarthy starrte mich kurz etwas unglaubwürdig an. »Du hast gesagt, du willst, dass die Hälfte …«

»In diesem Fall«, unterbrach ich ihn schnell, froh darüber, dass meine einzige Aufgabe darin bestand, nutzlose Kommentare abzugeben und McCarthy auf die Palme zu bringen. »In diesem Fall wäre es nicht genug Wodka.«

Seine Schultern sanken herab, er stieß einen tiefen Seufzer aus, aber als er mich wieder ansah, war sein Blick höchst amüsiert. »Ist das die Rache für all die Gelegenheiten, bei denen ich dich auf den Arm genommen habe?« Er stellte die Flasche neben den Herd und rückte näher, um sich lässig zwischen meine Beine zu stellen. Obwohl ich erhöht auf dem Tresen saß, war sein Kopf immer noch über meinem. Unschuldig lächelnd klimperte ich mit den Wimpern. »Denn wenn das so ist, finde ich, dass du ein bisschen übertreibst.«

Ich lachte. »Ach ja?«

»Allerdings.«

»Ich finde, das ist gerade ein gutes Level. Ich könnte wohl eher noch eine Schippe drauflegen.« Ich zog ein nachdenkliches Gesicht und sah überrascht auf, als er unbekümmert lachte.

»Du«, sagte er und kam mit seinem Gesicht noch näher heran, »bist die größte Nervensäge, die mir je begegnet ist, Athalia Pressley.«

»Lustig.« Ich wich nicht zurück, auch dann nicht, als kaum noch zwei Zentimeter Platz zwischen uns waren. »Ich habe gerade dasselbe über dich gedacht.«

Daraufhin grinste er. Er grinste so breit, dass ich am liebsten wie eine Oma seine Wangen zusammengekniffen und diese Grübchen für den Rest meines Lebens bewundert hätte. Er blinzelte, und in seinen Augen funkelte eine Freude, die vollkommen neu war.

Ich schluckte schwer, die Atmosphäre wechselte schlagartig. Die Nudeln blubberten fröhlich neben uns in ihrem Topf vor sich hin, und die Tomatensoße erfüllte die Küche mit einem Duft wie in einem italienischen Restaurant. Einem guten. Einem von denen in der Lower East Side. Aber es war weder dieser Geruch noch die Hitze des Ofens, weshalb mir der Schweiß ausbrach.

Es lag an ihm.

Daran, wie unverblümt er meine Lippen betrachtete, als wollte er sich daran erinnern, wie sie sich angefühlt hatten. Als würde er nicht – so wie ich gerade – verzweifelt versuchen, genau das zu vergessen.

Wie er sich unter mir angefühlt hatte, die kleinen Laute, die er jetzt vermutlich von sich gegeben hätte, wenn ich einfach meine Hände in seinem Haar vergraben und ihn ein ums andere Mal auf den Hals geküsst hätte, bis ich die empfindliche Stelle direkt unter seinem Ohr erreichte … Das alles zu vergessen war mir schlichtweg nicht möglich. Stattdessen erinnerte ich mich daran, wie er beim letzten Mal meinen Namen gestöhnt hatte, bevor er fast mitten im Wohnzimmer über mich hergefallen wäre.

Meine Sicht verschwamm, als ich wieder zu ihm aufblickte, und auf einmal war die Welt voller Möglichkeiten. Wenn ich mich jetzt nur ein Stück bewegen würde …

Ein lautes Zischen unterbrach uns. Erschrocken fuhren wir auseinander.

Das Nudelwasser war übergekocht und tropfte zischend auf den heißen Herd. Während McCarthy sich sofort darum kümmerte, die Herdplatte runterdrehte und den Topf von ihr nahm, lachte ich nur. Leicht verwirrt musterte er mich.

»Scheiße«, stieß ich mühsam hervor.

Das steckte ihn an, und im nächsten Moment schütteten wir uns beide aus vor Lachen, während McCarthy darum kämpfte, den Topf abzustellen, ohne dessen gesamten Inhalt in der Küche zu verteilen. Sein konzentrierter Gesichtsausdruck brachte mich nur noch mehr zum Lachen, und das steckte wiederum ihn erneut an.

Es war ein Teufelskreis. Einer, den ich sehr genoss.

Trotz des kleinen Problemchens schmeckte das Essen genauso gut, wie es gerochen hatte. Und während ich mir im Bad die Hände wusch, durchfuhr mich eine blitzartige Erkenntnis.

Das hier war ein Date. Oder?

Wir hatten schon eine Menge davon. Im letzten Monat mindestens einmal die Woche. Manchmal auch öfter, wenn wir an besonderen Anlässen teilgenommen hatten, auf denen auch mein Bruder gewesen war. Aber keins dieser Treffen hatte sich wie ein *echtes* Date angefühlt ... Und mir war nicht ganz klar, ob dies hier jetzt eins war oder nicht.

Wenn man so intensiv so tat, mit jemandem zusammen zu sein – wenn man einander jeden Tag sah, jeden zweiten Tag Zeit miteinander verbrachte, Händchen hielt, einander liebevoll anschaute, auch über die schlechten Witze lachte –, dann verschwammen langsam, aber sicher die Grenzen. Inzwischen konnte ich sie selbst mit Kontaktlinsen nicht mehr erkennen. Und ich wusste selbst nicht, wann wir sie überwunden hatten.

War es vor oder nach dem Nachmittag gewesen, an dem er mich für richtige Antworten mit einem Kuss belohnt hatte?

Ich seufzte frustriert, und meine Wangen glühten. Bei meinem letzten Blick in den Spiegel schüttelte ich über mich selbst den Kopf, als ich feststellte, wie rot sie tatsächlich waren.

Vielleicht hatten die Grenzen in dem Moment zu wanken begonnen, als er zum ersten Mal in meiner Wohnung aufgetaucht war, obwohl wir hier niemandem eine Beziehung vorspielen mussten.

Er war trotzdem gekommen.

Ich hatte ihn trotzdem reingelassen.

Streng ermahnte ich mich, dass dies hier keine echte Beziehung war. Es war weder echt noch eine Beziehung. Es war nichts. Ein Nichts, das manchmal dazu führte, dass wir uns küssten und es uns unwiderstehlich nach mehr verlangte.

Noch bevor ich diese Gedanken energisch beiseiteschieben konnte, lenkten mich Stimmen aus der Küche ab, die sich lebhaft unterhielten. Abrupt blieb ich stehen.

Lebhafte Unterhaltung? Wohl eher ein leidenschaftlicher Streit. Oder nicht? Ich erwartete das Schlimmste, als ich in die offene Küche und damit in ihr Blickfeld trat, aber weder McCarthy noch Wren bemerkten mich. Sehr gut. So konnte ich sie ein wenig beobachten.

Sie standen sich an der Kücheninsel links und rechts gegenüber, und Wren hielt eine Schüssel mit Nudeln in der Hand, die er ihr wohl angeboten hatte. Zu meiner Verblüffung zog sie überhaupt nicht ihr übliches McCarthy-Gesicht, sie wirkte lediglich ein wenig wachsam, aber zugleich aufrichtig interessiert an ihrem Gespräch.

Wir haben geredet. Kein Zwang nötig, niemand wurde verletzt.

Vielleicht hatte er ja doch nicht gelogen.

»Ich hab's noch nicht live gesehen«, gab McCarthy zu, und Wren unterbrach ihn sofort, ihre Stimme so aufgekratzt, wie sie es nur bei einem ganz bestimmten Thema wurde.

Als ich die Lin-Manuel-Miranda-Tasse auf dem Tresen entdeckte, mit der wahrscheinlich dieses Gespräch über ihr Lieblingsmusical begonnen hatte, stöhnte ich auf – allerdings nur innerlich, damit sie mich nicht bemerkten. Ich wollte noch ein wenig lauschen.

»Ehrlich gesagt …« Sie stopfte sich einen Löffel Nudeln in den Mund. »Das ist live ein ganz anderes Niveau! Da verpasst du was.«

»Ich weiß.« Betrübt schaute er drein und entdeckte mich dann aus dem Augenwinkel. »Athalia«, sagte er und drehte sich lächelnd zu mir um. »Hey.«

Wren und ich versteiften uns.

»Wie auch immer …« Sie balancierte Tasse und Schüssel in einer Hand, ihr Handy in der anderen. »Danke für … das hier.« Etwas unbeholfen hob sie die Schüssel, wobei sie fast eine Rigatoni verlor, und steuerte auf ihr Zimmer zu.

Unsere Blicke begegneten sich, und ich glaubte fast, den Anflug eines entschuldigenden Lächelns auf ihren Lippen zu erkennen, bevor sie an mir vorbeiging und in ihrem Zimmer verschwand.

Verblüfft blinzelte ich McCarthy an. »Habe ich gerade …« Ich starrte Wrens geschlossene Zimmertür an, dann wieder ihn. »Hast du …« Ich schüttelte den Kopf. »Sie hat mit dir gesprochen. Freiwillig!«

»Ich weiß nicht, wie freiwillig es ist, wenn ich mitten in ihrer Küche stehe, aber ja, sieht ganz so aus.« Schulterzuckend reichte er mir meine Schüssel. »Du hast ja auch versucht, mit meinem besten Freund auszukommen. Das Mindeste, was ich tun kann, ist …« Mit einem Nicken deutete er auf ihre geschlossene Tür.

Allerdings hatte sie ja inzwischen nicht nur mit McCarthy ein Problem, sondern offenbar auch mit mir. Seit unserem Streit waren wir nicht mehr so lange im selben Raum gewesen wie gerade eben, und es hatte auch nur deshalb so lange gedauert, weil sie so spät auf mich aufmerksam geworden war.

Seufzend legte ich den Kopf an seine Brust. »Ich könnte jetzt ein Glas Wein vertragen.«

KAPITEL 24

»Ich finde, ich habe mich heute ganz gut geschlagen.«

»Nicht gut genug.«

»Gut genug, um ein wenig Anerkennung zu verdienen.« Mit hochgezogenen Brauen musterte ich McCarthy auf der anderen Seite des Schreibtisches. Nach siebzehn richtigen Antworten hatte ich mir eine Pause ja wohl redlich verdient.

»Ich habe dir bereits Anerkennung gezollt.« Er klang fast beleidigt. »Was soll ich denn noch tun? Dich Good Girl nennen, wenn deine Antwort richtig ist?«

Verlockend.

Er machte ein Gesicht, als hätte er das eigentlich gar nicht sagen wollen angesichts unserer Vorgeschichte von … Zwischenfällen. Sofort war er in höchster Alarmbereitschaft. Betrachtete flüchtig meine Lippen und schaute mir dann wieder in die Augen. Zweimal. Wäre ich nicht auch so sehr auf ihn konzentriert gewesen, hätte ich es vielleicht übersehen.

Ich gab ein belustigtes Geräusch von mir und setzte ein kaum merkliches Lächeln auf das als Herausforderung interpretiert werden konnte. »Ich weiß nicht.« Ich zuckte mit den Schultern. »Ich bin sicher, dass es eine Klausel in deinem Vertrag gibt, die das verbietet.« Auch wenn er mich schon mal so genannt hatte – letzte Woche erst.

»Jetzt tu mal nicht so, Pressley.« Seine Augen funkelten, und er stützte die Unterarme auf den Schreibtisch. »Die meisten dieser Regeln waren deine Vorschläge. Einschließlich jener übrigens, die du so gern brechen willst.«

Ich beobachtete ihn aufmerksam, als er aufstand. Das Scharren seines Stuhls auf dem Holzboden verursachte mir aus irgendeinem Grund eine Gänsehaut, und mein Herzschlag beschleunigte sich, als er den Schreibtisch umrundete und sich dagegenlehnte.

Wie er mich überragte, war ebenso einschüchternd wie sexy. Rasch stand ich auf, nahm die Schultern zurück und räusperte mich. »Du hättest ja nicht jedem meiner Vorschläge zustimmen müssen.« Das klang etwas halbherzig, musste ich zugeben, und meine Stimme war kaum mehr als ein Wispern.

Wenn ich ehrlich sein sollte, hatte ich gar nicht richtig darüber nachgedacht, was ich sagte. Wie sollte ich denn auch etwas Schlagfertiges antworten, wenn er direkt vor mir stand und mich so ansah?

Amüsiert neigte er den Kopf, und sein dunkles Haar schwang leicht nach vorn. »Musste ich nicht?«

Dann verschränkte er die Finger einer Hand mit meinen und zog mich an sich. Ich stolperte und stemmte im ersten Moment die freie Hand gegen seine Brust, ehe ich sie in seinen Nacken wandern ließ. Seine andere Hand glitt zu meiner Wange und strich mir so sanft eine Strähne hinters Ohr, dass ich mich unwillkürlich fragte, ob von unserer alten Feindschaft überhaupt noch etwas übrig war.

»Ich glaube, das ist eine Lüge«, flüsterte er. »Und ich glaube, das weißt du auch.«

Ich biss mir auf die Unterlippe, um nicht vor lauter Nervosität albern loszuprusten, schüttelte den Kopf und schloss kurz die Augen. Aber selbst jetzt spürte ich seinen Blick auf mir, und als ich ihn wieder ansah, wurden seine Augen schlagartig dunkel.

»Vorsichtig, McCarthy«, warnte ich ihn. »Was immer du vorhast, du könntest verlieren.« Genau hier, in genau diesem Raum, hatte es angefangen. »Du bist es, der spielen wollte, erinnerst du dich? Du musst es nur sagen.«

McCarthy schluckte schwer, sein Blick folgte meinem Finger, der scheinbar beiläufig seinen Oberkörper hinunterwanderte. Er schaute mir wieder in die Augen. »Fünf Minuten.«

Und dann küsste er mich – ganz anders, als ich erwartet hatte, aber damit kam ich klar. All die zarten Berührungen und langen Blicke waren vergessen … Die Wucht, mit der wir aufeinanderprallten, war rau, voller Sehnsucht und alles andere als sanft.

Er half mir auf den Schreibtisch, und ein weiteres Mal fand er sich zwischen meinen Beinen. Die Luft war erfüllt von unterdrücktem Stöhnen und schwerem Atmen. Dann schüttelte er den Kopf. »*Zehn* Minuten«, korrigierte er sich selbst, murmelte die Worte so dicht an meiner Haut, dass ich seinen Atem spürte.

Sein Gesicht verschwand in meiner Halsbeuge, und er knabberte, saugte, küsste, als wäre es das allerletzte Mal. Mit einem leisen Aufstöhnen ließ ich den Kopf nach hinten sinken und stützte mich hinter mir auf dem Schreibtisch ab. »Zehn Minuten, dann machen wir weiter«, keuchte er, ehe er mich wieder küsste.

Meine Beherrschung löste sich in nichts auf. Jegliche Gedanken an den Vertrag, der keinen von uns beiden mehr interessierte, waren vergessen. Ich dachte an gar nichts mehr außer an ihn und daran, wie sehr ich das hier wollte.

Eine seiner Hände glitt von meiner Taille zum Oberschenkel und streichelte in kleinen Kreisen darüber. Mir war, als würde seine Berührung mich verbrennen. Meine dunkle Strumpfhose war dünner, als im November vernünftig war, aber in diesem Moment war ich sehr zufrieden mit der Wahl meines Outfits, denn es fühlte sich an, als läge seine Hand direkt auf meiner Haut. Und der zufriedene Laut, den er von sich gab, verriet mir, dass er ähnlich empfand.

Hitze schoss mir zwischen die Beine, und als seine Hand meinen Oberschenkel hinaufwanderte und sich bis unter meinen Rock vorarbeitete, brach ich beinahe zusammen. Dort angekommen, wo ich ihn am meisten wollte, zögerte er, löste seine Lippen von meinen, sah mich aufmerksam und fragend an.

Mein Atem ging ebenso schwer wie seiner, und ich vergaß jede Würde, wand mich unter seiner Hand und suchte verzweifelt nach mehr Reibung. Er warf einen Blick auf die Uhr.

»Acht Minuten«, raunte er und sah mich wieder an, eine Braue herausfordernd hochgezogen. »Das könnten wir schaffen, oder?«

Statt meine Antwort abzuwarten, strich er mit der Fingerspitze über mein Höschen, so unerwartet, dass ich ein viel zu lautes Stöhnen von mir gab.

»Das ist alles, was ich hören wollte, Prinzessin.«

Zu behaupten, mein Magen wäre in höchstem Aufruhr gewesen, wäre eine grobe Untertreibung gewesen. Der Kosename, seine Hand zwischen meinen Schenkeln, die Vorfreude ... Ich hätte mich übergeben können, aber auf die gute Weise. Wenn das überhaupt einen Sinn ergab.

Gleich darauf küsste er mich wieder, sein Finger glitt sanft – warum ausgerechnet jetzt sanft? – über den Stoff, der mich bedeckte. Einmal hinunter und wieder hinauf, dann wurde seine Berührung so leicht, dass ich sie kaum noch spürte.

McCarthy musterte mich so aufmerksam, als entginge ihm nicht das kleinste Zucken meiner Lippen und nicht das kleinste bisschen Farbe, das mir in die Wangen stieg. »Bist du ganz sicher, dass du das hier willst?«, fragte er heiser, sein Gesicht direkt vor meinem. Ich hätte ihn ohne Weiteres wieder küssen können. Es war verlockend, aber stattdessen nickte ich nur.

»Ganz sicher.«

Er legte die Hand um meinen Oberschenkel, fuhr mit den Fingerspitzen über meine Haut nach oben, bis er den Saum meiner Strumpfhose erreichte. »Ich möchte nicht, dass du später etwas bereust«, sagte er leise, und auf einmal hatte ich den Eindruck, dass er vielleicht mehr mit sich selbst redete als mit mir. Und vielleicht hatte er ja recht, vielleicht war es eine schlechte Idee ... aber verdammt, ich würde das jetzt durchziehen, koste es, was es wolle.

Ich unterdrückte ein frustriertes Stöhnen, als sein Daumen wieder zwischen meine Schenkel tauchte. Mühsam brachte ich hervor: »Ob ich irgendwas bereue, hängt ganz von deiner Leistung ab, oder nicht?«

Sein leises Lachen klang gedämpft, weil er mich im selben Moment wieder küsste. Mir war, als würde sein Lachen gegen meine Lippen bis in meinen Magen hinunterdröhnen und noch mehr Verwüstung in mir anrichten. »Das ist wohl wahr«, stimmte er mir zu, hakte die Finger in den Bund meiner Strumpfhose und stöhnte leise auf. »Ein bisschen Hilfe?«, fragte er, und ich ließ mich nicht zweimal bitten.

Ohne auch nur den leisesten Gedanken an irgendwelche Konsequenzen zu verschwenden, hob ich die Hüften, damit er mir die Strumpfhose ausziehen konnte. Bücher, Papiere und andere Unterlagen auf dem Tisch ignorierten wir geflissentlich, er ebenso wie ich.

Seine Augen wanderten über meine ausgestreckte Gestalt, während er die Strumpfhose langsam über meinen Hintern und die Hüften hinunterzog. Er ließ sich Zeit, beobachtete mich so aufmerksam, als würde sich meine Qual seiner viel zu langsamen Bewegungen in meinen Zügen widerspiegeln und als liebte er diesen Anblick.

Als wollte er sich alles genau einprägen. Und als wollte er, dass auch ich es mir ganz genau einprägte.

Sobald ich konnte, setzte ich mich wieder auf und küsste ihn erneut. Kurz ließ er sich mitreißen, und nur noch unsere schweren Atemzüge waren zu hören. Doch dann fing er sich wieder, entschlossen, nicht von seinem Plan abzuweichen.

Behutsam, eine Hand zwischen meinen Schenkeln, eine auf meiner Brust, drückte er mich zurück auf den Schreibtisch. Ich war nicht so dumm, Widerstand zu leisten, und sah ihn lächeln – verrucht, süß und dunkel.

Dann warf er einen Blick auf die Uhr. »Schließ die Augen, Prinzessin.« Seine Stimme war kaum mehr als ein Flüstern, aber dennoch fordernd.

Auch jetzt war ich nicht dumm genug, mich zu widersetzen, und fügte mich. McCarthy knurrte zufrieden.

Und trotz allem, was bisher schon zwischen uns vorgefallen war, und obwohl noch nie zuvor die Berührungen eines Mannes so viel mit mir angerichtet hatten ... es war dieser Moment, in dem es wirklich losging. Dieser Moment, in dem er mich praktisch verschlang.

Seine Hände glitten unter meinen Pullover und schoben ihn beiseite, ohne sich darum zu scheren, dass er ein Vermögen gekostet hatte. Mich kümmerte es ebenso wenig, denn eine Sekunde später fuhr er mit der Fingerspitze über meine entblößte Brust. Und dann schlossen sich seine Lippen darum.

Ich riss die Augen auf, hatte nicht mit seinen Lippen auf meiner Brust gerechnet, und noch weniger mit dem lauten Stöhnen, das mir entwich. Er lachte leise, sah mich an und legte mahnend einen Finger auf seinen Mund.

»Weißt du noch, was ich dir über diese Wände gesagt habe?«, fragte er. »Versuch, leise zu sein. Für mich.«

Sorry, formte ich lautlos, ließ den Kopf wieder sinken und schloss die Augen, als die nächste Welle der Lust mich überrollte – sein Mund widmete sich meinem anderen Nippel. Diesmal schaffte ich es, mein Stöhnen zu unterdrücken, seufzte nur tief und wölbte den Rücken. Da McCarthy fast vollständig auf mir lag, spürte ich seine steinharte Erektion an meinem Oberschenkel. Der Gedanke daran brachte mich fast um, und ein weiteres Stöhnen kam mir über die Lippen – diesmal allerdings leiser.

Als gleich darauf sein Finger über meinem Slip meine Klitoris umkreiste, konnte ich mich allerdings fast nicht mehr beherrschen. Er hakte einen Finger unter das Bündchen und ließ es gegen meine Haut schnalzen, um mich zu necken. Dann legte er die andere Hand auf meinen Mund, und für einen kurzen Moment fragte ich mich, warum. Als er aber den Saum meiner Unterwäsche zur Seite schob, ahnte ich den Grund. Und ich musste zugeben, dass es eine gute Idee gewesen war.

Mit seiner ersten Berührung stieß ich ein tiefes Stöhnen aus, das ich nicht hätte zurückhalten können: Dank seiner Hand verwandelte es sich in ein gedämpftes Wimmern. Sein Finger umkreiste meine Klitoris, so wie ich es selbst gern tat, wenn ich mit mir allein war. Seine Lippen kitzelten immer noch meine Nippel, und ich atmete so schwer, dass ich das Gefühl bekam, ich könnte jeden Moment das Bewusstsein verlieren. Trotzdem war ich so leise, wie ich nur konnte, und offenbar spürte er, wie viel Mühe ich mir gab.

»Good Girl«, hauchte er gegen meine nackte Haut und übersäte meinen Bauch mit Küssen. Erwartungsvoll wölbte ich mich ihm entgegen, als mir klar wurde, dass er nicht auf halber Strecke aufhören würde. Stattdessen küsste er meine Hüfte, wanderte weiter hinunter, spreizte schließlich meine Beine und vergrub seinen Kopf dazwischen. Ein Kuss nach dem anderen, immer näher, bis er direkt davor kurz innehielt. Ich spürte seinen Atem auf meiner entblößten Haut, und heftige Schauer jagten mir über den Rücken. Ich hatte mich noch nicht davon erholt, da bereitete mir seine Zunge auch schon eine ganz andere Art von Vergnügen.

Diesmal schlug ich mir selbst die Hand vor den Mund und gab mein Bestes, mein lautes Stöhnen zu unterdrücken. Er lachte leise zwischen meinen Beinen, und allein die Vibrationen dessen sorgten dafür, dass ich mir die Hand noch fester gegen den Mund pressen musste.

Eine Weile waren die einzigen Geräusche mein gedämpftes Stöhnen und Wimmern, während er seine geschickte Zunge spielen ließ. Und dann, als seine andere Hand meinen Oberschenkel hinunterstrich und er ohne Vorwarnung zwei Finger in mich schob, war ich erledigt.

»Himmel«, stöhnte McCarthy gegen meine Haut. »Du bist so feucht.«

Ich wölbte meinen Rücken noch einmal durch. Wellen der Lust trieben mich immer näher an einen Orgasmus heran, mit dem ich heute nie im Leben gerechnet hätte. Meine Hände zupften und zerrten an seinem Haar, als seine Finger genau die richtige Stelle fanden.

Und dann fanden sie sie wieder und wieder und wieder und wieder. »Bitte hör nicht auf«, keuchte ich und gab dann ein lautloses Stöhnen von mir. Ich hob den Kopf und sah ihn an. Und verdammt, was das für ein Bild war.

Nur ein Blick auf ihn mit seinem zerwühlten Haar zwischen meinen Beinen, und meine Brust schmerzte, mein Unterleib zog sich zusammen. »Fuck«, zischte ich und ließ mich zurücksinken, schloss unwillkürlich die Augen.

»Du bist kurz davor, für mich zu kommen, oder?«

Die einzige Antwort, die mir über die Lippen kam, war ein ersticktes Stöhnen, aber er verstand und machte in gleichmäßigem Tempo genau so weiter. Ich war unendlich dankbar, dass er auf meinen Körper hörte. *Genau so ist es gut. Nicht aufhören. Mach einfach weiter.*

Und das tat er. Er machte es einfach perfekt.

Erlösung brandete über mich hinweg, und ich biss mir auf die Unterlippe. Von den zehn Minuten war noch genau eine übrig.

Kein Wunder, dass McCarthy bei den Badezimmergesprächen der Mädchen auf Partys so oft Thema war. Sollte ich beeindruckt sein?

Ich betrachtete ihn. Er saß mir gegenüber am Schreibtisch und las aufmerksam den Übungstest durch, den er mich hatte schreiben lassen, als hätte er mir nicht direkt zuvor den besten Orgasmus meines Lebens beschert. Er wirkte völlig unbeeindruckt, der Inbegriff der Zufriedenheit.

Als er das Ende der letzten Seite erreichte, wandte ich rasch den Blick ab. Es gab keinen Grund, sein Ego weiter zu streicheln. Ich bemühte mich, genauso unbeeindruckt zu wirken wie er. Aber kühl, ruhig oder gefasst wären nicht gerade die Worte, mit denen ich meinen Zustand in diesem Augenblick beschreiben würde.

Mein Herz setzte einen Schlag aus, sobald ich ihn auch nur kurz ansah. Seine Lippen, seine Augen, seine Finger – alles erinnerte mich daran, was er eben mit mir gemacht hatte, auf genau jenem Schreibtisch, an dem wir jetzt saßen. Und das vor nicht mal einer halben Stunde. Ich glaubte nicht, dass ich dieses Büro je wieder würde betreten können, ohne an McCarthy zu denken, der zwischen meinen Beinen abtauchte.

Das Leben war grausam.

Mit einem leisen Seufzer sah ich ihn wieder an, in der Erwartung, dass er immer noch mit meinem Test beschäftigt war. Aber stattdessen begegnete ich seinem Blick, und meine Augen weiteten sich leicht vor Überraschung. Seine Lippen zuckten, und er hob die Brauen, als hätte ich ihn nicht gerade dabei ertappt, wie er mich anstarrte.

»Was?«, fragte ich und bemühte mich, sein unerschütterliches Selbstbewusstsein zu ignorieren.

McCarthy schüttelte amüsiert den Kopf. »Ich habe nur darauf gewartet, dass du wieder in die Gegenwart zurückkehrst.« Er legte meinen Test auf den Tisch und sortierte halbherzig das Durcheinander, das wir eben angerichtet hatten. »Worüber denkst du nach?«

Es klang nicht nach einer Frage. Er wusste es ganz genau.

»Über dich.« Mein Mund formte sich zu einem breiten Lächeln, das gleich darauf wieder erlosch. »Und darüber, wie lange du erstaunlicherweise brauchst, um ein paar Antworten durchzugehen, die höchstwahrscheinlich richtig sind.« Wahrscheinlich waren sie nicht richtig, aber egal. Mit zusammengekniffenen Augen betrachtete ich ihn. »Ich glaube, du bist abgelenkt, McCarthy.«

Seine Zunge stieß gegen die Innenseite seiner Wange, um ein Grinsen zu verhindern. »Vielleicht ein bisschen«, gab er zu, und sein Blick huschte so schnell über meinen Körper hinweg, dass ich es fast übersehen hätte.

Ich spielte ihm seine eigene Frage zurück. »Worüber denkst du nach?«

Und er gab mir dieselbe Antwort, die ich ihm gegeben hatte. »Über dich.« Sein Lächeln blieb auf seinem Gesicht, anders als bei mir eben, trotzdem erwartete ich, dass er genau wie ich noch einen Spruch hinterherfeuern würde. Dass er sagen würde: *Und darüber, wie falsch deine Antworten sind.* Oder: *Und darüber, dass du immer noch nicht weißt, was du eigentlich tust.* Aber das tat er nicht.

Über dich. Mehr sagte er nicht.

Meine Augen leuchteten, während sie das kleine Büro nach irgendetwas absuchten, das ich statt ihm angucken konnte, und ich lächelte dabei so sehr, dass meine Grübchen voll zur Geltung gekommen wären, wenn ich denn welche gehabt hätte. Es hatte keinen Sinn, zu versuchen, dieses Lächeln zu verbergen – keine Chance.

McCarthy räusperte sich. »Das ist ziemlich gut«, sagte er, und mein Blick fiel zurück auf den Test in seiner Hand.

»Es gibt noch ein paar Kleinigkeiten zu beanstanden, aber insgesamt habe ich viel, viel Schlimmeres erwartet.«

»Ich glaube, ich habe mir ein *Good Girl* verdient.«

»Raus hier«, bat er mich lachend und schüttelte den Kopf auf eine Weise, die mich nur noch mehr zum Lächeln brachte. *»Bitte.«*

Es klang wie ein Flehen um seiner selbst willen. Vielleicht durchströmte ihn bei der Erinnerung an das, was vor nur einer halben Stunde hier geschehen war, dieselbe pulsierende Lust wie mich, und er wollte genauso gern wie ich so tun, als wäre nichts dabei.

KAPITEL 25

Drei Tage bis Thanksgiving

Sowohl die Studenten als auch die Lehrkräfte fieberten dem langen Wochenende entgegen. Inzwischen waren die Vorlesungen für alle Beteiligten ziemlich stressig, und ein jeder sehnte sich nach ein wenig Erholung.

Ich hatte mich inzwischen damit abgefunden, Thanksgiving diesmal nicht mit Wren zu verbringen. Wenn ich sie fragte, würde sie mich mitnehmen … egal unter welchen Umständen. Sie war für mich da, wenn ich sie brauchte. Jedenfalls glaubte ich das.

Aber Wren war kleinlich, und ich war stur. Also bot sie es nicht an, und ich fragte nicht nach.

Vielleicht würde uns ein bisschen Abstand sogar guttun. Ein paar Tage, an denen wir uns nicht voller Unbehagen in der Küche über den Weg liefen oder auf Zehenspitzen durch die Wohnung schlichen, um der anderen aus dem Weg zu gehen.

Als hätten wir eine Beziehung, keine Freundschaft.

Freundschaften brauchten keine Auszeiten, oder? Sie sollten mühelos sein, natürlich und leicht.

Die Aussicht auf ein einsames Thanksgiving war trotzdem beängstigend.

Zwei Tage bis Thanksgiving

Streng genommen war der Todestag meiner Eltern bereits vorbei. Der Zweiundzwanzigste war ein Novembertag wie jeder andere: Unterricht, Hausaufgaben und Vorbereitungen auf die Abschlussprüfungen.

Vor sieben Jahren jedoch war Thanksgiving auf den Zweiundzwanzigsten gefallen, und ich hatte von jeher weniger das konkrete Datum als den Feiertag mit diesem Ereignis verbunden. Es war auch keine Hilfe, dass zu dieser Zeit eine Flut von Artikeln erschien, die daran erinnerten. Oder der Twitter-Hashtag, der meinen Vater ehren sollte. Oder das Kondolenzschreiben, das der Vorstand von Moms Firma jedes Jahr verschickte.

Dieses Jahr war es besonders schlimm.

Vielleicht – wahrscheinlich –, weil Henry und ich normalerweise im November ein wenig enger zusammenrückten als sonst. Wir sprachen zwar nie über unsere Eltern, aber er meldete sich hin und wieder bei mir und fragte, ob es mir gut ginge. Bei keinem von uns beiden waren die Verletzungen geheilt, wir hatten nur unterschiedliche Wege gefunden, den Schmerz zu verdrängen. Der November jedoch holte alles wieder hoch.

In diesem Jahr war es zum ersten Mal anders.

Aber die Tatsache, dass Henry wegen der Sache mit McCarthy irgendwie doch ein bisschen mehr Anteil an meinem Leben genommen hatte, war es wert. Oder?

Ein Tag bis Thanksgiving

Die meisten meiner Kommilitonen und Kommilitoninnen hatten den Campus wohl bereits verlassen. Wren zumindest war weg, nahm ich an – ihre Zimmertür stand weit offen, das Licht war ausgeschaltet, als wollte sie mir ihre Abwesenheit unter die Nase reiben. Ich versuchte, mich davon nicht beirren zu lassen. Sie hätte mir anbieten können, mitzukommen, aber sie hatte es nicht getan. Allerdings hätte ich sie ebenso gut darauf ansprechen können – und hatte es auch nicht getan.

Seit ich gestern versehentlich über einen der besagten Artikel gestolpert war, rührte ich mein Handy nicht mehr an. Wer will schon auf einmal vom Handydisplay aus von seinen toten Eltern angelächelt werden?

Auf dem zehn Jahre alten Foto standen sie auf der Treppe eines Privatjets. Mom winkte in die Kamera, und Dad schaute sie an.

Wenn ich nur daran dachte, drehte sich mir immer noch der Magen um, und mein Hass auf die Presse wuchs ins Unermessliche. *Hey, lasst uns doch bei dem Artikel über das Paar, das bei einem Flugzeugabsturz ums Leben gekommen ist, ein Foto verwenden, auf dem sie Jahre vor dem Unglück vor einem anderen Flieger stehen.*

Widerlich. Aber es brachte Klicks, Aufmerksamkeit und Geld. Darum drehte sich die Welt schließlich, nicht wahr?

Ein Klopfen an der Tür riss mich aus meinen Gedanken. Mit gerunzelter Stirn tauchte ich unter meiner Bettdecke auf. Ich hatte nicht die Absicht, an die Tür zu gehen, aber neugierig war ich trotzdem.

Es klopfte immer lauter und schneller. Wer auch immer da draußen stand, er wollte unbedingt hier rein.

Einen Moment lang fragte ich mich, wie wahrscheinlich es war, dass ein Reporter oder Paparazzi es auf ein Exklusivinterview mit der trauernden Milliardärstochter abgesehen hatte. Ich hätte fast gelacht bei dem Gedanken, dass die Öffentlichkeit mich so zu Gesicht bekam: rote, geschwollene Augen, wirres Haar, übergroßer Kapuzenpulli und Unterwäsche vom Vortag (hey, keine Kritik bitte, schließlich war ich in Trauer).

Aber dann hörte ich eine Stimme, die ich wirklich als Allerletztes erwartet hätte. Ich erstarrte, und mir wurde am ganzen Körper heiß.

»Athalia!« Seine Stimme war mir inzwischen so vertraut, dass ich sie auch erkannte, wenn sie gedämpft durch Wände und Türen hindurch an mein Ohr drang.

Blitzschnell kletterte ich aus dem Bett, schneller als an ganz normalen Tagen, dabei war es eigentlich schon erstaunlich genug, dass ich überhaupt aufgestanden war und mich nicht wieder unter der Bettdecke verkroch, um weiterzuheulen. Vorsichtshalber strich ich mir kurz über die Wangen, um zu kontrollieren, ob sie noch nass waren, dann öffnete ich die Tür.

Es war tatsächlich McCarthy. Er trug eine lässige schwarze Anzughose und ein übergroßes olivfarbenes Sweatshirt unter einem schwarzen Mantel.

Er musterte mich einen Moment, und etwas in seiner Miene veränderte sich – wahrscheinlich fielen ihm die Rötung meiner Nase und die geschwollenen Augen sofort auf.

»Bist du immer noch krank?«, fragte er. Seine leise Stimme klang irgendwie … hoffnungsvoll. Ich schüttelte langsam den Kopf.

Den Bruchteil einer Sekunde später schlang der Mann, der mich eigentlich hassen sollte und nur ganz selten mal, quasi im Eifer des Gefechts, ein paar freundliche Worte für mich übrig hatte, die Arme um mich. Als hätte er schon ewig darauf gewartet. Sein Duft umhüllte mich, und seine Umarmung war fest, warm und tröstlich. Vor allem aber war sie … dringend notwendig. Diese Erkenntnis ließ mich erschauern, aber trotzdem schmiegte ich mich an seine Brust.

»Danke«, murmelte ich. Ich war nicht sicher, ob er mich gehört hatte, aber er hob eine Hand und grub sie in mein Haar, und das nahm ich einfach mal als Antwort.

McCarthy holte tief Luft und stützte sein Kinn auf meinen Scheitel. »Ich bin so dumm«, sagte er leise. »Ich hätte schon gestern hier sein sollen. Und am Tag davor. Und am Tag davor auch. Ich hätte …« Er unterbrach sich und umfasste mit beiden Händen mein Gesicht. Ich sah zu ihm hoch und spürte zu meinem Ärger, dass meine Augen feucht waren. »Es tut mir leid.«

Ich schüttelte halbherzig den Kopf. Er war der Letzte, dem irgendwas leidtun musste. Wir mochten uns nicht mal, um Himmels willen. Und trotzdem war er hier. Machte sich die Mühe, nach mir zu sehen, bevor er …

Ich räusperte mich. »Also fährst du jetzt gleich nach Hause?« Zu meiner Überraschung schlich sich ein kaum merkliches Lächeln auf seine Lippen, und ich starrte ihn an. »Hm?«, hakte ich nach.

»Los, komm.« Er nahm so beiläufig meine Hand, dass ich es erst gar nicht merkte, und zog mich in mein Zimmer. Falls er das Chaos bemerkte, ließ er sich nichts anmerken. »Wann hast du das letzte Mal auf dein Handy geguckt, Pressley?« Er klang wieder wie sonst, ein bisschen herausfordernd, und ich war heilfroh darüber. Es brachte ein Gefühl von Normalität zurück, war eine Erinnerung daran, dass es Tage vor und nach der Trauer gab. Eine Ablenkung von der Tatsache, dass meine Eltern überhaupt gestorben waren. Und das war genau das, was ich jetzt brauchte.

»Ich hab's ausgeschaltet, als …« Tja, so viel zur erfolgreichen Ablenkung. Ich schluckte heftig und schüttelte wieder den Kopf. »Ich hab es einfach ausgeschaltet«, sagte ich nur.

Obwohl er ganz sicher spürte, dass mehr dahintersteckte, ließ er es dabei bewenden. »Das erklärt, warum du weder gepackt hast noch angezogen bist. Und warum du deine Brille trägst.« Er dachte kurz nach. »Na los, zieh dich um und pack ein paar Sachen zusammen. Aber lass die Brille auf.«

Bei all den Tränen, die zu dieser Jahreszeit bei mir flossen, war meine Brille alternativlos. Kontaktlinsen wären so schnell rausgespült worden, dass es sich nicht lohnte, sie überhaupt einzusetzen.

»Was?«, fragte er, als ich schwieg. Er verdrehte die Augen und tat so, als wäre nichts los – als würde er gar nicht sehen können, wie gerötet meine Wangen waren und wie Tränen in meinen Augen schimmerten. Er ahnte nicht, wie dankbar ich ihm war. »Dachtest du etwa, du könntest mit mir eine Fake-Beziehung führen, aber das peinliche Thanksgiving-Dinner mit der Familie bleibt dir erspart? Wo bleibt denn da der Spaß?«

Oh.

Oh nein.

»Ich will nicht …« Ich unterbrach mich. »Wir sollten nicht …«

»Ich habe klare Anweisungen, Pressley«, sagte er entschlossen, steuerte meinen Schrank an und fand im obersten Fach eine Reisetasche. »Und selbst wenn ich die nicht hätte, ich lass dich nicht allein. Du schuldest mir was, hast du das etwa schon vergessen?«

Klare Anweisungen?

Er drehte sich um und hielt mir die Tasche hin. »Ich fordere den Gefallen ein, den du mir schuldest. Du kommst mit mir.«

Darauf fiel mir nichts mehr ein. Ich nahm die Tasche entgegen.

Dreißig Minuten später hatte ich gepackt (beziehungsweise wahllos irgendwelche Klamotten in meine Tasche geworfen), geduscht und mich angezogen, und wir saßen in McCarthys schwarzem Jeep und starteten unsere sechshundert Kilometer lange Reise nach Washington D.C. Aus den Lautsprechern des Wagens ertönte ein guter Mix aus Road-Trip-tauglicher Musik, und ich war einfach nur froh, irgendwo anders zu sein als in meiner leeren Wohnung.

Das Polaroidfoto auf seinem Armaturenbrett war mir sofort aufgefallen, sobald ich mich hingesetzt hatte. Mein breites Lächeln darauf, sein nasses Haar, das ihm in das wie gemeißelte Gesicht fiel, wie er mich ansah … Ich grinste dümmlich in mich hinein, aber ich verlor kein Wort darüber.

»Hey, äh …«, setzte ich an, unterbrach mich und schaute McCarthy an. Er guckte auf die Straße, wandte aber kurz den Kopf, um mir zu zeigen, dass er mich gehört hatte. »Danke«, sagte ich leise. Schon wieder.

Warum gibt mir dieser Mann so viele verdammte Gründe, um ihm dankbar zu sein?

»Für alles, meine ich.« Mit einer Geste umfasste ich das ganze Auto, ohne den Blick von ihm abzuwenden.

Er zuckte mit den Schultern, und ein Lächeln erschien auf seinem Gesicht. »Wenn mir jemand vor einem Monat gesagt hätte, dass wir …« Ungläubig drehte er sich noch mal kurz zu mir. »Wenn ich ihm abgekauft hätte, dass wir heute gemeinsam unterwegs sein würden, hätte ich angenommen, es wäre Teil meines ausgeklügelten Plans, dich mitten im Nirgendwo auszusetzen, um zu sehen, ob du wieder nach Hause findest.« Er musste so sehr lachen, dass es die Musik übertönte, und unwillkürlich formten sich auch meine Lippen zu einem Grinsen.

»Tja«, schnaubte ich amüsiert. »Und ich hätte gesagt, dass ich dann wohl mindestens bewusstlos sein müsste, weil ich niemals freiwillig in dein Auto steigen würde. Und jetzt sieh mich an … Ich bin bei vollem Bewusstsein und habe alles unter Kontrolle.« Fast. Nur mein Lächeln verkneifen konnte ich mir offenbar nicht.

McCarthy lachte wieder, leiser diesmal, und schenkte mir einen weiteren Seitenblick. Kurz herrschte Stille, dann fragte er: »Hungrig?«

Normalerweise wäre ich gerade viel zu sehr mit Weinen, Schlafen oder Trübsalblasen beschäftigt gewesen, um ans Essen zu denken, und McCarthy hatte mich heute überfallen, ehe ich es überhaupt aus dem Bett geschafft hatte. Mein Magen knurrte verräterisch.

Das reichte ihm offenbar als Antwort, und er fuhr beim nächsten Fast-Food-Restaurant von der Autobahn. »Du bist es mir noch schuldig, schon vergessen?« Er parkte.

Ja, ich erinnerte mich. Seine angebliche Spam-Nachricht, nach der er sich praktisch selbst zum Essengehen mit mir eingeladen hatte. Mal wieder fragte ich mich, warum ich mir all diese Details eingeprägt hatte.

»Ich weiß nicht, wovon du sprichst«, behauptete ich, obwohl ich bereits in der Tasche zu meinen Füßen nach meinem Portemonnaie wühlte.

Er unterbrach mich, indem er mein Handgelenk packte, mir die Brieftasche wegnahm und sie auf den Rücksitz warf.

»Sieht aus, als hättest du dein Portemonnaie zu Hause vergessen«, stellte er so verblüfft fest, als hätte er es mir nicht gerade abgenommen. »Schade.« Ein Grinsen. »Ich lade dich ein. Worauf hast du Lust?«

Ich schüttelte mit einem amüsierten Schnalzen den Kopf. »Überrasch mich.«

Als er durch die Flügeltüren zurückkam, hielt er zwei Papiertüten in der einen und Getränke in der anderen Hand und bedeutete mir mit wildem Gestikulieren, ich solle die Fahrertür öffnen.

Ächzend ließ sich McCarthy auf den Fahrersitz fallen. »Lass mich nie wieder für dich Essen aussuchen«, beschwerte er sich und warf mir die größere der beiden Tüten in den Schoß. »Gefühlt habe ich wohl die ganze Speisekarte bestellt.«

»Das sehe ich.« Schmunzelnd kramte ich in der bis zum Rand gefüllten Tüte. Als ich ihn halb belustigt, halb ungläubig anglotzte, steckte er sich gerade mit einem verschmitzten Lächeln eine Fritte in den Mund.

»Ich habe auch noch eine heiße Schokolade für dich.« Mit einem Nicken deutete er auf die beiden Becher in der Halterung. »Und ich dachte, wir könnten uns den Erdbeer-Shake teilen. Magst du Erdbeere?« Seine Stirn legte sich in Falten, als er mich musterte, halb besorgt, dass ich vielleicht keine Erdbeeren mochte, halb voller Hoffnung, dass ich sie mochte. Ich musste lachen.

»Ja.« Meine Wangen schmerzten allmählich vom Grinsen. »Ich mag Erdbeere.«

Erleichtert und dankbar lächelte er mich an. »Gut.« Er nickte. »Sehr gut.«

Mit einer Handvoll Pommes im Mund ließ ich mich in den Sitz zurücksinken und seufzte zufrieden. Allerdings hatte ich es so langsam satt, mich ständig bei ihm zu bedanken, weil er immerzu so unerwartet nette Dinge für mich machte.

Trotzdem tat ich es.

Er legte den Rückwärtsgang ein und stützte einen Arm auf die Rückenlehne seines Sitzes, um nach hinten zu sehen. Sein Blick wanderte über mich zur Heckscheibe, bevor er wieder mich anschaute, als könne er nicht anders. Dann zwinkerte er mir zu, und ich wusste, dass ich in Schwierigkeiten steckte, als ich nicht zurückzuckte, sondern stattdessen ein nervöses Flattern im Magen verspürte.

Wir bewegten uns auf gefährlichem Terrain, und niemand hielt uns auf.

Er sah wieder auf die Straße, und ich räusperte mich. »Du

musst übrigens aufhören, immer so nett zu mir zu sein«, sagte ich. Selbstgefällig grinste er mich an, und als ich einen Schluck Milchshake trank, hatte er schon Ähnlichkeit mit einem Breitmaulfrosch.

»Warum?«, fragte er mit vollem Mund.

»Weil dir meine Dankbarkeit sonst noch zu Kopf steigt, McCarthy.«

In sich reinlachend steckte er sich eine weitere Fritte in den Mund. »Und ich weiß, wohin meine Nettigkeit führen wird.« Rasch warf er einen Blick auf mich, ungefähr drei Sekunden lang. So lange hatte er noch nie die Augen von der Straße genommen, seit ich im Wagen saß.

»Wohin denn?« Ich ignorierte geflissentlich, dass ich genau wusste, was er meinte. »In dein Kinderzimmer?«

Sein Lachen klang fröhlich und unbeschwert, im Hintergrund lief Musik, und er trommelte im Takt mit den Fingerspitzen aufs Lenkrad.

»Ja«, sagte er. »Genau dahin.«

KAPITEL 26

Um uns auf der langen Fahrt zu unterhalten, hatten wir *Fünf Fragen, zehn Sekunden* gespielt – ein völlig unmögliches Spiel, das sich Wren in unserer ersten gemeinsamen Woche ausgedacht hatte.

Ich war völlig betrunken von meiner ersten College-Party nach Hause gekommen, aufgeputscht vom kostenlosen Alkohol, dem Socializing und meiner ersten Begegnung mit Jason. Mit einem Buch in der Hand hatte mich meine neue Mitbewohnerin nur angelächelt, als ich um zwei Uhr nachts viel zu laut durch die Tür torkelte. Spontan hatte ich sie zu einer Runde *Einundzwanzig Fragen* herausgefordert, um sie besser kennenzulernen, und Wren hatte daraus *Fünf Fragen, zehn Sekunden* gemacht.

Niemand beantwortet aufrichtig einundzwanzig Fragen, hatte sie mir erklärt. Aber bei fünf Fragen in zehn Sekunden hatte man kaum Zeit, überhaupt zu antworten, geschweige denn, sich extra eine Lüge auszudenken. Allein schon der Stress sorgte dafür, dass man mit der Wahrheit einfach herausplatzte.

Jetzt gerade war ich mit Fragen dran. »Lieblingsobst?«

»Äpfel.«

»Mit wem war deine schlimmste Beziehung?«

»Ella, im Kindergarten.«

»Beste Beziehung?«

»Du.«

»Warum hasst du mich?«

»Tu ich nicht.« Vielleicht hatte er doch genug Zeit, zu lügen?

»Worüber hast du mit Wren gesprochen?«

Ein weiterer toller Effekt des Spiels: Nach einigen trivialen Fragen, die den anderen aus der Reserve lockten, sprudelten die Antworten nur so heraus.

McCarthy schürzte die Lippen und wollte die Antwort ebenso schnell herausschießen wie die letzten. Kurz davor hielt er – leider – inne, und ein verschlagenes Grinsen breitete sich auf seinem Gesicht aus. Kurz sah er mich an und schüttelte ungläubig den Kopf. »Das ist schäbig, Pressley, selbst für dich.« Er tat, als würde er seinen Mund abschließen und den Schlüssel wegwerfen. »Meine Lippen sind versiegelt«, sagte er dann, was die Geste irgendwie zunichtemachte.

Ich schmunzelte in mich hinein. »Einen Versuch war es wert.« Ergeben pustete ich mir eine Haarsträhne aus dem Gesicht und lehnte mich zurück. »Was hat die arme Ella dir denn angetan?«

McCarthy schnaufte, als ich den Timer auf meinem Handy zurückstellte. »Selbst in unserem damaligen jungen Alter war sie schon eine sehr anspruchsvolle Frau.«

»Ich bin auch eine anspruchsvolle Frau.«

McCarthy schnalzte amüsiert mit der Zunge. »Ich weiß.« Er warf einen Blick auf den Timer meines Handys. »Bereit?«

Ich nickte, drückte auf Start, und er legte los: »Lieblingsfilm?«

»*Moana.*«

»Erster Promi-Schwarm?«

»Der junge Leo.«

»Lieblingssnack?«

»Sour Patch Kids.«

»Wofür willst du dich an deinem Bruder rächen?«

»Seit dem Tod unserer Eltern ...« Als ich mich unterbrach, war es bereits zu spät. Es war fast so, als hätten wir lange den Elefanten im Raum ignoriert, und jetzt trampelte er auf einmal über uns hinweg.

Die Stille nach der Erwähnung meiner Eltern dauerte nur etwa drei Sekunden, aber ich starrte McCarthy an wie ein Reh im Scheinwerferlicht und bemerkte erst, dass das Handy in meinem Schoß surrte, als McCarthy, ohne hinzusehen, danach griff und den Timer ausschaltete.

Ich gab ein Schnaufen von mir, es klang wie der humorlose Geist eines Lachens. Bis jetzt war diese Fahrt eine gute Ablenkung von dem Chaos meines normalen Lebens gewesen. Jenes Lebens, in dem es keinen McCarthy gab, der mich auf Reisen mitnahm, dafür sorgte, dass ich etwas aß, und der mich an Thanksgiving seiner Familie vorstellen wollte.

Plötzlich waren tote Eltern, eine verkorkste Geschwisterdynamik und bröckelnde Freundschaften umso präsenter. Mir wurde schrecklich flau im Magen.

»Möchtest du über sie reden?«, fragte er. »Über deine Eltern?«

Bis zu diesem Moment hätte ich gedacht, dass die Antwort darauf ganz klar Nein lautete. Und dass ich schon gar nicht ausgerechnet mit *ihm* über sie reden wollte. Mein Blick streifte die Verkehrsschilder, an denen wir vorbeifuhren, und die Bäume am Straßenrand, während ich über seine Frage nachdachte – sein Angebot.

Ich war nicht sicher, ob ich bereit war, ihm diesen Teil meiner selbst zu offenbaren. Die Athalia, die keine bissigen Antworten und sarkastischen Witze auf ihn abfeuerte, sondern ernstlich kaputt war. Und es vermutlich für immer bleiben würde, zumindest ein bisschen.

»Ich weiß, dass es mir immer geholfen hat«, fügte er nachdenklich hinzu, seine Stimme klang ruhig und fest. »Über schlimme Dinge zu reden, meine ich.«

Und er hatte recht. Zumindest laut meiner Therapeutin. Stephanie bestand immer darauf, dass Reden der Schlüssel zur Bewältigung sei. Alles zu verdrängen machte es nur noch schlimmer.

Henry hatte ihr offensichtlich nicht zugehört.

Ich betrachtete McCarthy. Er saß hinter dem Lenkrad, entspannt, aber aufmerksam. »Wir haben noch eine lange Fahrt vor uns«, sagte er und sah mich an. »Und ich würde gern zuhören. Wenn du es möchtest.«

Ich blinzelte ihn an und stieß die Luft aus. McCarthy war ein guter Zuhörer, so viel wusste ich schon. Und er hatte es ja von sich aus angeboten.

Als sich schließlich die Schleusen öffneten, erzählte ich dem armen Kerl alles. Mehr, als er wahrscheinlich hatte wissen wollen.

»Deine Eltern waren also beide an der HBU?«, fragte er während einer kurzen Pause in meinem Redeschwall. Ich nickte und richtete meine Aufmerksamkeit auf die vorbeiziehende Landschaft. So langsam ließen wir den langen, kurvenreichen Highway hinter uns und näherten uns wieder der Zivilisation.

»Sie haben sich am College kennengelernt«, erklärte ich. »Mein Vater hat dort als Gaststudent seine Abschlussarbeit geschrieben … Sie haben ihn quasi darum angefleht.« Ich atmete schwer und dachte daran zurück, wie es gewesen war, einen so berühmten Vater zu haben. »Wegen der Fußballsache und so.« Bei der Erwähnung des Sports konnte ich gar nicht anders, als McCarthy wieder anzusehen. Echtes Interesse wies sich auf seinem Gesicht aus, Augen weiterhin konzentriert auf die Straße gerichtet. »Sie wussten, dass er sofort nach seinem Studium Profi werden würde. Seine Eltern haben aber darauf bestanden, dass er einen Abschluss macht, und die HBU wollte gern seinen Namen mit dem College verbinden. Damals gab es dort noch keine besonders nennenswerte Fußballmannschaft.«

»Weil sie mich noch nicht hatten«, scherzte McCarthy, und ich verdrehte die Augen, trotz des Lächelns auf meinen Lippen.

»Ganz bestimmt«, sagte ich und guckte wieder aus dem Fenster. »Dich hatten sie damals nicht, aber als Dad zugestimmt hat, ein ganzes Semester an der HBU zu studieren, hatten sie Felix Pressley. Er wurde Kapitän, führte sie in seinem letzten Jahr zum Sieg, und der Rest ist wohl Geschichte.« Felix Pressley war mit dreiundzwanzig eine Fußballlegende geworden, hatte für die britische Nationalmannschaft gespielt, bis mein Bruder und ich fünf Jahre alt waren, und war dann in die USA gegangen, wo er mit siebzig Millionen Dollar gehandelt wurde.

»Und deine Mutter?« Die Frage kam ohne jedes Zögern, ganz selbstverständlich, und für einen Moment kam es mir ebenfalls ganz selbstverständlich vor. Für einen Moment vergaß ich, dass ich sie verloren hatte.

Das war neu. Und irgendwie … schön.

Fast hätte ich mich noch mal bei ihm bedankt, nur weil er so entspannt mit diesem Thema umging.

»Naomi Yung führte bereits zu Beginn ihres ersten Studienjahres ein erfolgreiches Unternehmen«, zitierte ich klangvoll einen Standardsatz aus tausend Schlagzeilen und Artikeln, ehe ich normal weitersprach. »Sie war die Erste, die sich nicht nur auf Big Data konzentrierte, sondern auch auf Deep Data, und beides dann in der angewandten Statistik …« Ich verstummte.

McCarthy hatte nicht darum gebeten, einen Vortrag über das Lebenswerk meiner Mutter zu hören. »Sie hat ihren Abschluss mit Auszeichnung gemacht. Bachelor und Master. Als sie die Universität verließ, hatte DeepStat gerade seinen größten Konkurrenten geschluckt, und sie war Multimillionärin. Selfmade.«

»Moment mal«, staunte McCarthy. »Willst du mir etwa erzählen, deine Mutter war … Statistikerin?«

Ich lachte, aber es klang nicht belustigt. »Stell dir nur vor.« Ich wusste, worauf er hinauswollte, also kam ich ihm zuvor. »Und jetzt sieh mich an«, seufzte ich. »Ausgerechnet in Statistik versage ich auf ganzer Linie. Und ich hasse Fußball.« *Und ich enttäusche ausgerechnet die beiden Menschen, die ich um nichts in der Welt enttäuschen will.* »Sie wären zutiefst enttäuscht, wenn sie noch hier wären, um das zu mitzuerleben, oder?« Ich schluckte schwer, und die Frage hing drückend in der Luft.

Das Quietschen von Bremsen trat an die Stelle der peinlichen Stille, die ich erwartet hatte, der Sicherheitsgurt grub sich in meine Brust, und mein Kopf ruckte zu McCarthy herum, als wir abrupt stehen blieben. Mit großen Augen starrte ich ihn an.

Hatten wir ein Tier angefahren? Einen *Menschen?* Ich suchte nach dem Grund für seine Vollbremsung, vor Panik hämmerte mein Herz wie wild.

Aber da war nichts. Nur eine dunkle, vollkommen leere Kreuzung. Die Ampel warf kühles grünes Licht in den Wagen, das eine Weile später in ein grelles Rot überging, und immer noch saßen wir schweigend da.

Erschrocken begriff ich, dass ich das alles gerade zum allerersten Mal einem anderen Menschen erzählt hatte. Und nicht nur irgendeinem Menschen, sondern ausgerechnet McCarthy.

Mir stockte der Atem, und das konnte McCarthy nicht entgehen, so offensichtlich war es. Ich war erschüttert, verängstigt und sehr, sehr verunsichert. Und wenn es auf dieser Welt einen Menschen gab, der mich so auf gar keinen Fall sehen sollte, dann Dylan McCarthy Williams. Oder?

Aber wenn das stimmte – warum zuckte dann ein Muskel in seinem Kiefer, als er mich in dem rötlichen Lichtschein musterte? Warum runzelte er so die Stirn? Er betrachtete mich eingehend und voller Sorge.

Es tut mir leid, wollte ich sagen. *Ich wollte das nicht bei dir abladen*. Aber die Worte blieben mir im Hals stecken, mein Herz überschlug sich in der Brust. Und dann lehnte er sich über die Mittelkonsole, die uns trennte, und ich spürte seine Lippen auf meinen.

Ich keuchte auf, überrascht und leise und eigenartig zufrieden. Diesmal lag nichts Wildes oder Hungriges in der Art, wie er mich küsste; keine Begierde, keine Ungeduld. Mir wurde sehr flau im Magen, und ich merkte, wie ich errötete, als mir schon wieder eine Erkenntnis kam.

Die Erkenntnis nämlich, dass ich noch nie so zärtlich geküsst worden war. So tröstlich.

Ein Kuss sagt mehr als tausend Worte – bis zu diesem Moment hatte ich das noch nie erlebt.

Und als er sich von meinen Lippen löste, seine Stirn an meine legte und ich seinen Atem an meiner Nasenspitze fühlen konnte, da fragte ich mich, ob ich mich jemals davon erholen würde. Von ihm. Von dem kleinen Teufel auf meiner Schulter, der mir einflüsterte, dass Dylan McCarthy Williams der *Eine* war.

Er öffnete die Augen, eine Hand an meiner Wange, und sein Daumen zog federleichte Kreise auf meiner Haut. »Wenn ich dich jemals wieder so etwas sagen höre …«, begann er. Seine Stimme war so leise, dass ich mich konzentrieren musste, um ihn überhaupt zu verstehen. Er schüttelte den Kopf und schloss wieder die Augen. »Du bist eine einzigartige Frau, Athalia. Du tust, was du tun willst und wann du es tun willst. Du musst dich nicht nach den Vorstellungen deiner Eltern richten, und du lebst nicht in ihrem Schatten oder in dem deines Bruders. Du bist deine eigene Herrin und ein ganz eigener Mensch. Das weißt du doch, oder?«

Ich wusste nur, dass ich nicht wusste, was ich sagen sollte. Sprachlos war ich, und zu Tränen gerührt.

Ich gab ein Schnauben von mir und entlockte ihm damit einen ganz ähnlichen Laut. »Sorry«, brachte ich schließlich heraus und klang weniger erstickt, als ich gedacht hätte. »Ich wollte das alles nicht bei dir abladen. Du solltest dich lieber um deinen eigenen Scheiß kümmern, anstatt …«

»Halt die Klappe.« Er rückte ein wenig von mir ab und legte auch die zweite Hand an mein Gesicht. »Ich kümmere mich gern um deinen Scheiß, wann immer du mich lässt. Ich *will* mich drum kümmern. Und ich will alles hören, was du zu sagen hast … was auch immer du mir sagen willst. Entschuldige dich niemals dafür.«

Diesmal war ich es, die ihn küsste.

Wenig raffiniert und voll und ganz mit dem Geschmack seiner Lippen beschäftigt, damit, wie seine Zunge mich erforschte. Das eigenartige Gefühl in meiner Magengrube trat in den Hintergrund. Seine Hände gruben sich in mein Haar, und als sich seine Lippen für den Bruchteil einer Sekunde von meinen lösten, entfuhr mir ein zufriedener Seufzer.

Das entlockte ihm ein leises Stöhnen, das mein Verlangen nach ihm noch mehr befeuerte. Ich wollte ihm näher sein. *So viel näher.* Die Sehnsucht trieb mich weiter über die Konsole, und zwischen meinen Beinen flammte Hitze auf. Ich drückte ihn zurück auf den Fahrersitz und versuchte, mit einer Hand meinen Gurt zu lösen, konnte mich aber nicht richtig darauf konzentrieren, denn in meinem Verstand war nur er.

Er, der kitzelnd meine Unterlippe küsste und hineinbiss, zunächst ganz sanft, bis mein leises Stöhnen ihn ermutigte. Er, dessen schnellen Atem ich an meinen geöffneten Lippen spürte, bis es mir lustvolle Schauer über den Rücken jagte. Er, der jeden Winkel meiner Gedanken ausfüllte.

Seine goldbraunen Augen, das dunkle Haar, das ihm sonst so wirr in die Stirn fiel, heute aber ordentlich in der Mitte gescheitelt war. Die Art, wie seine Mundwinkel zuckten, ehe sich schließlich ein Grinsen auf seinem Gesicht ausbreitete, das manchmal, aber nur manchmal, seine Grübchen aufblitzen ließ.

Ein lautes Hupen holte mich ins Hier und Jetzt zurück, schon halb auf seinem Schoß.

Ich riss die Augen auf, und wir schossen auseinander. Das Innere seines Wagens leuchtete nicht mehr rot, sondern wurde vom hellen Grün der Ampel und den Scheinwerfern des Autos hinter uns erhellt.

McCarthy räusperte sich erschrocken und kämpfte darum, seinen Kopf so weit klarzubekommen, dass er den ersten Gang einlegen konnte. Das bekam er relativ schnell wieder auf die Reihe, hob als Entschuldigung die Hand und fuhr mit leisem Räderquietschen los.

»Du bringst mich noch ins Grab«, murmelte er und warf mir einen Blick zu, während wir weiter durch die Wohngegend rollten. Die Umgebung war ihm anscheinend vertraut, und jetzt wandte er mir etwas länger seinen Blick zu und betrachtete mich. Trotz seiner Worte klang er … nicht abgelehnt.

In einem Anfall mangelnden Urteilsvermögens und dank meines hormonell völlig benebelten Verstands sagte ich: »Ich will dich wirklich.« Es klang fast verzweifelt, am Ende des Satzes brach meine Stimme. Das erschütterte mich allerdings weniger als die Erkenntnis, dass es mir kein bisschen peinlich war.

»Was?« Für einen Sekundenbruchteil wirkte er ebenfalls völlig aufgelöst. Es brachte mich fast zum Lächeln.

Er nahm mich völlig in Anspruch. Ich war abgelenkt. Zum ersten Mal an Thanksgiving war ich komplett abgelenkt. An Dylan McCarthy Williams zu denken gefiel mir so viel besser als der Gedanke an den Tod meiner Eltern, also wehrte ich mich nicht dagegen.

»Ich will dich wirklich, wirklich sehr«, wiederholte ich und klang schon etwas lockerer. Ich genoss es, wie er schluckte, schnell wieder auf die Straße blickte und nicht anders konnte, als mich im nächsten Moment wieder anzusehen.

»Scheiße«, stieß er kopfschüttelnd hervor und ließ sich schwer in den Sitz sinken. »So was kannst du nicht sagen, wenn ich gerade in die Einfahrt meiner Familie fahre, Athalia.« Und mit diesen Worten tat er genau das.

Kaum zu glauben, dass wir über sechs Stunden unterwegs gewesen waren. Er blinkte und bog links ein, und der Wagen rollte auf ein Tor zu, das mit einem Familienwappen verziert war. Es öffnete sich automatisch, noch bevor wir zum Stillstand gekommen waren, und McCarthy fuhr die sanfte Steigung hinauf.

Vor vier Garagentoren, die in den Hügel eingelassen waren, auf dem die Villa stand, hielt er. Eine Treppe, die eines großen Balls würdig gewesen wäre, führte zum Haus hinauf. Meine Vorliebe für solche Architektur war der Hauptgrund, weshalb ich unser Sommerhaus in den Hamptons immer dem New Yorker Penthouse vorgezogen hatte, in dem wir aufgewachsen waren.

Vor einem anderen Garagentor stand ein weißer, völlig verdreckter BMW. Ich fragte mich, welcher seiner Schwestern er gehörte.

Waren sie alle hier? Was war mit seinem Vater? McCarthy hatte ihn nie erwähnt. Eigentlich hatte er gar nichts darüber erzählt, was mich an diesem Wochenende erwartete. Vielleicht hätte ich die letzten fünf Minuten unserer Fahrt lieber dazu nutzen sollen, herauszufinden, worauf ich mich hier eigentlich eingelassen hatte, statt McCarthy mitzuteilen, wie dringend ich mit ihm schlafen wollte.

Oh Gott.

Aber jetzt war dafür keine Zeit mehr. In dem Moment, als McCarthy den Motor ausstellte und sich abschnallte, schoss ein kleines Mädchen die steinerne Treppe herunter und direkt auf den schwarzen Jeep zu.

Delilah.

Mein Impuls, mich schnell noch über seine Familie zu informieren – Themen, die auf der schwarzen Liste standen, Namen, die ich nicht erwähnen sollte, Besonderheiten, auf die ich besser vorbereitet war –, löste sich in Luft auf. Sobald der Mann neben mir seine kleine Schwester bemerkte, stieß er die Tür auf, und keine fünf Sekunden später lag das Mädchen in seinen Armen. Ich konnte mir ein Lächeln nicht verkneifen, als ich sah, wie er mit seinen eins neunzig vor der Zwölfjährigen kauerte und zu ihr hinaufblickte.

Durch die offene Tür drang kühle Novemberluft herein, und ich stieg aus, schlüpfte rasch in meinen Mantel und schloss zögernd die Wagentür. Das verschaffte mir ihre Aufmerksamkeit, und ihr Lächeln war seinem so verblüffend ähnlich, dass es keinen Zweifel an ihren gemeinsamen Genen geben konnte.

»Hey«, grüßte ich und winkte dem Mädchen etwas unbeholfen zu, meine Nerven lagen plötzlich blank. Ich hatte noch nie so viel Wert auf die Meinung einer Zwölfjährigen gelegt wie in diesem Moment. Himmel, ich hoffte, sie mochte mich. Ich hoffte, sie mochten mich alle.

»Hallo.« Sie kam mit selbstbewussten Schritten auf mich zu. Ihr Teint war etwas dunkler als der ihres Bruders, das lockige Haar hüpfte bei jedem Schritt. Ohne zu zögern, gab sie mir ihre Hand und lächelte so strahlend, dass jeder Zweifel und jede Sorge angesichts des bevorstehenden langen Wochenendes plötzlich wie weggeblasen waren. »Ich bin Delilah. Schön, dich endlich kennenzulernen.«

Was McCarthy an Höflichkeit und Manieren fehlte, schien dieses Mädchen im Überfluss zu besitzen. Sie nickte mir zu, während wir uns die Hände schüttelten, aber bevor eine von uns etwas sagen konnte, dröhnte eine andere, unbekannte Stimme durch die Einfahrt. Am oberen Absatz der Treppe war eine ältere Frau mit aschblondem Haar aufgetaucht.

»Dylan McCarthy Williams«, rief sie und zeigte vorwurfsvoll mit dem Zeigefinger auf ihn. In einer Hand hielt sie einen Topflappen, und anscheinend nahm sie Anstoß an den leeren Papiertüten, die er gerade aus dem Auto gefischt hatte. »Warum haltet ihr denn extra für Fast Food unterwegs an, wenn ich euch beiden Lasagne aufgehoben habe?«

Breit grinsend joggte er die Treppe hinauf und schlang seine Arme um die Frau, die ungefähr zwanzig Zentimeter kleiner war als er. »Wie kannst du mir unterstellen, etwas so Schreckliches zu tun, Ma?« Er lachte in die Umarmung und reichte hinter ihrem Rücken die Tüten einem weiteren Mädchen, das soeben aufgetaucht war.

Ihr dunkles Haar war glatt, ein paar Sommersprossen zierten den gebräunten Nasenrücken. Sie trug bequem aussehende Häschenpantoffeln und einen flauschigen Bademantel über Tank-Top und Shorts. »Für mich?«, fragte sie aufgeregt.

McCarthy nickte. Er umarmte immer noch seine Mutter und machte nicht den Eindruck, als wollte er sie allzu bald loslassen. »Nur für dich, Dakota. Du bist schließlich mein Liebling.« Hinter mir keuchte Delilah empört auf, und ich folgte ihr die Treppe rauf. Dakotas Lächeln hingegen wurde noch breiter. Hastig öffnete sie eine der leeren Tüten, die vermutlich immer noch Essensdüfte verströmten.

McCarthy brach in ein lautes, unbeschwertes Lachen aus, als sie ihm mit einem lauten Aufstöhnen die Tüten an den Kopf warf. Während seine Schwester ihn wütend beschimpfte, wanderte die Aufmerksamkeit seiner Mutter zu mir. Ich bemerkte es nur, weil ich ihn immer noch ansah. Die ganze Zeit über. Hatte ich ihn angestarrt? Ich versuchte, sie so lässig wie möglich anzulächeln.

Amüsiert musterte sie ihren Sohn und verdrehte die Augen, dann versetzte sie ihm mit dem Topflappen einen Klaps gegen den Hinterkopf. Mein Lächeln wurde breiter. Er hatte es definitiv verdient.

»Du bettelst mich also an, ein Mädchen zu Thanksgiving mitbringen zu dürfen, und dann stellst du sie mir nicht mal vor?« Sie ließ ihn los.

»Nicht *ein* Mädchen, Mom«, kicherte Dakota mit Belustigung in ihrem Ton. »*Das* Mädchen.«

Natalie schüttelte erneut den Kopf. »So hab ich dich nicht erzogen.« Der Vorwurf in ihrer Stimme war eindeutig gespielt.

McCarthy warf seiner Schwester einen vernichtenden Blick zu und sah dann mich an. In seinen Augen schimmerte aufrichtige Freude.

Dass er darum *gebettelt* haben sollte, mich mitbringen zu dürfen, überhörte ich geflissentlich. Ich erlaubte mir nicht mal, darüber nachzudenken.

»Natürlich stelle ich sie dir vor«, sagte er schnell. »Und hier hat überhaupt niemand gebettelt. Wenn ich mich recht erinnere, hast *du* die Gelegenheit beim Schopfe gepackt, sie …«

»Weil du schon seit Ewigkeiten ständig von ihr …!«

»*Dakota!*«, brachte er mit scharfer Stimme seine Schwester zum Schweigen. Sie lehnte inzwischen am Türrahmen und beobachtete alles mit ziemlich offensichtlichem Spaß. Bei seiner Zurechtweisung zuckte sie nur mit den Schultern und zwinkerte mir zu, ehe sie wieder ins Haus verschwand.

McCarthy räusperte sich und kam auf mich zu. »Tut mir leid, wie sie sich aufführen«, murmelte er in mein Haar. Seine Stimme vibrierte bis in meinen Magen hinunter und erweckte irgendetwas in mir. Im nächsten Moment legte er mir eine Hand auf den Rücken und schob mich sanft ins Haus.

»Das habe ich gehört, junger Mann«, merkte seine Mutter hinter uns im Singsang an, und mir entwich unwillkürlich ein leises, amüsiertes Schnauben. Ich sah zu ihm hoch und begegnete seinem Blick.

Seine Nasenspitze war von der Kälte gerötet, ebenso wie die Wangen. Er lächelte. Über mich, mit mir, wegen überhaupt allem? Keine Ahnung. Ich wusste nur, dass er lächelte, zufrieden und sorglos und glücklich, und dann stellte er mich seiner Mutter richtig vor.

»Du hättest diesen Jeep schon vor langer Zeit loswerden sollen, Dylan.« Mr Williams war seinem Sohn wie aus dem Gesicht geschnitten, nur dass sein Haar grau war und seine Haut ein wenig faltiger und dunkler. Sogar ihr Tonfall ähnelte sich.

»Danke für den Hinweis.« McCarthys Aufmerksamkeit wandte sich von der Lasagne auf seinem Teller ab, aber er drehte sich nicht zu seinem Vater um, der hinter ihm auf der Couch saß, eine Zeitung in der Hand, von der er ebenfalls nicht aufblickte. Die Ähnlichkeit ihrer Umgangsformen war fast schon lustig. McCarthy setzte ein breites, gespieltes Lächeln auf, sah mich an und verdrehte die Augen. »Ich denk drüber nach.«

Sein Vater seufzte kopfschüttelnd. »Wirst du nicht«, antwortete er so sachlich, als hätten sie dieses Gespräch schon tausendmal geführt. »Stell ihn wenigstens in die Garage, damit wir nicht jedes Mal, wenn wir das Haus verlassen, dieses grässliche Ding angucken müssen.«

Wie um die Spannung aus der Luft zu fegen, stürmte der nicht mehr ganz junge Golden Retriever herein, in den ich mich etwa zwei Sekunden nach unserer ersten Begegnung verliebt hatte. Rose wuselte um den Esstisch auf der Suche nach Essen, das uns doch wohl hoffentlich runtergefallen war. Als sie mich mit ihren großen braunen Augen ansah, hätte ich ihr am liebsten meinen ganzen Teller hingestellt.

McCarthy hatte dafür gesorgt, dass ich keine Gelegenheit hatte, mich in seinem Zimmer zu verkriechen, um weiter Trübsal zu blasen. Er hatte mich nicht grob daran gehindert oder so, aber seit einer Stunde bezog er mich so sehr ein, und ich lauschte ihren Gesprächen so interessiert, dass ich meine übliche Traurigkeit ganz vergessen hatte. In dieser einen Stunde hatte ich mehr über McCarthy gelernt und begriffen als in der ganzen Zeit davor.

»Das hier«, ich zeigte auf den Rest der Lasagne auf meinem Teller, »ist einfach köstlich, Natalie.«

Sie brummte erfreut und warf McCarthy einen vielsagenden Blick zu. »Ich bin mir sicher, dass es dir noch besser geschmeckt hätte, wenn dieser Kerl nicht vorhin bei so einem schrecklichen Fast-Food-Restaurant vorbeigefahren wäre.« Sie seufzte, bevor sie mir ein warmes Lächeln schenkte. »Freut mich, dass es dir schmeckt, Athalia.«

McCarthys Kopf war in Richtung seiner Mutter geruckt, und er schüttelte so nachdrücklich den Kopf, dass sein dunkles Haar in Bewegung geriet. Aber als er feststellte, dass sie mich ansah, sagte er nichts dazu. »Es ist wirklich lecker, Mom«, stimmte er stattdessen zu, nickte großmütig und versuchte damit offenbar, davon abzulenken, dass er sich mit der Gabel meinem Teller näherte. Was ihm natürlich nicht gelang.

Natalie hob kapitulierend die Hände, dann stand sie auf. »Viel Glück«, wünschte sie auf seltsam liebenswerte Art.

»Also …« Dakota ließ sich auf den Stuhl ihrer Mutter plumpsen. »Wann sehen wir uns seine Babyfotos an?«

Überrascht sah ich sie an, aber ganz sicher würde ich mich nicht dagegen wehren, peinliche Kinderfotos von McCarthy zu Gesicht zu bekommen. Man denke nur an all die Geschichten, all die kompromittierenden Informationen, die ich an diesem Wochenende über ihn herausfinden würde …

»So bald wie möglich, bitte.«

Dakota schien sich über meine schnelle und eifrige Antwort zu freuen. McCarthy warf mir einen so entsetzten Blick zu, als hätte ich gerade Hochverrat an ihm begangen. »Wir werden auf gar keinen Fall …«

Da unterbrach ihn Denise, die eine große Schwester, die quer durch Europa reiste. »Hat hier jemand Babyfotos gesagt?« Aufgeregt stellte sie sich hinter Dakotas Stuhl, die Hände auf die Rückenlehne gestützt. Das lockige Haar hatte sie zu einem Dutt zusammengebunden. »Ich bin ziemlich sicher, dass Diana noch das Video von Tante Kikis Hochzeit hat …« Es klang eher wie eine Frage als eine Feststellung, und sie spähte zu ihrer ältesten Schwester Diana, die nebenan im Wohnzimmer auf der Couch saß.

»Und ob ich das noch habe!«, antwortete Diana, und im nächsten Moment war sie auch schon aufgesprungen und kam zu uns.

»Da hat er zum ersten Mal Alkohol getrunken«, klärte mich Dakota auf.

»Mit *fünfzehn*«, ergänzte McCarthy und legte in gespielter Verzweiflung den Kopf auf den Tisch. »Keine Babyfotos«, stöhnte er. »Und auch keine Tanzvideos.«

»*Tanzvideos?*« Jetzt hatten sie mich.

Keine seiner Schwestern nahm ihn ernst, sie nickten nur verständnisvoll und sahen mich dann kopfschüttelnd an. Grinsend spürte ich, wie McCarthy sich seinem Schicksal fügte.

»Ich meine es ernst«, versuchte er es noch ein letztes Mal.

»Aber sicher«, stimmte Dakota zu und setzte ein Lächeln auf, das viel zu breit war, um echt zu sein.

McCarthy warf seinen Schwestern einen finsteren Blick zu und stieß sich dann vom Esstisch ab. Sein Stuhl scharrte so laut über den Boden, dass sein Vater aus dem angrenzenden Wohnzimmer herüberrief: »Die Böden, Dylan! Lieber Himmel!«

»Es ist schon sehr spät«, verkündete McCarthy lautstark. Ich blickte auf die Uhr – halb elf. Dakota zog die Brauen hoch, als wollte sie sagen, das wäre ihr auch klar.

Ich schaffte es gerade noch, ihnen unbeholfen zuzuwinken und »Gute Nacht« zu rufen, bevor er mich aus dem Zimmer und die Treppe hinaufzog.

KAPITEL 27

Als ich den Blick durch sein Zimmer wandern ließ, fühlte ich mich um ein Haar wie eine Kunstkritikerin in einer Galerie.

Die Fenster reichten fast ganz hinunter bis zu dem dunklen Holzboden. Auf den Fensterbänken lagen mehrere Bücher verstreut, auf einer entdeckte ich eine Pflanze. Ein Kingsize-Bett stand mit dem Kopfteil an einer Wand, doch ein zweites Möbel auf der gegenüberliegenden Seite des Raums stahl ihm die Show.

Der schwarze Flügel vor dem zweiten Fenster glänzte wie frisch poliert, nicht ein Staubkörnchen schien sich auf die dunkle Oberfläche verirrt zu haben. Die Lederbank davor war mit Bedacht so platziert worden, dass man beim Spielen einen spektakulären Blick in den Garten hatte.

»Was denn?«, fragte er amüsiert hinter mir.

Ich summte leise, nickte nachdenklich und schritt mit hinter dem Rücken verschränkten Händen in die Mitte des Zimmers.

»Was?«, fragte er noch mal, die Stimme jetzt viel näher als zuvor.

Ich wusste, wenn ich mich umdrehte, würde ich ihm direkt auf die Brust starren – wahrscheinlich trennte uns nur noch eine Handbreit. Es war verlockend, und genau deshalb nahm ich stur die paar Bücher in dem Regal vor mir ins Visier. »Seid

Ihr etwa nicht zufrieden mit Euren Gemächern, Prinzessin?«, flüsterte er, und sein Atem kitzelte mich im Nacken.

»Mit *meinen* Gemächern?« Jetzt drehte ich mich doch um und fand ihn, wie erwartet, direkt hinter mir. Wäre er nicht so viel größer gewesen als ich, hätten sich unsere Nasen gestreift. Als er nicht sofort antwortete, kniff ich die Augen zusammen.

»Na ja.« Er legte den Kopf schief und zuckte mit den Schultern. »Fürs Erste gehört das Zimmer dir.«

Mein Blick wanderte zum Kingsize-Bett, und ich überlegte für den Bruchteil einer Sekunde, ob wir theoretisch beide hineinpassen würden.

»Nein ...« Ich schüttelte den Kopf. »Nein, ist schon okay. Ich kann im Gästezimmer schlafen, oder auf der Couch – der Fußboden ist auch okay. Wirklich.«

»Plötzlich so bescheiden. Was ist los, Pressley?« Er schmunzelte und strich mir beiläufig eine Haarsträhne hinters Ohr, bevor er einen Finger unter mein Kinn legte und mich zwang, ihn anzusehen.

Obwohl ich bei seinem Spruch die Augen verdrehte, antwortete ich ehrlich: »Ich will dir nicht noch mehr abverlangen. Du tust all das für mich«, ich machte eine ausladende Geste, »opferst Zeit mit deiner Familie. Ich will auf keinen Fall noch mehr durcheinanderbringen als sowieso schon.« Am liebsten wäre ich seinem brennenden Blick ausgewichen ... Demut war noch nie meine Stärke gewesen, und sie offen einzugestehen noch weniger. Aber selbst wenn ich versucht hätte, mein Gesicht wegzudrehen, er hätte es nicht zugelassen.

»*Athalia.*« Er zog meinen Namen spielerisch in die Länge. »Ich opfere nichts. Und du bringst nichts durcheinander.« Er schnalzte mit der Zunge. »Du nimmst nichts von mir – ich gebe dir, was ich dir geben will. Aus freien Stücken. Freiwillig. Weil ich es so will.« Lächelnd betonte er den letzten Satz.

Scheiße. Ich stecke echt in Schwierigkeiten … »Und wo schläfst du?«

»Das Haus ist groß«, sagte er trocken. »Ich schlafe im Gästezimmer.«

»*Ich* kann im Gästezimmer schlafen.«

»Ich will nicht, dass du im Gästezimmer schläfst.«

»*Ich* will nicht, dass *du* im Gästezimmer schläfst.«

Belustigt legte er den Kopf zurück, dann sah er mich wieder an. Immer noch standen wir dicht voreinander. »Nur schade, dass ich ungefähr dreißig Zentimeter größer bin als du und siebzig Pfund schwerer.« Ich wollte gerade den dreißig Zentimetern heftig widersprechen, denn es waren eher zwanzig, da fuhr er bereits fort: »Das heißt, du hast keine Chance.«

Ein überraschter Schrei entwich mir, als er mich packte und über seine Schulter warf. »McCarthy!«, keuchte ich und lachte auf. Er hielt mich um Taille und Oberschenkel gepackt, und als ich weiterlachte, gruben sich seine Finger in meine Haut.

Bevor ich wusste, wie mir geschah, warf er mich auf sein Bett. Gackernd und quietschend schlug ich nach ihm, krallte mich in seinen tannengrünen Pullover und zog ihn mit mir.

Mit einem überraschten Kichern stützte sich McCarthy links und rechts von meinem Kopf ab, um mich nicht unter sich zu zerquetschen. Als er sich hochstemmte, verstummte mein Lachen allerdings, da mir klar wurde, wie wir dalagen: er auf mir, mit einem breiten Lächeln im Gesicht. Mit funkelnden Augen sah er mich unverwandt an.

Und da küsste ich ihn. Einfach so. Weil ich nicht wusste, was ich sonst tun sollte, und weil das hier – unser Gelächter, wie wir unsere Gesellschaft gegenseitig genossen und wie mein Magen deshalb flatterte – irgendwie intimer war als jede körperliche Berührung. An so etwas war ich nicht gewöhnt, und es verunsicherte mich. Aber ihn zu küssen, die Lippen aufeinandergepresst, mit erhitzten Körpern, war mir vertraut geworden.

Irgendwo zwischen all unseren gestohlenen Küssen und dem Statistikunterricht war *er* mir vertraut geworden.

Sein Atem beschleunigte sich, und ich stöhnte leise auf. Es gefiel mir, wie sich unsere Körper aneinanderschmiegten, wie sie so mühelos einen gemeinsamen Rhythmus fanden. Ich liebte es, was meine Berührung mit ihm machte. Und ich liebte fast noch mehr, was seine Berührung mit mir machte.

»Ich hasse mich selbst dafür, das jetzt zu sagen«, ächzte er und presste die Lippen noch mal auf meine, bevor er sich von mir löste. Der Laut, der meinen Mund verließ, war erbärmlich. »Aber ich muss gehen.«

»Wohin?« Ich ließ meine Lippen an seinem Hals entlangwandern, küsste sanft seinen Kiefer und spürte seinen hämmernden Puls.

»Ins Gästezimmer«, erinnerte er mich mit erstickter Stimme.

Augenblicklich tauchte ich aus seiner Halsbeuge auf und musterte ihn irritiert. »Du könntest hierbleiben.« Der Vorschlag fühlte sich ganz natürlich an. »Bei mir.«

McCarthy schnaubte und schüttelte den Kopf. »Nein, das kann ich nicht.«

»Warum nicht?«

»*Warum nicht?*«, wiederholte er und seufzte, als wäre die Antwort offensichtlich. »Weil du hier bist.«

»Und?«

»Und.« Er seufzte ein weiteres Mal und befeuchtete seine Lippen. Sah mir in die Augen. »Und.« Fast flehend guckte er mich an, als müsste ich es doch von selbst begreifen.

»Und?«

»Und du bist du, Athalia«, sagte er schließlich. »Du bist du, und ich bin ich.« Er bewegte seinen Mund zu meinem Ohr. Ich schloss die Augen und hörte ihn leise flüstern: »Und ich habe nicht genügend Willenskraft, um mich von dir fernzuhalten. Weil ich dich ebenfalls wirklich, wirklich, *wirklich* will.«

Es war mir nicht entgangen, dass er dem, was ich vorhin zu ihm gesagt hatte, ein weiteres *Wirklich* hinzugefügt hatte.

Seine Stimme war nur ein Wispern, sein warmer Atem kitzelte mein Ohr. Ich hielt es nicht mehr aus. Sein köstlicher, männlicher Duft hüllte mich ein, sein Körper schwebte direkt über mir, berührte mich hier und da, aber nicht dort, wo es mich am meisten danach verlangte. Ich verspürte den überwältigenden Drang, ihn zu küssen. Von ihm berührt zu werden. Wollte *ihn* berühren.

»Ich dich auch.« Mein Herzschlag hämmerte so laut in mir, dass ich meine eigenen Worte kaum vernahm.

Aber dann stöhnte er auf, so leise, als bemühte er sich eigentlich, es zu unterdrücken. Sein Kopf sank in meine Halsbeuge, als würde er kapitulieren, und ich hörte, wie er leise fluchte.

»Du weißt nicht, was du mir antust, oder?«, fragte er und drückte einen Kuss nach dem anderen auf meine Haut, arbeitete sich meinen Hals hinauf, bis er mir schließlich tief in die Augen schaute. »Ich versuche doch nur, ein anständiger Mensch zu sein, aber du machst es mir verdammt schwer.« Er küsste mich, hungrig und voller Verlangen, nur kurz. Ich wünschte, es hätte länger gedauert. »Aber nicht heute Nacht. Ich werde nicht mit dir schlafen, wenn du wegen deiner Trauer so verletzlich bist.« Und damit erhob er sich und rollte sich aus seinem Kingsize-Bett.

Mit jedem Schritt, den er sich von mir entfernte, spürte ich, wie mir die ersehnte Ablenkung weiter entglitt. Als er die Tür erreichte, hatte mich die Realität schon fast wieder fest in ihren Klauen.

Am liebsten hätte ich geschrien, er solle sofort wieder zurückkommen. Wollte es von allen Dächern der gesamten Stadt herunterschreien. Wirklich, das wollte ich. Doch stattdessen saß ich schweigend da und beobachtete ihn dabei, wie er mich aufmerksam im Blick behielt und sich dann zum Gehen wandte.

Mir stockte der Atem. Ich war mir nicht ganz sicher, ob seine Ablehnung mehr schmerzte – die ja objektiv betrachtet sehr süß gewesen war – oder die Tatsache, dass mir jetzt erst wieder einfiel, dass ich eigentlich trauern sollte … und ausgerechnet seine Rücksichtnahme mich daran erinnert hatte.

»Dylan?« Mein Flüstern war so leise, dass ich mir nicht sicher war, ob er mich gehört hatte.

Meine Augen brannten, und meine Kehle war wie zugeschnürt. Ich zog scharf die Luft ein und hatte doch das Gefühl, nicht atmen zu können.

Aber im nächsten Moment war er an meiner Seite. Er musste mich also doch gehört haben.

Ein weiteres scharfes Einatmen, immer noch flach und nutzlos. »Athalia?«, sagte er vorsichtig, aber über dem Pochen meines Herzschlags und meinem erstickten Atem konnte ich seine Worte nur erahnen.

»Ich bin …«, begann ich, konnte aber kaum sprechen, weil mich ständig ein weiteres Schluchzen, ein weiterer erstickter Atemzug unterbrach. »Ich habe …«

Eine Panikattacke. Ich habe eine Panikattacke, wollte ich rufen. Ich habe *eine Panikattacke, und es tut mir leid. Es tut mir leid. Es tut mir leid. Es tut mir leid. Du musst deswegen nicht hierbleiben. Ich komme klar.*

All das hätte ich ihm gerne mitgeteilt.

Aber jetzt bekam ich nicht mal mehr ein einziges Wort über die Lippen. Ich schluchzte und schluchzte, sah alles nur noch verschwommen und bekam keine Luft mehr.

»Ich weiß. Panikattacke, ich weiß.« Seine Worte holten mich wieder in die Gegenwart zurück, wenn auch nur ein wenig. Ich spürte seine Hände auf meinen Schultern, aber ich hatte nicht mitbekommen, wann er sie dorthin gelegt hatte. In seinem Gesicht standen Wissen und Verständnis. Und Mitgefühl. »Dein Bruder hatte die früher ständig«, murmelte er und drückte sanft meine Schultern. Ich glaube, er redete nur weiter, damit ich mich auf seine Stimme konzentrieren konnte. »Vor den Try-outs. Vor unseren ersten Spielen. Ich nehme an, deshalb kann er mich nicht ausstehen … Hey, konzentrier dich auf meine Stimme, Athalia. Du kannst mich hören, du kannst mich sehen. Richtig?«

Ich nickte und schluchzte erneut, dann rang ich wieder nach Luft, nicht in der Lage, mich auf seine Worte zu fokussieren.

Hatte er gerade erwähnt, dass Henry mit den gleichen Problemen zu kämpfen gehabt hatte? Offenbar war McCarthy damals für ihn da gewesen, hatte ihm da durchgeholfen, so wie er jetzt für mich da war. Und deshalb hasste Henry ihn? Nur weil McCarthy ihn verletzlich erlebt hatte? Und nicht aus all den banalen Gründen, die er mir aufgetischt hatte.

Sei's drum, ich konnte mich nicht länger damit beschäftigen, denn ich bekam immer noch keine Luft. »Ich …«

Besorgt schüttelte er den Kopf. »Du brauchst nichts zu erklären«, meinte er schlicht, ehe er mich aufforderte: »Tief durchatmen. Nur einmal.« Er machte es vor, atmete lange und langsam ein … und wieder aus, so wie ich es auch gern getan hätte. Ich gab mein Bestes – ein schwankender, zittriger Versuch, aber er nickte mir zu.

»Noch mal.« Er atmete noch mal durch. »Konzentrier dich auf mich – auch wenn ich weiß, dass du das nicht gerne tust.« Sein neckender Tonfall, die Vertrautheit … Etwas in mir löste sich. Ich versuchte mich noch mal an einem Atemzug – weniger zittrig. Und noch einer – nicht mehr ganz so erstickt. Bis endlich, endlich wieder Luft in meine Lunge drang. Ich atmete schnell, ein wenig zu schnell, und nicht besonders gleichmäßig.

»Besser?«, fragte er, und noch während ich schwach nickte, wickelte er sich um mich. Es fühlte sich an, als würde mich meine Lieblingsdecke einhüllen. Und als wollte er mich nie wieder loslassen.

Mein Brustkorb hob und senkte sich immer noch ungleichmäßig, mein Atem ging immer noch zu schnell, meine Wangen waren nass. Ich vergrub das Gesicht an seinem Hals, schlang die Arme um seinen Oberkörper, und irgendwie fühlte ich mich okay. Nicht gut, aber okay. Zumindest war es erträglich.

»Es tut mir leid«, brachte ich schließlich heraus, hob den Kopf und lockerte meinen Griff, um ihn anzusehen. Er drückte mich fester an sich.

»Sag das nicht.« Der Nachdruck hinter seinen Worten überraschte mich. Es klang fast flehend. Mit derselben behutsamen Intensität sah er mich an. »Bitte sag das nicht.«

Ich blinzelte zu ihm hoch und wusste nicht recht, was ich sagen sollte, wenn mein weitschweifiger *»Es tut mir leid, dass du das miterleben musst«*-Monolog offenbar nicht erwünscht war. Langsam hob er die Hand und wischte mir zärtlich eine neue Träne von der Wange, als würde das einen Unterschied machen, wenn doch sowieso mein ganzes Gesicht rot und geschwollen war.

»Ich hatte es vergessen«, würgte ich hervor, als würde ich es selbst gerade erst begreifen. »Ich hatte vergessen, dass sie gestorben sind. *Ich hatte es vergessen* – und als du gegangen bist, als du all das gesagt hast, da fiel es mir wieder ein, und ich – oh Gott.« Ich senkte den Kopf. »Wie konnte ich meine Eltern vergessen? Und das ausgerechnet heute?«

Am Tag vor Thanksgiving?

McCarthy betrachtete mich einen Moment lang, bevor er den Kopf schüttelte, und griff nach meiner Hand. »Du darfst dich okay fühlen, Athalia. Auch heute. Das heißt doch nicht, dass du sie vergisst. Und es bedeutet schon gar nicht, dass du es jemals tun wirst.«

Zitternd holte ich Luft.

»Aber erlaube dir bitte trotzdem, glücklich zu sein. Du hast es verdient. Und sie würden es dir ganz bestimmt nicht übel nehmen.«

KAPITEL 28

Als ich am nächsten Tag aufwachte, war es schon nach elf, und ich war ernsthaft in Versuchung, im Bett zu bleiben, meinen gestrigen Zusammenbruch zu vergessen – vor allem, dass McCarthy dabei gewesen war – und sofort wieder einzuschlummern. Diesen ganzen verfluchten Tag einfach zu verschlafen.

Aber der Gedanke verflog fast sofort wieder.

Vielleicht wollte ich nicht unhöflich sein, nachdem McCarthys Familie mich gestern so freundlich aufgenommen hatte. Vielleicht wollte ich nicht wie eine verwöhnte Göre wirken, die alles als selbstverständlich ansah – wenngleich es vermutlich auch schon ziemlich verwöhnt wirkte, dass ich so lange geschlafen hatte. Wie auch immer, auf jeden Fall hatte meine Entscheidung, schnell aufzustehen, absolut nichts mit Dylan McCarthy Williams zu tun. Damit, dass ich ihn wiedersehen wollte, oder damit, dass ich ihm zeigen wollte, dass es mir wieder besser ging.

Nein, das war definitiv nicht der Grund dafür.

Statt in mein übliches Thanksgiving-Outfit aus Schlabber-T-Shirt und Jogginghose zu schlüpfen, gab ich mir zum ersten Mal seit sieben Jahren ein bisschen mehr Mühe. Unter dem beigen Pullover lugte ein weißer Kragen hervor, und dazu trug ich einen braun karierten Rock … der mir jetzt, da ich ihn vor

McCarthys Familie tragen würde, kürzer vorkam als in meiner Erinnerung.

Ich hätte ihnen ein Geschenk mitbringen sollen – irgendeine Kleinigkeit, um meine Dankbarkeit auszudrücken.

Warum kümmert es mich so sehr, was sie von mir hielten?

Was immer der Grund dafür sein mochte, aus demselben hatte ich offenbar geduscht und eine Welle in meine Curtain Bangs frisiert; ansonsten ließ ich mein braunes Haar einfach über den Rücken fluten. Seufzend betrachtete ich mein Spiegelbild. Grüne Augen hinter einer runden Brille starrten mich an.

Vielleicht hätte ich doch meine Kontaktlinsen mitnehmen sollen. Andererseits hatte sich an der Tatsache, dass Tränen an Thanksgiving bei mir genauso wahrscheinlich waren wie Regen in London, nichts geändert. Genau deshalb verzichtete ich auch auf jegliches Make-up.

Unten saß McCarthy mit seinen Schwestern am Esstisch und spielte Monopoly. Seine gequälte Miene sprach Bände, aber endgültige Gewissheit verschafften mir die paar kläglichen Geldscheine, die vor ihm lagen: Er verlor.

Ich hatte ihn noch nie verlieren sehen.

Es war sein Zug. Mit umwölkter Stirn begutachtete er das Spielfeld so konzentriert, dass er mich nicht bemerkte. »Ich habe genug, um das hier zu kaufen …«, ließ er die anderen an seinem Denkprozess teilhaben und tippte auf eine der beiden dunkelblauen Straßen. »Aber dann habe ich buchstäblich nur noch zehn Dollar.« Sein Stöhnen hallte durch den Raum, und ich beobachtete ihn grinsend.

»Was soll ich sagen? Der Kapitalismus ist ein Miststück, kleiner Bruder«, sagte Denise belustigt.

Dakota trat ungeduldig unter dem Tisch gegen sein Schienbein und verdrehte die Augen. »Kauf das verdammte Ding einfach, Dylan. Du hältst das ganze Spiel auf.«

»Halt die Klappe«, schoss er halbherzig zurück, steckte die Scheine aber trotzdem in die Bank, suchte die Karte aus dem Stapel heraus und stellte ein Haus auf sein Feld.

»Halt doch selber die Klappe.«

Ich machte einen weiteren Schritt in ihre Richtung, und McCarthy war nicht mehr zu beschäftigt, um mich zu bemerken. »Guten Morgen, Schlafmütze«, begrüßte er mich liebevoll und deutete auf den Stuhl neben sich. »Wir warten seit heute Morgen um acht darauf, dass du aus dem Koma erwachst. Wir haben sogar das Frühstück nach hinten verlegt.«

Mein Lächeln erlosch.

Ich war nicht ganz sicher, ob ich wütend auf ihn war, weil er sie dazu genötigt hatte, auf mich zu warten, oder ob ich mich bei allen entschuldigen sollte, weil sie meinetwegen gewartet hatten. Ich entschied mich dafür, einfach niemanden anzusehen und mich stumm hinzusetzen.

»Ach, jetzt mach mal halblang, Dylan.« Diana schnalzte mit der Zunge. Sie wirkte mit ihrem kurz geschnittenen Haar wie jemand, der sich nichts gefallen ließ, und so klang sie auch. »Sei kein Arsch – du bist selbst erst seit höchstens einer Stunde auf.« Noch bevor sie ihren Satz beendet hatte, starrte ich McCarthy finster an, und er erwiderte meinen Blick grinsend.

»Zeit ist relativ«, erklärte er vergnügt und zwinkerte mir zu. Ich stieß ein ungläubiges Schnaufen aus, und McCarthy formte mit den Lippen lautlos ein *Sorry*. Als ich ihn immer noch anstarrte, legte er den Kopf schief. »Alte Gewohnheiten lassen sich nur schwer ablegen«, murmelte er.

»Sieht so aus.« Ich grinste. Seine Schwestern waren schon wieder abgelenkt, sie erwarteten Delilahs nächsten Zug – so wie es aussah, lag sie in Führung. Ich nutzte die Gelegenheit und sagte beiläufig und ganz leise: »Ich habe dich nicht für so risikofreudig gehalten.« Mit einem Nicken deutete ich auf seine gerade gekaufte Immobilie, so beiläufig, als hätte ich nicht gerade meine Hand auf seinen Oberschenkel gelegt und als würde sie nicht gerade seine Muskeln durch die graue Jogginghose erkunden.

Er spannte ihn unter meinen Berührungen an, biss die Zähne zusammen und beobachtete wachsam meine Hand auf seinem Bein. Sah sich in der Runde um. Mein Grinsen wurde noch breiter, und meine Hand wagte sich immer weiter und weiter – bis er sie festhielt. Seine war doppelt so groß wie meine. »Hab Erbarmen mit mir, Athalia«, raunte er leise.

»Ich weiß nicht, wovon du sprichst«, flüsterte ich sanft und sah ihm in die Augen.

Als ich aufstand und meine Hände von ihm nahm, atmete er erleichtert auf. Ich trat hinter seinen Stuhl und legte ihm eine Hand auf die Schulter, was ihn nicht ansatzweise so sehr erstarren ließ. »Alte Gewohnheiten lassen sich nur schwer ablegen«, wisperte ich ihm ins Ohr.

Er wandte den Kopf und versuchte, einen Blick auf mich zu erhaschen. Ich hob die Brauen. »Ich gehe mal nachsehen, ob ich deiner Mutter was helfen kann. Viel Glück, Risikospieler.« Mit einem letzten Nicken in Richtung Spielbrett schlenderte ich in die Küche.

Gegen fünfzehn Uhr plagte mich das schlechte Gewissen so sehr, dass ich mich fragte, wo es hier in der Nähe wohl ein Geschäft gab, das an Feiertagen geöffnet hatte.

Ich hätte auf dem Weg hierher anhalten sollen, um Schokolade, Wein oder Blumen zu kaufen und etwas mehr Dankbarkeit meinen Gastgebern gegenüber zu zeigen. Ging es an diesem blöden Tag nicht in erster Linie darum?

Nichts konnte mich davon abhalten, den nächsten Laden aufzusuchen.

Nichts, abgesehen von meinem ausgeschalteten Handy. Denn heute würde ich es auf keinen Fall einschalten – ich drehte fast durch bei der bloßen Vorstellung, aus Versehen über einen Artikel oder eine Beileidsbekundung zu stolpern, ein bisschen zu spät für das tatsächliche Todesdatum, aber perfekt getimt, um mich in Rage zu versetzen.

Das Handy einzuschalten kam also nicht infrage.

Ich hatte geplant, mich unbemerkt davonzustehlen und mit einem guten Wein oder anderen Leckereien wieder ins Haus zu schleichen, damit es so aussah, als hätte ich mein Gastgeschenk von Anfang an dabeigehabt. Aber da mein Handy heute keine Option war, konnte ich, wie bereits erwähnt, nicht einfach den nächstgelegenen Laden googeln.

Leider blieb mir deshalb nur noch eine andere Möglichkeit: ein großer, brünetter Typ, den ich inzwischen nicht mehr verabscheute. »Kann ich mal eben dein Handy benutzen?«

»Wofür?«

»Ich möchte nur ganz schnell was nachschauen.« Mein Blick schweifte durchs Wohnzimmer – die ganze Familie hatte sich hier versammelt, und McCarthy und ich saßen zusammen auf einem der weißen Sofas vor dem Fernseher. Die Augen weiter aufs Footballspiel auf dem Bildschirm gerichtet, flüsterte ich: »Und ich müsste es kurz mitnehmen. Es dauert höchstens eine halbe Stunde.« Oder? »Denke ich.«

Er grinste mich schief an, kurz blitzten die Grübchen auf. »Ach ja?«, spottete er. »Und was genau willst du kurz nachschauen, Prinzessin?« Er stieß mich mit der Schulter an. Wir saßen so dicht nebeneinander, dass er sich dafür kaum bewegen musste.

»Nur …« Ich zuckte mit den Schultern. »Etwas eben.«

»Nein.« Er sagte dieses Wort viel zu gern, und heute war keine Ausnahme.

Ein genervtes Stöhnen entschlüpfte meinen Lippen, und leider war es nicht so leise wie unser Flüstern. Sämtliche Köpfe drehten sich in unsere Richtung – auch der von Rose, die bis eben friedlich auf Denises Schoß geschlafen hatte.

Völlig synchron.

Ich sah McCarthys triumphierendes Lächeln vor mir, ohne ihn ansehen zu müssen.

»*Dylan*«, flüsterte seine Mutter barsch, bevor ich mich entschuldigen konnte. In ihrer Stimme schwang dieselbe ironische Note mit, die mir von McCarthy so vertraut war.

»Um Himmels willen, hör damit auf, deine Freundin zu ärgern. Bitte.«

Freundin? Mein Kopf schnellte in seine Richtung, wie um eine Erklärung zu fordern, aber ich versuchte wegen der anderen, nicht allzu offensichtlich verwirrt dreinzublicken. Ich stand kurz vor einer erneuten Kurzschlussreaktion, war nur Sekunden davon entfernt, zu verkünden, dass ich *nicht* seine Freundin war und er sie offensichtlich angelogen hatte.

Aber wenn ich darüber nachdachte, klang das ganz schön verrückt.

»*Mom*«, sagte Dakota auf der anderen Seite der Couch in gespielter Empörung, und ich war noch nie in meinem ganzen Leben so dankbar für die Einmischung eines anderen Menschen gewesen. Sie warf ihrer Mutter einen ironisch tadelnden Blick zu. »Sie ist nicht seine Freundin. Das habe ich dir schon eine Million Mal erklärt.«

»Tja, aber er behandelt sie nun mal wie seine Freundin. Was soll ich davon halten?« Verwirrt breitete sie die Hände aus. Ich war heilfroh, dass ihre Aufmerksamkeit jetzt immerhin dem spielerischen Gezanke galt und nicht mehr mir. Dass das Thema dieses Gezankes der Beziehungsstatus zwischen mir und ihrem Sohn/Bruder war, war ja zweitrangig – oder?

»Ich sagte doch, es ist …«

»Ja, ja.« Natalie winkte ab. »Es ist alles sehr kompliziert und verwirrend und so weiter. Ich weiß zwar nicht, was daran kompliziert sein soll, so wie er sie …«

»Es reicht jetzt«, schnauzte McCarthy, stand auf und zog mich mit sich, und Diana und Dakota rutschten sofort rüber, um sich auf dem frei gewordenen Platz auszubreiten. Letztere diskutierte weiter mit ihrer Mutter, doch McCarthy schob mich aus dem Zimmer, bevor ich noch mehr aufschnappen konnte.

»Du musst dringend mal deine innere Stimme trainieren, Pressley«, murmelte er hinter mir, als wir im Flur standen. »Also, wofür brauchst du mein Handy?«

Mit finsterer Miene drehte ich mich zu ihm um, aber er hielt mir das bereits entsperrte Handy hin und guckte mich auffordernd an.

Das nächste Geschäft, das an Thanksgiving geöffnet hatte, war gut zwanzig Autominuten entfernt. So landete ich wieder in McCarthys Jeep und sah mich gezwungen, seine Hilfe zu akzeptieren.

»Du hättest nicht mitkommen müssen, weißt du?« Ich betrat den Laden und schnappte mir einen Einkaufswagen. Als er ihn mir wegnahm, fiel es mir gar nicht ein, mich darüber zu beschweren. »Du solltest lieber möglichst viel Zeit mit deiner Familie verbringen.« Ich schaute ihn an und erschrak, als ich seinem Blick begegnete.

McCarthy legte den Kopf schief und zog eine Braue hoch. »Oh«, sagte er. »Du kannst also neuerdings mit einem Schaltwagen umgehen?«

Ihm war völlig klar, dass ich das nicht konnte, das sah ich an seinem Grinsen und dem Funkeln in seinen Augen.

»Nein.« Ich zuckte mit den Schultern, und er lachte leise

in sich hinein. »Braucht deine Mutter noch irgendwas? Fürs Abendessen vielleicht?«, versuchte ich abzulenken.

»Los, steig ein«, forderte er mich auf, als hätte er meine Frage nicht gehört.

Offenbar war er nur mitgefahren, um mir das Leben schwer zu machen. Verärgert drehte ich mich zu ihm um und stellte fest, dass er stehen geblieben war und mit einem frechen Lächeln auf den Einkaufswagen zeigte. »Na los. Sei kein Feigling, Pressley.«

Ich runzelte die Stirn. »Ich kann doch nicht einfach …« Ich deutete auf den Einkaufswagen und guckte mich dann um.

»Warum nicht? Siehst du jemanden? Und selbst wenn – du kennst hier niemanden, und niemand kennt dich.« Der herausfordernde Unterton in seiner Stimme entging mir nicht. »Jetzt steig schon in den Wagen.«

Mein verärgerter Seufzer war nur gespielt, denn aus irgendeinem Grund wollte ich unbedingt in diesen Wagen steigen. Also tat ich es. Und obwohl es ziemlich ungemütlich war, als er mich durch den Laden schob wie seine neunzigjährige Frau, die aufgrund ihres hohen Alters nicht mehr laufen konnte, genoss ich es.

»So«, verkündete ich und drehte mich um, auf dem Gesicht das breite Lächeln eines Kindes. »Was könnte ich deinen Eltern denn schenken?«

Mit einem nachdenklichen Brummen ließ er den Blick durch den Laden schweifen. »Meine Mutter mochte diese kleinen Schokoladendinger immer sehr.« Er nickte, als wollte er es noch mal bekräftigen. »Du weißt schon, diese ganz kleinen eben.«

»Sehr präzise, danke auch.«

Er verdrehte die Augen und spähte in die Gänge auf der Suche nach dem Regal mit dem Süßkram. »Du kennst sie bestimmt nicht.« Er schüttelte den Kopf und musterte mich mit einem unverschämten Lächeln. »Sie sind irgendwie …« Er beugte sich näher heran, mit einem so geheimniskrämerischen Gesichtsausdruck, als wollte er mir mindestens die Atomwaffencodes verraten. »Billig.« Er musste über seinen eigenen Witz lachen.

»Oh nein! Meine Kreditkarte ist nicht für Einkäufe unter zehn Dollar geeignet«, rief ich besorgt und hörte ihn hinter mir schnauben. »Was machen wir denn jetzt?« Ich drehte mich zu ihm um.

»Du bist eine Nervensäge.« Er sagte es ganz … freundlich. So sanft und amüsiert, als hätte er noch nie etwas Schlechtes über mich gedacht. Ich schloss die Augen und bezähmte mein Lächeln, so gut ich konnte, dann drehte ich mich wieder um, während er mich zu den kleinen Schokoladendingern rollte, die seine Mutter wohl so liebte. Wir wurden fündig, und ich angelte eine der Packungen aus dem Regal, auf die er zeigte – es waren zwölf Cranberry-Pralinen darin, sehr passend für den Anlass.

»Und?«, fragte er belustigt. »Kennst du die?«

Mit zusammengekniffenen Augen drehte ich mich zu ihm um und bedachte ihn mit einem finsteren Blick, den ich gar nicht so meinte. »Nein«, gab ich zögerlich zu. »Aber ich hätte sie kennen können.«

»Die gibt es nicht bei Whole Foods«, stellte er klar. »Also sind die Chancen eher gering.«

»Ich kaufe fast nie bei Whole Foods ein!«

»Weil der nächste Laden fünfzig Kilometer entfernt ist.« Er lachte, und ich konnte nicht anders, als einzustimmen.

»Du kennst mich viel zu gut, McCarthy.« Der Wagen setzte sich wieder in Bewegung. »Wie kommt das?«

»Menschen zu lesen ist eines meiner vielen Talente.«

Tja – zu lügen zählte eindeutig nicht zu diesen vielen Talenten, das stand mal fest. Aber ich verkniff mir die Bemerkung und drehte nur geistesabwesend die Pralinenschachtel in meinen Händen. »Und was können wir deinem Vater schenken?«

»Gar nichts, wenn es nach mir geht.« McCarthy versuchte, es scherzhaft klingen zu lassen, aber ich hatte ihn im Laufe der letzten Wochen zu gut kennengelernt, als dass er mir etwas vormachen konnte. Als ich ihm einen Blick über die Schulter zuwarf, hob er die Hände. »Ich meine ja nur«, schnaubte er. »Er wird zum Abendessen kommen, und nach dem Abräumen verschwindet er wieder in seinem Büro. Ich weiß nicht mal, ob er überhaupt deine Anwesenheit richtig zur Kenntnis genommen hat.«

Ich drehte mich komplett um, saß nun entgegengesetzt der Fahrtrichtung und betrachtete ihn eingehend. »Du redest nie über ihn«, begann ich vorsichtig, und McCarthy zuckte wieder mit den Schultern, inspizierte sorgfältig die Gänge, an denen wir vorbeikamen, statt mich anzusehen.

»Tja«, seufzte er und zuckte ein weiteres Mal mit den Schultern. »Es gibt nichts, was erwähnenswert wäre. Er ist im Grunde ebenso wenig da wie deiner …« Er fing sich ein wenig zu spät wieder, starrte mich mit weit aufgerissenen Augen an und war offensichtlich erschrocken über seine eigenen Worte. »Es tut mir *so* leid«, platzte es aus ihm heraus, und offenbar fühlte er sich wirklich schlecht, denn er redete gleich weiter: »Es ist nur so, dass er sich praktisch völlig zurückgezogen hat, seit er gemerkt hat, dass ich Bälle lieber trete als werfe. Aber natürlich ist das nicht mit deiner Situation gleichzusetzen, du …« Er warf den Kopf zurück. »Es tut mir wirklich leid.«

Angespannt sah er mich an, aber irgendwie machte mir das, was ihm eben rausgerutscht war, nichts aus. Es gefiel mir, wie entspannt er über meine Eltern sprach, selbst wenn er das erwähnte, was ich so gern vergessen hätte.

»Dein Vater hätte es also lieber, wenn du Football spielst?«

McCarthy runzelte die Stirn, als ich seine Entschuldigung ignorierte und ihn stattdessen über die Beziehung zu seinem Vater ausfragte. »Oder wenn ich in einer Bank arbeiten würde«, sagte er zögernd und zuckte wieder mit den Schultern. »Wie auch immer.« Sein Blick schweifte wieder durch die Gänge, während wir uns der Kasse näherten. »Du brauchst ihm jedenfalls nichts zu besorgen.«

»Okay … Aber wie soll ich dann deine Familie dazu bringen, mich zu lieben?«, warf ich ein.

McCarthy betrachtete mich lange, wie ich da im Einkaufswagen hockte. »Mach dir keine Sorgen«, winkte er ab. »Du bist auf dem besten Weg, zu Weihnachten wieder eingeladen zu werden. Und zu Ostern auch, denke ich.«

Schmunzelnd drehte ich mich wieder nach vorn. »Ich mag sie echt gern«, bemerkte ich. »Deine Familie, meine ich.«

»Gut.« Ich hörte das Lächeln in seiner Stimme. »Denn ich höre die ganze Zeit nur Athalia hier, Athalia da – ich wüsste nicht, wie ich es ihnen beibringen sollte, wenn du sie nicht mögen würdest.« Die Anspannung löste sich, und keiner von uns griff das Thema, das eben noch so schwer in der Luft gehangen hatte, wieder auf.

Ich schnalzte entzückt mit der Zunge. »Also geht es ihnen genau wie dir.«

Kurz herrschte Schweigen.

»Ganz genau so.«

KAPITEL 29

Da ich in einem Vier-Personen-Haushalt aufgewachsen war, in dem meist nur drei Leute an den Mahlzeiten teilnahmen, weil mein Vater ständig unterwegs gewesen war, war ich Resteessen gewöhnt, besonders an Thanksgiving. Meine Mutter hatte dem Koch an Thanksgiving immer freigegeben, und wir hatten uns drei Tage lang ausschließlich von Truthahn, Kartoffelpüree und Preiselbeersoße ernährt.

Als ich über den Tisch blickte, auf dem ganz sicher keine Reste mehr übrig sein würden, stellte ich erschüttert fest, dass ich gerade zum ersten Mal heute so richtig an meine Eltern gedacht hatte. Normalerweise begruben mich an Thanksgiving all die Erinnerungen unter sich. Wie Mom einmal an Heiligabend nachgegeben und uns Fast Food besorgt hatte. Oder wie Dad den Saisonsieg geholt hatte und wir alle zusammen für ein ganzes Wochenende nach Disney World geflogen waren, um zu feiern. Diese glücklichen Erinnerungen waren kostbar und selten. Nicht, weil ich eine schreckliche Kindheit gehabt hatte, sondern weil ich bis vor einem Jahr beim Namen meiner Eltern nur an das Flugzeugwrack denken konnte, an die Schlagzeilen, die ihren Tod verkündeten, und daran, wie meine Tante zusammengebrochen war, als sie die Nachricht vom Tod ihrer Schwester erhielt und es uns sagen musste.

Verdammt noch mal. Wie war das noch mal mit der Ablenkung?

Ich schüttelte mich und riss meinen Blick von den wenigen verbliebenen Truthahnstücken los, die ich angestarrt hatte. Als ich meine Aufmerksamkeit wieder McCarthys Familie widmete, unterhielten sie sich immer noch lebhaft. Das war ein gutes Zeichen, dass ich nicht zu lange an meine Eltern gedacht hatte.

Ich fragte mich, ob die Leute an diesem Tisch über meine Situation Bescheid wussten – darüber, weshalb ich Thanksgiving bei ihnen verbrachte. Und wenn ja, wie viel wussten sie?

Was hatte McCarthy ihnen erzählt?

Bei dem Gedanken schnellte mein Kopf zu ihm herum, und ich stellte erschrocken fest, dass er mich bereits interessiert beobachtete. Ich schnaufte leise und presste eine Hand an die Brust.

»Da ist aber heute jemand nervös.« Er hob grinsend die Augenbrauen.

»Oh mein Gott«, murmelte ich und stieß den angehaltenen Atem aus. »Sitz doch nicht einfach da und starr mich so an«, zischte ich ihm zu. »Du hast mich zu Tode erschreckt.«

»Indem …« Er dachte kurz nach. »Indem ich dich angesehen habe?« Sein Grinsen war bestimmt hinreißend, das konnte ich hören, aber ich würdigte ihn keines Blickes.

»Ja«, wisperte ich. »Indem du mich mit diesen großen, schönen Augen anstarrst und kein verdammtes Wort sagst …« Ich hielt abrupt inne, bevor es noch schlimmer werden konnte.

Das habe ich jetzt nicht wirklich laut gesagt, oder?

Es dauerte nur wenige Sekunden, bis er mir diese Befürchtung leider bestätigte. »Groß und schön«, brummte er, sichtlich erfreut über meinen Ausrutscher.

Ich tat so, als gäbe es nichts Interessanteres auf der Welt als Delilahs Kartoffelbrei auf dem Teller gegenüber.

»Ich wollte gerade vorschlagen, dass du es für heute Abend mit dem Wein gut sein lassen solltest«, sagte er gedehnt. »Aber falls der Alkohol der Grund für solche Komplimente sein sollte …« Er verstummte.

Ich schaute ihn düster an. »Es war nur ein halbes Glas.«

Mehr als ein halbes Glas zu trinken, fand ich unter fremden Leuten zu riskant. Vor allem, wenn ich wollte, dass diese fremden Leute mich mochten. Und zwar sehr.

Nachdem wir ins Wohnzimmer umgezogen waren und der beschwipsten Dakota dabei zuhörten, wie sie mit der sturzbetrunkenen Denise die gesamte Diskografie von Taylor Swift durchdiskutierte, wurde mir klar, wie sehr ich es wollte.

»Deine Eltern lassen sie also trinken«, flüsterte ich McCarthy zu und deutete mit einem Nicken auf das Weinglas in Dakotas Hand. Er saß neben mir, aber ich war völlig auf den Disput der beiden Schwestern konzentriert.

»Willst du mich verarschen?« Dakota starrte ihre ältere Schwester entgeistert an. »Denise, wie kannst du *Would've, Could've, Should've* so missachten? *Give me back my girlhood, it was mine first*«, sang sie schief und schräg. »Dein Ernst jetzt?«

Ich kicherte und riss mich endlich los, gerade als Denise seufzte und ihre Schwester altklug anguckte. »Du bist sechzehn, Dakota. Du hast keine Ahnung, wovon du redest.«

McCarthy nickte, als ich ihn ansah, und sein Blick wanderte zu seinen Schwestern hinüber. »Nur unter Moms Aufsicht«, wandte er ein. »Und nichts Hartes. Nur Bier, Wein … so was eben. Das macht das Trinken viel weniger reizvoll, wenn man dann schließlich auf dem College ist, so viel kann ich dir sagen«, fügte er lachend hinzu. Dann betrachtete er mich, ein Lächeln spielte um seine Mundwinkel.

Ich konnte und wollte nicht wegsehen. »Ich liebe deine Familie«, gab ich zu und drehte mich ganz zu ihm um. »Ich kann nicht anders.«

Wieder ein Lächeln. »Sie lieben dich auch.«

»Meinst du?«

»Ich weiß es.«

Mir war, als würde in ihrer Nähe etwas Zerbrochenes, Verdorrtes in mir anfangen zu heilen. Ein kaputter Teil von mir, der keine große Familie, dramafreie Zusammenkünfte und Diskussionen über die zehn besten Songs von Taylor Swift kannte. Wann hatte ich so etwas zum letzten Mal erlebt?

Der Gedanke hätte mich eigentlich traurig stimmen müssen, zumindest hätte ich das erwartet, aber stattdessen verursachte er ein Glücksgefühl in mir, das ich nicht gewohnt war. Eines, das noch intensiver wurde, als McCarthy dann auch noch schmunzelte. Mein Magen schlug auf die allerangenehmste Weise einen Salto. *Himmel*, was war er doch für eine wunderbare Ablenkung.

Dylan McCarthy Williams könnte mich wahrscheinlich innerhalb eines Herzschlags aus dem tiefsten, dunkelsten Loch rausholen, indem er einfach nur über das verdammte Wetter sprach. Alles, was darüber hinausging – seine Hände auf mir, seine Lippen auf meinen, unsere aneinandergepressten Körper –, würde mich wahrscheinlich für eine ganze Woche in Glückseligkeit versetzen.

Der bloße Gedanke daran entfachte ein kleines Feuer in mir, das sich, wenn ich nicht aufpasste, in Windeseile in ein Inferno verwandeln würde. Sobald ich daran dachte, wie er sich angefühlt und angehört hatte, konnte ich an nichts anderes mehr denken.

Und ich hatte noch einen Vertrag zu brechen. Ein Spiel zu gewinnen.

»Dylan.«

Wie vom Blitz getroffen richtete er sich auf. »Hm?« Er klang erstaunt, blinzelte auf mich hinunter und versuchte offenbar, den Blick nicht zu meiner Hand wandern zu lassen, die auf seinem Oberschenkel lag.

»Wein macht mich schläfrig«, log ich und blinzelte immer noch zu ihm hoch.

»Ist das so?« Seine Mundwinkel zuckten. »Auch nur ein halbes Glas? Das du vor zwei Stunden getrunken hast?«

Ich nickte. »Es war Weißwein«, erklärte ich, als würde das einen Unterschied machen. Dann holte ich zum tödlichen Schlag aus, beugte mich vor und legte den Mund direkt an sein Ohr. Die Gänsehaut im Nacken konnte ich sehen, als er sich mit einem raschen Blick versicherte, dass seine Familie noch beschäftigt war. Ich nutzte die Gelegenheit und strich mit den Lippen über seine Haut, küsste ihn unter dem Ohr. Er sog den Atem ein. »Du weißt, wo du mich findest«, murmelte ich. »Falls du deine Meinung über den Vertrag ändern solltest, den du so dringend befolgen willst.«

Ohne seine Reaktion abzuwarten, stand ich auf und sagte allen Gute Nacht. Es war schon nach Mitternacht, und ich erntete verständnisvolle Gutenachtwünsche, dann machte ich mich auf den Weg nach oben.

Ich konnte mir ein siegreiches Grinsen nicht verkneifen, als ich gleich darauf hörte, wie McCarthy sich ebenfalls verabschiedete.

»Gehst du etwa auch schon ins Bett?«, fragte ich vom oberen Ende der Treppe aus und blickte ihm entgegen. »Was für ein Zufall.«

Er sprang immer zwei Stufen auf einmal hinauf und blieb vor mir stehen, eine Stufe tiefer als ich. Trotzdem musste ich nach oben sehen. »Nennen wir es Zufall.«

»Mir fiele noch ein anderer interessanter Zufall ein.« Ich legte beide Hände auf seine Brust und spürte sie unter meinen Fingerspitzen beben. Langsam ließ ich sie höher gleiten und verschränkte sie in seinem Nacken.

»Ach ja?«, fragte er heiser.

Und da war es um mich geschehen. Hitze stieg mir in die Wangen, mein Magen zog sich zusammen, und tiefe Erleichterung überkam mich, als sich endlich unsere Lippen berührten, begierig und voller Neugier. Er stieß einen Seufzer aus, der ähnlich erleichtert klang.

»Was ist der andere Zufall?«, fragte er zwischen einem Kuss und dem nächsten und drückte mich mit dem Rücken gegen die Wand hinter mir.

»Am Ende des Flurs gibt es ein Zimmer mit einem riesigen Bett …« Ich zog ihn am Hemdkragen zu mir herunter, und die oberen beiden Knöpfe waren offen, noch bevor ich meinen Satz beendet hatte. Obwohl er mich wieder küsste und obwohl meine Beine wacklig waren vor Verlangen, Vorfreude und einer Million anderer Gefühle, schafften wir es in Rekordzeit zu besagtem Zimmer.

Wir lösten uns erst voneinander, als ich die Klavierbank hinter mir spürte und mich entscheiden musste, ob ich stürzte oder mich darauf fallen ließ. Ich entschied mich für Letzteres, schluckte heftig und hob den Blick – immer weiter und weiter, bis ich seinem begegnete.

»Ich bin …« Er unterbrach sich selbst, als wäre er ebenso durcheinander wie ich und wüsste auch nicht so recht, wie es eigentlich dazu gekommen war, dass ich auf einmal vor ihm saß, das Gesicht in Höhe seines Schritts.

Ich schaute zu ihm hoch, und meine Hand bewegte sich, als hätte sie einen eigenen Willen, hakte sich in den Bund seiner Hose. Er rührte sich nicht. »Hast du deine Meinung geändert?«, fragte ich, und meiner Stimme hörte man in peinlicher Deutlichkeit an, wie sehr ich es hoffte. »Über den Vertrag, meine ich?«

Begreifen gleißte in seinem Gesicht auf, und er schnaubte, aber es klang gespielt. Mir stockte der Atem, als er sich vor mich hockte. »Ich möchte, dass du eins weißt«, sagte er mit fester Stimme. »Ich habe möglicherweise mit diesem kleinen Spiel angefangen, ja, ich bin allerdings nie davon ausgegangen, dass ich es gewinnen würde. Ich habe nie behauptet, dass du mich nicht dazu bringen könntest, zu verlieren, indem du mich einfach nur ein bisschen zu lange ansiehst. Es gibt nichts …« Ein leichtes Zögern, doch er überwand es und nahm sanft mein Gesicht in beide Hände. »Scheiß auf den Vertrag«, sagte er. »Nichts auf der Welt will ich mehr, als dich zu berühren, dich wieder zu spüren. Mein Kopf zwischen deinen Schenkeln, dein Körper unter meinem …« Er atmete scharf aus, legte eine Hand in meinen Nacken und grub die Finger in mein Haar. »Ich will hören, wie du meinen verdammten Namen stöhnst.« Er schüttelte den Kopf, und in seinen Augen lag unermessliche Lust, wie ich sie ebenfalls empfand. »In meinem Büro denke ich die ganze Zeit an dich. Es hat meine Produktivität stark beeinträchtigt.«

Mir stockte der Atem, als er mit der anderen Hand über meine Haut strich. Er zeichnete meine Wangenknochen nach, als wäre ich eine marmorne Statue, strich mit dem Daumen über meine Lippen. Seine Finger fuhren weiter meinen Hals hinunter, glitten unter mein Oberteil, umkreisten federleicht meine Schlüsselbeine, bis ich unweigerlich eine Gänsehaut bekam. »Ich glaube, du ahnst nicht einmal im Ansatz, wie sehr ich dich will, Athalia.«

»Du kannst mich haben«, versprach ich ihm, im Rausch meiner eigenen Sehnsucht und völlig im Bann seiner Berührung – seine Hand lag inzwischen auf meinem nackten Oberschenkel, direkt unter dem Rocksaum. »Wenn ich dich haben kann, dann kannst du mich ebenfalls haben. Ich will, dass du mich hast.«

Er senkte den Blick und schüttelte mit einem rauen Lachen den Kopf. »Du kannst mich haben«, beteuerte er, bevor er mir wieder tief in die Augen schaute. »Mein Gott, Athalia, ich bin dir vollkommen ausgeliefert. Ich bin verdammtes Wachs in deinen Händen …«

Ich ließ ihn seinen Satz nicht beenden.

Sobald ich seine Zunge in meinem Mund spürte, schaltete sich mein Verstand aus. Da waren nur noch seine Finger, die mein Bein hinauftanzten, sein rauer Atem an meinen Lippen und seine Worte, die in Dauerschleife in meinem Kopf nachhallten, wieder und wieder und wieder.

McCarthy ließ sich auf die Knie sinken und schob sich zwischen meine gespreizten Beine. Ich genoss es, ihn zu spüren, schwelgte in seinem Aufstöhnen, als ich die Fersen hinter seine Oberschenkel hakte und ihn noch näher an mich zog.

Seine Hand wanderte den Saum meines Rocks entlang, und ich atmete schwer, als er fragte: »Darf ich …?« Nur mit Mühe brachte ich ein Nicken zustande. Und dann spürte ich seinen Daumen an meiner Klitoris, uns trennte nichts mehr bis auf ein dünnes Stück Stoff. Ich stöhnte auf.

»Scheiße.« Er sah mich unverwandt an. »Du hast keine Ahnung, wie sehr ich deine kleinen Laute vermisst habe.«

Ich gab mein Bestes, genau diese Geräusche zu unterdrücken und so leise zu sein wie an jenem Tag in seinem Büro. Aber als er mit dem Daumen über meine Öffnung fuhr und ihn dann unter meinen Slip hakte, konnte ich mich nicht mehr beherrschen. »Genau so«, brummte er dicht an meiner Haut. »Na also, Prinzessin.«

Bei diesen ermutigenden Worten fuhr ich ihm mit beiden

Händen durchs Haar. Die Sanftheit seiner Stimme stand in deutlichem Kontrast zu der Entschlossenheit, mit der er mein Höschen zur Seite schob. Wie er die Finger genau dorthin brachte, wo ich sie am meisten brauchte. »Ist das okay?«

»Mehr als okay«, brachte ich irgendwie heraus. »Bitte …« Ich wollte noch etwas sagen, aber da stieß er schon den Finger in mich und stöhnte unterdrückt auf, als er merkte, wie feucht ich war.

Ich schaffte es auch diesmal nicht, leise zu sein, und konnte nur hoffen, dass seine Zimmerwände dick genug waren. Mit einem raschen Blick stellte ich fest, dass wir immerhin selbst in der Hitze des Gefechts die Tür geschlossen hatten.

McCarthy richtete sich wieder auf und hielt die Finger still. Beugte sich über mich und die Klavierbank. Ein, zwei Sekunden lang starrten wir uns stumm an, und ich wand mich unter ihm. Vorfreude pulsierte dicht unter meiner Haut, und mein Magen zog sich immer fester zusammen, je länger er so reglos in mir verharrte. Ich hielt den Atem an. Gerade als ich kurz davor war, zu explodieren, und dachte, die Vorfreude würde mich ganz einfach umbringen, krümmte er Mittel- und Ringfinger in mir und begann, sich zu bewegen.

Und auch das brachte mich beinahe um.

Er wurde langsamer, und durch meinen benebelten Verstand hallte das Echo seiner geflüsterten Ermutigungen und Flüche. »Ich liebe es, dich so zu sehen«, stöhnte er. »Du bist so schön, wenn du kurz davor bist, für mich zu kommen.«

Und genau so war es, nicht wahr? Fünf Minuten in einem Raum mit Dylan McCarthy Williams, und schon stand ich kurz vor der Explosion. Ich weigerte mich, über den Grund dafür nachzudenken, und konzentrierte mich stattdessen darauf, wie er jeden meiner Laute und jedes Zucken perfekt zu interpretieren schien.

Mit dem Daumen drückte er auf meine Klitoris, synchron mit den Fingern, die immer noch in mich stießen. Mein Kopf fiel zurück, und ich suchte seinen Blick. Er sah auf mich herunter, eine Hand auf die Bank gestützt, die andere vollauf damit beschäftigt, mich näher an einen Orgasmus heranzubringen, von dem ich wusste, dass er mir, im besten Sinne, den Boden unter den Füßen wegziehen würde.

Ich verlor jedes Gefühl für oben und unten. Die Welt drehte sich um mich, und ich suchte mit einer Hand verzweifelt hinter mir nach Halt. Etwas zu spät fiel mir ein, dass es das Klavier war, an das ich mich klammerte. »Dylan …«

Ich kam im Gleichklang mit dem tiefen, satten Klang, mit dem mein Unterarm die Tasten niederdrückte.

Mit der anderen Hand zog ich McCarthy dichter, und er küsste mich zärtlich durch die verebbenden Wellen. Meine Finger zuckten und schlugen irgendeine weitere Taste an, ehe sie vom Instrument abrutschten.

Ich ließ den Kopf gegen seine Brust sinken. »Das war …«

Ich versuchte immer noch, zu Atem zu kommen, als er mir einen Kuss auf den Kopf drückte. »Bist du …?«

»Ja.« Ich nickte. Meine Beine waren noch immer zu schwach, um aufzustehen, ich konnte ja kaum den Kopf heben. In seinen Augen glomm tiefes Staunen, und in meiner Brust zog sich alles zusammen.

Sein dunkles Haar war zerzaust, von dem halbwegs ordentlichen Mittelscheitel von heute Morgen war nichts mehr übrig. Seine Wangen waren gerötet, seine Brust hob und senkte sich fast so stark wie die meine. Ich spielte mit einem der geschlossenen Hemdknöpfe, und mein Blick wanderte zu der Stelle, an der er fast seine Hose sprengte. »Darf ich …?«

McCarthy hielt meine Hand fest. »Nicht.« Er schluckte heftig. »Eine Berührung, und ich ruiniere diese Hose.«

Ich lachte, aber er sah nicht aus, als wäre es ein Scherz gewesen. »Ich meine es ernst.« Er führte meine Hand an seine Lippen, küsste langsam jeden Finger. »Jedes Mal, wenn ich mir vorstelle, wie du mich berührst, halte ich länger als fünf Sekunden aus. Das möchte ich mir erhalten.« Er drückte die Lippen auf meinen Handrücken, bevor er mich wieder ansah. »Bitte?«

»Okay.« Ich nickte und spürte, wie ich errötete. Langsam stand ich auf, und er erhob sich mit mir zu seiner vollen Körpergröße. »Ich will nicht mehr von dir verlangen …«

Er lächelte nur. »Bitte verlang mehr von mir.«

Und aus purem Egoismus, einfach weil ich ihn neben mir schlafen sehen wollte, fragte ich: »Bleibst du heute Nacht bei mir?«

Und anders als gestern Abend stimmte er zu.

KAPITEL 30

Das war es wert gewesen. Ich lauschte seinen gleichmäßigen Atemzügen, bevor ich wegdämmerte, und als er mir am nächsten Morgen eine Haarsträhne aus dem Gesicht strich, tat ich so, als würde ich noch schlafen. Seine Berührung hallte noch in mir nach, lange nachdem er in der allerersten Morgendämmerung auf Zehenspitzen aus dem Zimmer schlich.

Wenn man ihn mit seiner Familie beobachtete, sein vergnügtes Lachen hörte und die üblichen Scherze, hätte man glauben können, ich hätte mir die vergangene Nacht nur eingebildet. Aber wenn niemand hinsah, berührten sich unsere Finger auf eine Weise, die mir deutlich zeigte, dass er die ganze Zeit genauso daran denken musste wie ich.

Nichts auf der Welt will ich mehr, als dich zu berühren, dich wieder zu spüren.

Mein Kopf zwischen deinen Schenkeln.

Ich will hören, wie du meinen verdammten Namen stöhnst.

Ich hatte kein Detail vergessen. Und das würde ich wohl auch nicht mehr.

Mir fiel überdeutlich auf, wie eng das weiße Longsleeve um seinen Bizeps saß. Wie gut es aussah, wenn er sein Haar mit ein bisschen Gel bändigte. Und wie sich sein knackiger Hintern anspannte, als er unsere Taschen zu seinem Jeep trug.

Verklagt mich doch.

Während er unser Gepäck ins Auto lud, lehnte ich mich gegen die Beifahrerseite. Die Sonne schien heute wieder, zum ersten Mal seit einer ganzen Weile, und obwohl es immer noch kalt war – so kalt, dass mir der Atem stockte –, machte die Sonne es erträglicher. Ich blinzelte gegen das Licht an, beobachtete, wie die McCarthys nacheinander aus ihrem Haus trabten, und lächelte, als Natalie mich umarmte.

»Es war schön, dich kennenzulernen, Athalia. So schön.« Sie drückte mich fest an sich, und ich erwiderte die Umarmung überglücklich. »Eine wunderbare Abwechslung zu den Unruhestiftern, die ich sonst immer um mich habe.« Sie warf ihren fünf Kindern einen gespielt tadelnden Blick zu, und ich musste lachen, als sie empört vor sich hinmurrten.

»Danke, dass ich dabei sein durfte«, sagte ich leise. »Das bedeutet mir sehr viel. Mehr, als du dir wahrscheinlich vorstellen kannst.« Ich seufzte. »Ich weiß das so sehr zu schätzen.«

Als Nächstes verabschiedete Natalie sich von ihrem Sohn, während ich dem Rest seiner Familie auf Wiedersehen sagte.

Diana, die Älteste, lehnte sich mit einem lauten Seufzer gegen McCarthys Auto und grinste. Sie strahlte eine solche Wärme aus, als wollte sie mit der Sonne konkurrieren. Seine Familie hatte so unglaubliches Glück mit ihren Genen, dass es schon nicht mehr fair war.

Diana drehte sich zu mir und stupste mich mit der Schulter an. »*So*«, sagte sie gedehnt und warf ihrem Bruder einen kurzen Blick zu. »Ich bin ja echt froh, dass er endlich mal den Mut aufgebracht hat.«

Ich schnalzte amüsiert mit der Zunge, aber man hörte mir meine Verwirrung wohl trotzdem deutlich an. »Wieso Mut?«, fragte ich und hoffte, dass mir nichts Offensichtliches entgangen war und ich mit meiner Begriffsstutzigkeit nicht völlig blöd dastand.

Diana warf lachend den Kopf in den Nacken. Ihr kurzes Haar wirkte im Sonnenlicht heller als sonst. »Na, du weißt schon«, murmelte sie und gestikulierte zwischen mir und Dylan hin und her. Allerdings wusste ich überhaupt gar nichts. »Diese Sache. Mit dir. Und ihm. Nur Gott selbst weiß, wie ewig er dich bereits …«

»So!«, unterbrach Dylan seine Schwester, klatschte in die Hände und legte einen Arm um sie. Derweil drehte sich mein Gedankenkarussell in Turbogeschwindigkeit. »Wiedersehen, Didi.« Sein Grinsen verriet, dass er genau wusste, was er tat. »Es war mir wie immer ein Vergnügen.«

Diana verdrehte scherzhaft die Augen, schlang aber dennoch die Arme um ihn. Über seine Schulter hinweg zwinkerte sie mir zu. »Anscheinend ist das dein Stichwort zum Aufbruch«, meinte sie, kicherte und hob vielsagend eine Augenbraue.

»Das ist es in der Tat.« Dylan öffnete die Beifahrertür. Erwartungsvoll sah er mich an. Als ich nicht sofort in den Wagen stieg, nickte er mir mehr als auffordernd zu, und ich kam seiner Bitte letztendlich nach. Er umarmte alle noch mal – seine Mutter am längsten – und trabte dann ums Auto herum, um ebenfalls einzusteigen.

»*Du* …«, begann ich leise, als er aus der Einfahrt fuhr, und zeigte vorwurfsvoll mit dem Finger auf ihn. »Du unterbrichst ständig meine interessantesten Unterhaltungen, ist dir das eigentlich klar?«

Ganz auf die Straße konzentriert lächelte er verlegen. »Vielleicht.«

Jetzt, in der Sicherheit seines Autos, machte ich meiner Frustration endlich Luft und ließ genervt den Kopf gegen den Sitz sinken. »Was wollte sie sagen?«

»Wer?«

»Deine Schwester.«

»Welche?«

Ein weiteres Stöhnen. »*Diana.*«

»Oh.« Er hielt an einem Stoppschild und warf mir einen flüchtigen Blick zu. »Keine Ahnung.« Breit grinsend legte er den ersten Gang ein und fuhr wieder los.

»Du treibst mich in den Wahnsinn.« Ich funkelte ihn an.

Er schnitt eine Grimasse. »Ich mache es gleich noch viel schlimmer, Prinzessin. Tut mir leid.«

Besorgt runzelte ich die Stirn – leider half aber auch die Besorgnis nicht gegen die Wirkung, die der Spitzname auf mich hatte. »Wie denn?«, fragte ich vorsichtig.

»Was hältst du davon, wenn wir die Fahrt dazu nutzen, Statistik zu üben?«

Ich sackte in mich zusammen. »Nein.«

Selbstzufrieden lächelnd sagte er sehr nachdrücklich: »Oh doch.«

»Ich muss eben tanken.« Dylan bog auf die Tankstelle ab, seine Augen huschten kurz zu mir, ehe er wieder auf die Straße blickte. Als er meinen kläglichen Gesichtsausdruck sah, an dem er schuld war, fing er an zu lachen.

Ich stieß einen tiefen Seufzer aus.

»Bis ich wieder da bin«, sagte er so liebenswürdig, als wüsste er nicht, was er mir damit antat, »denkst du in Ruhe über die richtige Antwort nach.«

»Fick dich.«

Aber er war schon ausgestiegen und warf die Tür hinter sich zu. Ich stöhnte laut auf, jetzt ganz allein im Auto. Nach der sechzigminütigen Statistikhölle, die ich gerade durchgemacht hatte, war es eine wohlverdiente Erleichterung.

Doch leider war mein endlos langer Frustseufzer noch nicht ganz heraus, da öffnete sich plötzlich die Beifahrertür, und ich erschrak so heftig, dass sich mein Stöhnen in ein entsetztes Quieken verwandelte, eines Horrorfilms würdig.

»Dylan!« keuchte ich auf und wünschte, ich hätte die Topflappen seiner Mutter zur Hand, um damit nach ihm zu schlagen. Eine Hand hatte ich unwillkürlich auf die Brust gepresst, und ich spürte deutlich meinen heftigen Herzschlag.

Sein Grinsen war breit und süß und unwiderstehlich. Tiefe Grübchen und keine Spur von Scham. Mit dem Unterarm stützte er sich aufs Autodach und beugte sich vor, schaute mir in die Augen und richtete drohend einen Finger auf mich. »Und wehe, du googelst die Antwort.« Mit diesen Worten warf er die Tür wieder zu.

Ich beobachtete ihn, bis er zum Bezahlen in der Tankstelle verschwand, und sobald sich die Glastüren hinter ihm schlossen, befolgte ich seinen freundlichen kleinen Ratschlag – denn genau das war es gewesen. Ich hatte nämlich nicht mal daran gedacht, danach zu googeln. Um ehrlich zu sein, hatte ich inzwischen praktisch vergessen, dass ich überhaupt ein Handy besaß. Ich zog es aus der Tasche, froh darüber, dass er mich daran erinnert hatte.

Bis meine verpassten Nachrichten mich überfluteten.

Das Handy kam überhaupt nicht mehr hinterher mit den Benachrichtigungstönen, und es half auch nicht viel, dass ich den Ton direkt hektisch ausschaltete ... Die Vibrationen waren eine vollkommen ausreichende Erinnerung daran, wie fertig ich sein würde, wenn ich das alles irgendwann durcharbeiten musste.

Vielleicht sollte ich mir stattdessen einfach ein neues Handy und eine neue Nummer besorgen.

Mir drehte sich der Magen um. Das Handy vibrierte immer noch, in der oberen Leiste erschienen immer noch mehr und mehr Nachrichten. Ich wollte sie ignorieren, machte mich stattdessen daran, das zu tun, was Dylan mir verboten hatte. Leider kam ich nicht sehr weit.

HENRY, Mittwoch, 21:22

> Bist du zu Hause?

> Würdest du bitte die Tür aufmachen?

> Bei dir brennt kein Licht.

> Würdest du mal aufmachen?

> Ich bin über die Feiertage hier. Wenn du irgendwas brauchst, melde dich!

> Bitte?

> Athalia?

Nachricht um Nachricht um Nachricht. Ich wusste nicht, was mich dazu verleitet hatte, auf das Benachrichtigungs-Icon zu klicken, aber ich tat es. Und dann starrte ich fassungslos auf all die Textnachrichten, Benachrichtigungen, verpassten Anrufe und den Namen meines Bruders ganz oben im Chat.

HENRY, Donnerstag, 9:09

> Geht es dir gut?

> Soll ich vorbeikommen?

> Ich komme vorbei.

HENRY, Donnerstag, 9:45

> Ich weiß, dass ich Mist gebaut habe, aber kannst du einfach die Tür öffnen?

> Ich habe gehört, dass du dich mit Wren gestritten hast …

> Und ich will nicht, dass du heute allein bist!

> Geht es dir gut?

> Dein Nachbar hat mich reingelassen. Ich sitze vor deiner Tür, wenn du mich brauchst ...
> Nicht dass du mich für irgendwas brauchst, aber ...
> ... na ja

HENRY, Donnerstag, 16:01
> Ich mache mir langsam Sorgen!

Darauf folgten mehrere verpasste Anrufe und dann:

HENRY, Donnerstag, 19:30
> Ernsthaft, lass mich einfach wissen, dass du deine Ruhe brauchst, und ich lass dich in Ruhe!
> Aber du gibst kein Zeichen von dir, und ich flippe hier gerade ein bisschen aus.

HENRY, Donnerstag, 23:11
> Ich bin dankbar für dich, kleine Schwester ...

Ich glaube, diese Nachricht war das Tüpfelchen auf dem i, weswegen ich den Chat schnell schloss. In meinen Augenwinkeln brannten Tränen, und wahre Lawinen aus Schuldgefühlen wälzten über mich hinweg.

Schuldgefühle standen eigentlich nicht auf meiner Streit-mit-Henry-Bingokarte.

Aber wie hätte ich keine Schuldgefühle haben können?

Ich hatte ihn einfach ... zurückgelassen. Mein Zwillingsbruder hatte denselben traumatischen Verlust erlitten wie ich, ihm ging es zu dieser Zeit im Jahr ebenso schlecht wie mir, er verbarg es nur besser. Und gerade trauerte er nicht nur – auf seine Art, die eher in aktiver Verdrängung bestand –, sondern war außerdem krank vor Sorge.

Meinetwegen.

Das Schlimmste daran war: Genau das hatte ich doch im Grunde mit diesem ganzen McCarthy-Unsinn bezwecken wollen, oder? Ich hatte seine Aufmerksamkeit erwecken wollen – hatte spüren wollen, dass ich ihm nicht egal war.

Seine Nachrichten zeigten mir, dass ich genau das erreicht hatte, was ich wollte, aber ich fühlte mich nicht besser. Wahrscheinlich sogar noch schlechter.

Gedankenlos scrollte ich durch mein Postfach. Dutzende unbeantworteter Nachrichten von Verwandten, alten Bekannten und einigen Freunden. Mein Finger schwebte über dem Chat mit Wren. Es ging mir jetzt doch sowieso schon schlecht, oder? Scheiß drauf, schlimmer konnte es auch nicht mehr werden.

Zu meiner Überraschung gab es von ihr nur zwei neue Nachrichten, und ich fühlte mich direkt ein wenig dumm, weil ich halb erwartet hatte, dass sie sich ebensolche Sorgen machte wie Henry.

WREN, Donnerstag, 10:20

> Wenn er es vermasselt, bringe ich ihn um, aber ich kann nicht anders, als heute an dich zu denken und zu hoffen, dass er es nicht vermasselt (obwohl ich ihn schon ganz gern umbringen würde).

> Muss dir ein paar Sachen erklären. Wir reden, wenn wir wieder zu Hause sind.

Sie wusste Bescheid. Die Erkenntnis traf mich wie ein Schlag in der Magengrube.

Wir haben geredet. Kein Zwang nötig, niemand wurde verletzt.

War es das, worüber sie an jenem Tag gesprochen hatten? Hatte sie McCarthy gebeten, sich um mich zu kümmern, als sie es nicht konnte – *nicht wollte?*

Noch nie zuvor hatte ich mich so sehr geliebt und zugleich so tief gedemütigt gefühlt. Noch nie hatte ich etwas mehr gehasst und zugleich geschätzt, was jemand für mich getan hatte. Ich wusste nicht mal, ob ich wütend oder dankbar sein sollte. Schreien oder lachen. Oder weinen.

Zum Glück wurde mir die Entscheidung abgenommen – Dylan kam mit einer Plastiktüte in der Hand aus der Tankstelle gejoggt. Sein Blick schweifte über den Platz. In einer entfernten Ecke parkte ein ziemlich rostiges Auto, ansonsten war er leer.

Hastig steckte ich mein Handy zurück in die Tasche, lehnte mich zurück und setzte ein möglichst überzeugendes Lächeln auf. Blinzelte mir rasch die Tränen aus den Augen und schniefte. *Ablenkung, Ablenkung, Ablenkung*, leierte ich innerlich herunter. Inzwischen wusste ich, dass McCarthy in Sachen Ablenkung außerordentlich brauchbar war.

Er schob sich auf den Fahrersitz und knallte die Tür zu. »Draußen ist es eiskalt«, beschwerte er sich mit einem Schaudern, warf die Tüte auf meinen Schoß und rieb sich die Hände, als könnte er nicht einfach den Motor starten und damit auch die Heizung.

»Wie deine Seele«, seufzte ich geistesabwesend. Ich hatte die Augen geschlossen, öffnete sie aber belustigt, als er theatralisch aufkeuchte.

»Wow.« Er presste eine Hand auf die Brust, als würde sein Herz schmerzen. Ich musste lächeln. »Was ist in den letzten zehn Minuten passiert, das mich zum Gegenstand so harscher Kritik macht, Pressley?« Er schüttelte den Kopf und stieß mit der Zunge an die Innenseite seiner Wange, um sich ein Lächeln zu verkneifen. »Ernsthaft«, hakte er nach. »Ich bin verletzt.«

Jetzt musste ich lachen. Erst in diesem Moment wurde mir richtig klar, dass Dylan nicht nur dann eine großartige Ablenkung war, wenn wir bei dem Versuch versagten, die Finger voneinander zu lassen. Auch sonst taugte er dazu einfach großartig. »Und wenn man dann noch bedenkt, dass ich dir gerade Sour Patch Kids mitgebracht habe … Ich sollte sie wohl schnell umtauschen.« Mit einem Nicken deutete er auf die Tüte in meinem Schoß, verkniff sich erneut ein freches Lächeln und ließ den Blick zur Tankstelle wandern, ehe der Motor ansprang.

Es überraschte mich, wie mühelos er mich zum Lachen brachte.

Ich hatte mir so viel von unserem kleinen Arrangement erwartet: die Aufmerksamkeit meines Bruders, den Triumph süßer Rache. Und am Ende womöglich eine Leiche. Mit dieser aufrichtigen Freude daran, Zeit mit McCarthy zu verbringen, hatte ich nicht gerechnet. Es schockierte mich fast mehr als die Momente, in denen ich mich unwiderstehlich zu ihm hingezogen fühlte, oder der Drang, ihn zu küssen, sobald seine Grübchen aufblitzten.

»Also«, sagte er, die Augen auf die Straße gerichtet.

»Also«, echote ich und beäugte ihn argwöhnisch.

»Hast du eine Antwort für mich?«

Ich blinzelte. *Eine Antwort worauf?*

»Auf mein statistisches Problem«, fügte er zur Erklärung hinzu.

»Jetzt weiß ich wieder, warum ich deine Seele kalt genannt habe«, brummte ich und verschränkte die Arme vor der Brust. »Du quälst mich schon seit einer Stunde, Dylan. Kann ich nicht einfach den Rest unseres kleinen Ausflugs genießen?«

»Du genießt also unseren kleinen Ausflug, ja?« Die Frage fühlte sich an wie eine Falle, und ich lehnte aufstöhnend den Kopf an die Rückenlehne und schloss die Augen.

»Ich gebe mir wirklich alle Mühe.« Am liebsten hätte ich die Augen verdreht, um mich von meiner eigenen Erkenntnis abzulenken: Ich genoss das hier tatsächlich. Nicht nur die Autofahrt, nicht nur die Ablenkung, sondern seine Gesellschaft. Ihn.

»Und ich versuche, dir dabei zu helfen, die Statistikprüfung zu bestehen, Prinzessin.« Diesmal war es eindeutig wieder als Beleidigung gemeint, nicht als Kosename, aber trotzdem spürte ich ein Flattern in meinem Bauch. »Du könntest es schaffen. Also lass uns jetzt nicht aufgeben, okay?« Er klang überhaupt nicht mehr spöttisch, sondern sanft und beruhigend, es war fast wie ein Raunen. Dem hoffnungsvollen Blick, mit dem er mich ansah, als ich die Augen öffnete, hatte ich nichts entgegenzusetzen.

Mit einem resignierten Seufzer wandte ich mich wieder nach vorn und starrte stur geradeaus. »Wie ich schon sagte«, gab ich kaum hörbar von mir. »Kalt und *seelenlos*.«

Er schien das als Zustimmung zu verstehen – vergnügt setzte er sich zurecht, und ich nahm sein breites Lächeln deutlich wahr. Aber ich sah nicht hin. Ich musste einen klaren Kopf behalten.

»Du bist so viel besser geworden«, rief er mir in Erinnerung.

Noch mehr Ermutigung und Lob, nur ein weiteres Wort mit dieser seidenweichen Stimme, und es wäre um meinen klaren Kopf geschehen gewesen. Ich merkte jetzt schon, wie mich ein eigenartiger Rausch überkam, weil ich den Kontrast zu dem üblichen Sarkasmus und den Frechheiten so sehr genoss.

»Das will ich doch hoffen«, versuchte ich, scherzhaft gegenzusteuern. »Sonst wärst du wohl ein beschissener Lehrer.«

»Oder du eine besonders schlechte Schülerin.«

Ich musste lachen. Und als ich erst einmal anfing, konnte ich nicht wieder aufhören. Dylan ging es ähnlich; es war, als würden sich die Schleusen öffnen, und ich fand es immer komischer und komischer, statt mich zu beruhigen.

Mein Bauch tat weh, meine Wangen schmerzten, und so zu lachen verlangte mir mehr ab als alles, was ich in den letzten Tagen getan hatte. Ich war richtig erschöpft davon, aber zugleich auch voller Energie. Glücklich. Sorglos. Abgelenkt.

Ich lächelte immer noch, als unser Lachen zu gelegentlichem Schnaufen und schwerem Atmen verebbte. »Touché«, sagte ich und sah ihn endlich wieder an. »Ich würde mal sagen, die Wahrscheinlichkeit, dass deine Hypothese zutrifft, ist erheblich größer.«

Und er wirkte fast beeindruckt.

KAPITEL 31

Wer hätte gedacht, dass ich eines Tages stundenlang mit Dylan McCarthy Williams in einem Auto feststecken würde und der Teil unserer Fahrt, vor dem ich mich am meisten fürchtete, unsere Ankunft war?

> Muss dir ein paar Sachen erklären.
Wir reden, wenn wir wieder zu Hause sind.

Bei der Erinnerung an Wrens Nachricht ließ ich mir ungewöhnlich viel Zeit beim Lösen meines Gurtes und schlüpfte noch langsamer in meinen Mantel. Zog zweimal meinen Dutt fester und rückte ein Dutzend Male die Brille zurecht.

Dylan war sofort aus dem Auto gesprungen, nachdem er vor dem Backsteinkomplex angehalten hatte, um meine Sachen aus dem Kofferraum zu holen. Offenbar hatte er mein Zögern gar nicht bemerkt … bis er sich die Tasche über die Schulter schwang und feststellte, dass ich immer noch im Auto saß.

Im Rückspiegel sah ich, wie er mich mit zusammengekniffenen Augen und gerunzelter Stirn aufmerksam musterte. Keine Ahnung, was er sich dachte, aber ganz sicher irrte er sich, denn ich wusste ja selbst nicht genau, weshalb ich so zögerlich war. Woher also sollte er es wissen?

»Versuch ja nicht, mich zu analysieren«, warnte ich ihn, als er die Beifahrertür öffnete und wir einander prüfend begutachteten. Kapitulierend hob er die Hände, und ein leichtes Lächeln umspielte seine Lippen.

»Das würde ich niemals wagen«, schwor er mir mit einem Lachen, das exakt das Gegenteil besagte, verbeugte sich und gab mir ein Zeichen, endlich aus dem Jeep auszusteigen. »Ich versuche nur, herauszufinden, was an meinem Auto so einladend ist, dass du nicht aussteigen möchtest.« Fragend hob er eine Braue, aber ich tat, als hätte ich nichts gehört.

Ich stieg aus und blickte am Haus hinauf zum obersten Stockwerk. Obwohl man von hier aus nicht in die Fenster sehen konnte, meinte ich, einen Lichtschimmer wahrzunehmen, und mir drehte sich der Magen um. »Wren scheint zu Hause zu sein«, sagte ich und versuchte, mir meine Nervosität nicht anmerken zu lassen. »Gib mir das ruhig, du musst nicht mit hochkommen.« Ich deutete auf die Reisetasche. »Das würde nur unnötig Öl ins Feuer gießen«, fügte ich dann leise hinzu.

»Athalia«, seufzte Dylan als Antwort und setzte sich in Bewegung, als hätte er mich nicht gehört. Mir blieb nichts anderes übrig, als ihm zu folgen. Also knallte ich die Tür seines Jeeps zu und eilte hinterher. »Weißt du nicht mehr?«, erkundigte er sich. »Sie und ich sind jetzt *so* dicke miteinander.« Er verschränkte zwei Finger. »Es gibt kein Feuer, in das man Öl gießen könnte.«

Ich drängelte mich mit einem ziemlich lauten und ziemlich humorlosen Lachen an ihm vorbei. »Du kannst mir meine Tasche geben«, beharrte ich und schloss die Tür auf, öffnete sie und drehte mich mit erwartungsvollem Blick zu ihm um. Er schob sich einfach an mir vorbei.

Ich stöhnte auf und hastete hinter ihm her, aber er hatte bereits den Knopf für den Aufzug gedrückt, als ich ihn erreichte.

Während wir darauf warteten, dass die Türen aufglitten, schüttelte ich den Kopf. »Du bist *bei Weitem* der nervtötendste Mensch, dem ich je begegnet bin.« Aus dem Augenwinkel sah ich, wie er mich angrinste, und behielt fest die Metalltüren im Blick, um nicht der Versuchung zu erliegen, sein Grinsen zu erwidern. »Nur dass du es weißt.«

»Dadrin sind drei Paar Schuhe, vier Kapuzenpullis, zwei Jeans, Jogginghose, Hemden, Blusen, Kleider und Gott weiß was noch alles, Athalia. Wenn du glaubst, ich lasse dich eine Tasche tragen, die so viel wiegt wie du selbst, kennst du mich schlecht.« Er hörte sich fast beleidigt an und außerdem ein bisschen spöttisch, und als ich ihn anschaute, passte sein Blick sehr gut zu seinem Tonfall.

Rasch überschlug ich seine Liste im Kopf, stockte und überschlug sie noch mal. Es war alles richtig. Wie zum Teufel …

Er lachte leise, gerade als der Aufzug ankam. Ich protestierte nicht mal, als er mir hineinfolgte. »Ich habe dir beim Packen geholfen, schon vergessen?«

Ich schüttelte den Kopf, während er den Knopf für die oberste Etage drückte. »Du hast mir nicht beim Packen geholfen«, widersprach ich ihm. »Du hast mir beim Packen zugesehen.« Nie hätte ich damit gerechnet, dass er darauf geachtet hatte, was ich einpackte, aber offensichtlich hatte ich mich geirrt.

Er verdrehte die Augen und winkte ab. »Ist dasselbe.« Als wir die oberste Etage erreichten, ließ er die Tasche von der Schulter rutschen.

Nein, es war nicht dasselbe. Zwischen Packen und Beim-Packen-Zusehen lagen Meilen. Es war nicht dasselbe, ob jemand auf nichts achtete oder aber auf jedes Detail. Es war ein Unterschied wie Tag und Nacht. Begriff er das wirklich nicht, oder tat er nur so?

»Grüß Wren von mir«, riss mich seine Stimme aus meinen Gedanken. Ich wandte mich um. Er stand zwischen den Aufzugtüren, um sie daran zu hindern, sich zu schließen, meine Tasche neben ihm im Flur. Das kurze Stück bis zur Wohnung konnte ich sie problemlos selbst hinüberschieben – falls sie wirklich so schwer sein sollte, wie McCarthy behauptete.

Als ich danach griff und McCarthy in den Aufzug zurückwich, überkam mich ein weiteres Mal tiefe Dankbarkeit. Für alles.

Weil er mich über Thanksgiving bei sich aufgenommen hatte. Weil er mich in seinem Bett hatte schlafen lassen. Weil er mich geküsst hatte. Darauf bestanden hatte, nicht mit mir zu schlafen. Mir meine Lieblingssnacks besorgt hatte. Mich nach Hause gefahren und meine Tasche getragen hatte. Weil er keine Anstalten machte, mit reinzukommen. Weil er meine Entscheidung respektierte – meine Grenzen.

Die Türen glitten langsam aufeinander zu, und wir sahen einander immer noch in die Augen, als ich jenes Wort aussprach, für das es eben so, so viele Gründe gab, die allesamt gleichzeitig jegliche Zweifel an der Möglichkeit ausräumten, dass er mich nicht leiden konnte.

»Danke.« Obwohl ich es nur flüsterte, wusste ich, dass er mich gehört hatte, denn seine Mundwinkel zuckten, und er neigte den Kopf, ehe sich die Türen zwischen uns schlossen.

Ich stieß einen langen, tiefen Atemzug aus, um mich für das zu wappnen, was mich hinter meiner Wohnungstür erwartete. Es gab mehrere mögliche Szenarien.

1. Wren ignorierte mich immer noch.
2. Wren war im Backrausch.
3. Wren … bat mich um Verzeihung.

Welche dieser Varianten es auch immer sein mochte, ich fühlte mich auf keine davon annähernd gut vorbereitet.

Und oh, wie recht ich damit behielt.

Als ich vorsichtig in die Wohnung hineinspähte, war ihre Zimmertür geschlossen. Und obwohl ich eigentlich erleichtert hätte sein sollen, die Küche nicht voller Backutensilien, Muffins und Cupcakes vorzufinden, war ich doch ein wenig enttäuscht.

Ich wusste nicht, womit ich nach ihrer Nachricht gerechnet hatte. *Wir reden.* Was sollte das überhaupt bedeuten?

Vielleicht würde sie mir statt der erhofften Entschuldigung sagen, dass sie es nicht mehr ertragen konnte und ausziehen musste.

Oh Gott.

Bei diesem fürchterlichen Gedanken schlug mein Herz plötzlich doppelt so schnell, und meine Handflächen begannen zu schwitzen. Ich ließ meine Tasche zu Boden krachen. Bis jetzt war ich davon überzeugt gewesen, dass unser Streit nur eine vorübergehende holprige Strecke in unserer ewig anhaltenden Freundschaft sein würde. Eine Zeit, über die wir in ein paar Jahren gemeinsam lachen konnten.

Aber sobald mir der Gedanke gekommen war, dass sie womöglich ausziehen wollte, war ich mir da nicht mehr ganz so sicher.

»Athalia.«

Erschrocken fuhr ich zu ihr herum. Was auch immer sie in meiner Miene las, es wischte das zögerliche Lächeln aus ihrem Gesicht.

»Ziehst du aus?« Ich konnte mir die Frage einfach nicht verkneifen. Wenn sie es vorhatte, hatte ich ein Recht darauf, es so bald wie möglich zu erfahren, oder? Als ihre Mitbewohnerin, als ihre beste Freundin. Oder so.

»Was?« Sie runzelte die Stirn, stieß sich vom Türrahmen ab, an dem sie gelehnt hatte, und kam zu mir ins Wohnzimmer.

»Du hast gesagt, wir müssen reden«, erinnerte ich sie. »Wir sind kein Paar, sonst hätte mich diese Bemerkung vermuten lassen, dass du mit mir Schluss machen willst. Ausziehen erscheint mir wie das Freundschaftsäquivalent dazu.«

Es klang wie eine sehr rationale Überlegung, nicht wie der panische Gedanke, der es in Wirklichkeit war.

Sie schüttelte den Kopf. Nachdrücklich. »Was?«, fragte sie noch mal. Vielleicht klang es in Wirklichkeit doch nicht so rational. »Ich ziehe nicht aus – natürlich nicht!« Bevor ich erleichtert aufatmen konnte, wurde die Verwirrung in ihren Zügen von etwas ganz anderem abgelöst. »Oder willst du das?«

»Nein!« Ich wollte auf keinen Fall, dass Wren Inkwood auszog.

»Okay.« Sie nickte und entspannte sich. »Gut.«

Unsicher, was ich tun oder sagen sollte, ließ ich meinen Blick durch die Wohnung schweifen, als würde ich nicht schon seit einer geraumen Zeit hier leben. Meine Arme hingen linkisch herab, und ich stieß heftig die Luft aus, als sich das Schweigen ausdehnte.

Die Situation kam nicht nur mir unbehaglich vor, oder?

»Also.« Ich räusperte mich, und Wren tat es mir gleich, nickte.

»Also«, wiederholte sie. »Äh …«

Ich hatte sie noch nie zuvor stottern gehört, und ich hatte keine Ahnung, ob es mich beruhigte oder zu Tode erschreckte.

»Ich packe nur schnell aus …«

»Es tut mir leid …«

Wir hatten gleichzeitig gesprochen und unterbrachen uns gegenseitig.

»Oh, ja«, stimmte sie hastig zu und deutete mit einem nervösen Lachen auf meine Tasche. »Pack erst mal aus, ich …«

Aber das kam jetzt nicht mehr infrage. Nicht, nachdem sie gerade diese vier magischen Worte ausgesprochen hatte. Und außerdem war mir sowieso nicht nach Auspacken, in meinen Augen war das immer der lästigste Teil einer jeden Reise.

»Nein, nein.« Ich winkte ab. »Das hat Zeit.«

Wren nickte, und ihr kurzes Haar wippte mit der Bewegung mit. Dann seufzte sie laut. »Wie war dein … Trip?« Die Frage klang vollkommen unschuldig, aber ich durchschaute sie sofort.

»Der Trip, den du für mich organisiert hast?«, fragte ich und hoffte, dass ich mit meinem Verdacht richtiglag. Überrascht nickte sie wieder.

»War das blöd von mir?«, fragte sie besorgt. Sie wirkte total nervös, beinahe ängstlich, und das gefiel mir überhaupt nicht.

»Nein.« Ich war froh darüber, dass ich so langsam meine Fassung zurückgewann und bereit war, mir ihre eindeutig nötige Erklärung für den ganzen Schlamassel unseres Streits anzuhören. »Ich hatte Spaß.«

Sie wirkte ebenso erfreut wie beunruhigt von dieser Aussage. Angesichts meiner und McCarthys Vorgeschichte war ich darüber weder erstaunt noch beleidigt.

»Hat er es vermasselt?«, fragte sie vorsichtig.

Bei der Erinnerung an ihre Nachricht konnte ich mir das Grinsen nicht verkneifen. »Hoffst du darauf, einen Grund zu haben, ihn umzubringen?«

»Ja.«

»Es gibt keinen.«

Trotz der offensichtlichen Enttäuschung darüber, dass sie ihn nicht verprügeln konnte, gab sie ein erleichtertes Schnaufen von sich, dann setzte sie sich auf die Armlehne des Sofas und fuhr sich mit beiden Händen übers Gesicht. »Es tut mir leid.« Sie stöhnte. »Gott, es tut mir so, so leid. Du hast ja keine Ahnung.« Als würde sie sich erst jetzt der Tragweite ihres Handelns bewusst, stöhnte sie noch mal.

Als sich unsere Blicke trafen, riss die Reue in ihren Augen auch mich fast in Stücke.

»Ich habe völlig überreagiert, mich wie eine Idiotin benommen und dich dann an Thanksgiving einfach allein gelassen …« Sie schüttelte heftig den Kopf. »Und das alles nur wegen dieses verdammten Typen McCarthy.« Sie schnaubte ungläubig, als könnte sie es selbst nicht fassen. »Es geht mich überhaupt nichts an, was du tust – und mit wem. Ich … ich hätte einfach nie damit gerechnet, weißt du? Wir *hassen* den Kerl. Ich dachte, da wären wir uns einig.« Mit weit aufgerissenen Augen glotzte sie mich an. »Zumindest habe ich ihn gehasst. Ich nehme an, du hattest nie wirklich einen Grund dafür.« Braune Augen musterten mich. Ich lehnte an der Küchentheke und zupfte geistesabwesend an einem der Lieferdienst-Flyer herum, die darauf verstreut lagen.

»Hast du denn einen?«, fragte ich zögerlich. »Einen Grund dafür, ihn zu hassen, meine ich?«

Ich hatte nie so richtig hinterfragt, warum Wren ihn nicht leiden konnte. Henry hasste ihn so sehr, dass ich wohl einfach akzeptiert hatte, dass McCarthy der schlimmste Mensch auf dem Campus war, und deshalb natürlich auch Wren ihn nicht ausstehen konnte.

»Nicht wirklich, wenn ich genauer darüber nachdenke«, gab sie zu. »Vor ein paar Monaten habe ich mich mit Henry unterhalten, und er hat gemeint, McCarthy würde ganz offensichtlich auf dich stehen. Ab dem Moment habe ich die Anzeichen dafür auch erkannt. Und ich nahm an, dass du ihn genauso hasst wie dein Bruder. Ich habe mir das wohl eingeredet, damit ich nicht …« Wren schluckte heftig und sah sonst wohin, aber nicht in meine Richtung. »Damit ich keinen Grund hatte, eifersüchtig zu sein, schätze ich.«

Es war so still, dass man eine Stecknadel zu Boden hätte fallen hören.

Nur dass es keine Stecknadel war, sondern eine Bombe – nuklear und tödlich. Die Druckwelle riss alles mit sich, bis nichts mehr so war wie zuvor.

»Du magst ihn.« Das war die einzig logische Schlussfolgerung, nicht wahr? Deshalb hatte ihr mein Racheplan nicht gefallen. Deshalb hatte sie nicht gewollt, dass ich Fake-Dates mit ihm hatte. Und deshalb war sie ausgeflippt, als sie herausfand, dass wir uns geküsst hatten.

Und ich war blind und dumm gewesen und hatte nicht gemerkt, dass meine beste Freundin für den Typen schwärmte, mit dem ich quasi zusammen war. »Ich hatte keine Ahnung«, flüsterte ich betroffen.

»Dein Ernst?« Sie sagte es in einem Tonfall, der mich dazu bewog, sie wieder anzusehen. Auf ihren Lippen spielte … ein amüsiertes Lächeln? Auch das Stirnrunzeln war weg. »Ich kann McCarthy nicht leiden.« Sie erschauderte bei dem Gedanken. »Gott, nein.«

»Aber du hast gesagt, du wärst eifersüchtig.« Warum sollte sie sonst … »Oh.«

Oh.

Oh Gott.

Als ich neulich erwähnt hatte, sie benähme sich wie eine eifersüchtige Freundin, hatte ich doch nicht gemeint … »Warte …«

Aber sie wartete nicht. »Hör zu«, unterbrach sie mich und wich meinem Blick aus. »Ich habe mir geschworen, dir nichts davon zu sagen, bis ich drüber hinweg bin – bis ich *über dich* hinweg bin. Und das bin ich inzwischen«, fügte sie hinzu. »Als du mir das mit der eifersüchtigen Freundin an den Kopf geworfen hast …« Mir drehte sich der Magen vor lauter schlechtem Gewissen. »… da habe ich zum ersten Mal gemerkt, wie sehr diese dumme Verliebtheit unsere Freundschaft beeinträchtigt. Ich wollte dich nicht verlieren, aber um über diese Sache hinwegzukommen, musste ich …« Sie schüttelte den Kopf und seufzte tief. »Ich wollte mich schon eine Stunde später so gern bei dir entschuldigen. Aber ich dachte, ich brauche ein bisschen Zeit, verstehst du? Ein paar Tage, vielleicht eine Woche. Aber dann vergingen *Wochen*, Thanksgiving stand vor der Tür, und ich habe dich nur immer noch mehr vermisst. Ich wollte dich nicht alleinlassen, das schwöre ich …« Sie stieß die Luft aus und betrachtete mich schließlich eindringlich.

Keine Ahnung, was sie in meinem Gesicht las. Ich war viel zu durcheinander, um auch nur einen klaren Gedanken zu fassen.

War es offensichtlich gewesen? War ich einfach nur zu sehr auf mich selbst fixiert gewesen, um zu bemerken, dass meine beste Freundin Gefühle für mich entwickelt hatte?

Welch eine Ironie, dass ich meinem Bruder vorgeworfen hatte, er sei zu egoistisch, um die Belange anderer Menschen wahrzunehmen, obwohl ich selbst eindeutig nicht besser war als er.

Ich fühlte mich immer noch zu verwirrt, zu dumm, zu schuldig, um mir eine brauchbare Antwort abzuringen. *Hey, mach dir keinen Kopf deswegen. So was kann man sich nicht aussuchen, und ich fühle mich sehr geschmeichelt.* Oder auch: *Danke, dass du es mir gesagt hast.* Oder: *Oh mein Gott, ich hatte ja keine Ahnung. Es tut mir so leid, dass ich so ignorant war und dich ständig wegen dem schlechten Sex mit meinem Ex-Freund vollgeheult habe.*

Ich fühlte mich schrecklich, wenn ich daran zurückdachte,

wie oft ich mit ihr über mein Liebesleben geredet hatte. Über meine Ex-Freunde. Über *Sex*.

Ihre Stimme holte mich in die Realität zurück. In die Realität, in der sie anscheinend über mich hinweg war, wie sie behauptet hatte. Sonst würden wir dieses Gespräch nicht führen, oder? »Ich hatte Angst, dass ich wieder am Anfang stehe, wenn du über Thanksgiving mit mir nach Hause fährst. Trotz … ich meine …«, stotterte sie.

»Trotz was?«

Wren schluckte und wurde … rot? Ich hatte nicht gewusst, dass das überhaupt möglich war, aber tatsächlich leuchteten ihre Wangen so rot wie das HBU-Logo.

»Es gibt da jemanden«, platzte sie heraus. »Glaube ich.«

»*Glaubst* du?«

Sie rutschte von der Armlehne auf die Couch, und ich folgte ihrem Beispiel und machte es mir für ein langes Gespräch bequem, das offenbar jetzt anstand und auf das ich mich sogar irgendwie … freute? Aber Wren winkte ab und schüttelte lachend den Kopf. »Das erzähle ich dir später, du neugieriges Ding. Ich versuche gerade, mich zu entschuldigen, und die Liste der Gründe dafür ist lang. Also, erstens: In den letzten Wochen war ich echt arschig. Vielleicht kannst du besser nachvollziehen, weshalb, jetzt wo du … jetzt wo du Bescheid weißt, aber das entschuldigt nicht, wie kindisch ich mich benommen habe. So. Weiter geht's: Thanksgiving …«

Bei der Erwähnung von Thanksgiving lief mir ein Schauer über den Rücken, und ich unterbrach sie schnell. »Du brauchtest deinen Freiraum«, sagte ich und stellte kopfschüttelnd fest, wie einleuchtend das war … Man kommt nicht gut über jemanden weg, mit dem man tagtäglich zusammenlebt, erst recht nicht, wenn man ihn über die Feiertage mit nach Hause nimmt.

»Ich brauchte meinen Freiraum, ja, aber das hätte ich auch

anders regeln können. Viel, viel besser.« Schuldbewusst schaute sie mich an. »Einfach abzuhauen, ohne auch nur eine Nachricht zu hinterlassen, war einfach scheiße.« Sie stöhnte auf. »Verdammt, das war so unglaublich scheiße von mir.« Sie sah mich an, Panik in den Augen. »Es tut mir wirklich leid. So, *so* leid. Ich weiß nicht, was in mich gefahren war.«

»Nun ja.« Ich räusperte mich und lächelte sie an – ihr tiefer Kummer machte mich ganz krabbelig. »Du hast mich doch gar nicht alleingelassen, sondern mir McCarthy auf den Hals gehetzt, oder? Das … ist doch nicht nichts«, scherzte ich. Ihre Mundwinkel zuckten.

»Er hat sich benommen?«, erkundigte sie sich, und ich musste über ihre Wortwahl lachen.

Ich hob die Schultern. »Zu sehr sogar.«

»Gut.« Sie brummte, dann guckte sie mich wieder an. »Oder nicht?«

Ich schnalzte amüsiert. »Ich weiß nicht so genau.«

»Immerhin«, sinnierte sie. »Er scheint nicht so schlecht für dich zu sein, wie ich anfangs dachte.«

Bevor ich fragen konnte, wie sie das meinte, klingelte es an der Tür Sturm. Mit der Gewandtheit eines Spitzensportlers hüpfte Wren von der Couch und fragte nicht mal, wer es war, ehe sie auf den Summer drückte.

»Erwartest du jemanden?«

»Nur wenn man neuerdings telepathisch Essen bei Prem bestellen kann. Ich wollte das nämlich gerade tun, als ich euch habe ankommen sehen …« Sie unterbrach sich schnell und funkelte mich mit zusammengekniffenen Augen an. »Ja, ich habe die Straße vom Fenster aus bewacht wie ein Stalker. Kein Kommentar, bitte.«

Mir schwirrten tausend Fragen durch den Kopf, aber ich kriegte nur eine davon über die Lippen. Es war zweifelsohne die wichtigste. »Ist zwischen uns alles wieder gut, Wren? Ernsthaft und ehrlich gut?«

»Wenn du mir verzeihen kannst?«

Das war so absurd, dass ich lachen musste. Wenn ich *was* verzeihen konnte? Dass sie sich in ihre beste Freundin verliebt hatte? Dass sie sich den dringend benötigten Freiraum genommen hatte, um darüber hinwegzukommen? Dass sie dafür gesorgt hatte, dass ich über Thanksgiving nicht allein war, und dem einzigen Menschen Bescheid gesagt hatte, der mich aus diesem Loch hatte rausholen können?

Ich nickte. »Natürlich verzeihe ich dir.«

Wren lächelte, und die Erleichterung stand ihr ins Gesicht geschrieben. Dann öffnete sie die Tür, und als ich erkannte, wer es war, zog ich eine Grimasse.

Henrys Gestalt füllte den Türrahmen aus. Er wartete nicht darauf, dass ihn jemand hereinbat, sondern schob sich mit beunruhigender Zielstrebigkeit an Wren vorbei und steuerte geradewegs auf mich zu.

»Henry«, stammelte ich, sofort in höchster Alarmbereitschaft, und sprang auf.

Vor Wut schäumend blieb er dicht vor mir stehen. »Irgendwann bringe ich dich um, Athalia.« So wie er sich anhörte, zweifelte ich nicht daran. Bei der eisigen Kälte in seiner Stimme kribbelte mein Nacken, und das lodernde Feuer in seinen sonst so warmen grünen Augen machte es noch schlimmer. Er schnaubte – es klang allerdings kein bisschen belustigt – und schüttelte den Kopf. »Du sitzt hier also gemütlich rum.« Er musterte mich und deutete auf das Sofa, auf dem ich eben noch gesessen hatte. »Hältst ein kleines Pläuschchen mit deiner Freundin, wartest wahrscheinlich auf das bestellte Essen … Oder wolltet ihr gerade was bestellen?« Forschend sah er sich um, und ich fragte mich, woher er das wissen konnte. »Während dein Bruder denkt, du liegst irgendwo im Straßengraben!«

Ich zuckte zusammen, als seine Stimme in ein Brüllen überging, wütender, als ich ihn je erlebt hatte. »Ich habe schon zweimal die Polizei angerufen. Habe ihnen vorgeheult, dass ich befürchte, meine Schwester könnte entführt worden sein.« Er warf den Kopf zurück und tat kurz so, als wäre das alles urkomisch, ehe er mich wieder anfunkelte. »Aber nein, hier bist du ja.«

Meine Brust schmerzte. Ich hatte mich schon beim Lesen seiner Nachrichten schlecht gefühlt, aber das hier war eine ganz andere Nummer.

In seiner Stimme, seinem Blick lag eine so tiefe Kränkung und Verletzlichkeit, als hätte es nie auch nur die leiseste Verstimmung zwischen uns gegeben, bis ich mich entschlossen hatte, einfach ohne ein Wort zu verschwinden. Als hätte er mich nicht die letzten sieben Jahre ignoriert, bis er jetzt auf einmal offenbar beschlossen hatte, dass ich ihm doch nicht egal war.

Aber ich hatte keine Chance, etwas zu erwidern – er schimpfte einfach weiter, redete sich in diesen wenigen Minuten mehr von der Seele als in all den Jahren seit dem Tod unserer Eltern.

»Und dann steigst du ausgerechnet aus McCarthys verdammtem Auto!«

Ich fragte mich, ob er nur zufällig aus seinem Fenster auf der anderen Straßenseite geblickt oder ob er schon länger die Straße beobachtet hatte.

Und ich fragte mich, wie viel schlimmer es das alles für ihn machte – dass ich ausgerechnet aus Dylans Auto ausgestiegen war.

Meine Brust hob und senkte sich schwer, ich wusste nicht,

was ich tun oder sagen sollte. Ich stand einfach nur da, völlig überfordert und schuldbewusst.

»Aber hey, es geht dir gut.« Mit gespielter Fröhlichkeit deutete er auf mich, bevor er Wren anfunkelte. »Es geht ihr gut«, wiederholte er, als wenn sie das noch nicht wüsste.

»Du hättest Wren schreiben können, wenn du unbedingt hättest wissen wollen, ob mit mir alles okay ist.« Offenbar eine unüberlegte Kurzschlussreaktion meinerseits, denn sonst wäre ich wohl kaum so blöd gewesen, ihm Vorwürfe zu machen, wenn doch eindeutig ich im Unrecht war. Zumindest irgendwie. Aber Wren glotzte ihn an, als würde sie sich trotz des Größenunterschieds jede Sekunde auf ihn stürzen – ein Blick, bei dem ich jetzt schon wusste, dass morgen die ganze Küche voller Kuchen und Muffins sein würde –, und ich wollte auf keinen Fall, dass die beiden sich jetzt miteinander stritten.

Ich hatte so schon genug mit meinem Bruder zu regeln.

Henry starrte mich an und zog die Brauen hoch. »Du glaubst, das hätte ich nicht getan?« Auf einmal klang er zutiefst niedergeschlagen, und das tat mehr weh als jedes böse Wort.

Denn Henry Parker Pressley gab niemals auf, und er ließ sich nicht unterkriegen. Das erlaubte ihm sein Ego gar nicht. Er ließ sich nicht unterkriegen, und er heulte ganz sicher niemandem am Telefon etwas vor. Die Erkenntnis, dass er es doch getan hatte und ich der Grund dafür war – das war ein entsetzliches Gefühl.

Ich schob es in den hintersten Winkel meines Bewusstseins und schaute zu Wren. Wenn er ihr eine Nachricht geschickt hatte – warum hatte sie ihm dann nicht einfach gesagt, wo ich war?

Sie zuckte lässig mit den Schultern. »Wenn du wütend auf ihn bist, bin ich es auch. Da spielt es keine Rolle, ob wir gerade zerstritten sind oder nicht.«

Henry stöhnte und schüttelte den Kopf. »Diese Sache hat mich zwanzig Jahre meines Lebens gekostet«, murmelte er und fuhr sich mit der Hand übers Gesicht, bevor er mich wieder ansah. Einen Moment lang stand er vollkommen reglos da, und als er sich wieder rührte, erwartete ich fast, er würde mir eine runterhauen oder mich wegschubsen.

Eine Umarmung war das Allerletzte, womit ich gerechnet hatte. Er drückte mich fester an sich, als noch angenehm war, aber ich protestierte nicht, um mir nicht gleich wieder Ärger einzuhandeln. »Bitte tu das nie wieder«, wisperte er in mein Haar. Und er klang überhaupt nicht mehr wütend, nur noch verzweifelt. Mit derselben Verzweiflung klammerte er sich an mich. »*Bitte.*« Sein Atem kam unregelmäßig, und ich spürte, wie schnell sich sein Brustkorb hob. Ich ließ den Kopf an seine Brust sinken und nickte stumm, unfähig, auch nur ein Wort herauszubringen.

Es war sieben Jahre her, dass mein Bruder mich umarmt hatte, ohne dass er betrunken war oder herumalberte.

Zum letzten Mal hatte er mich richtig in den Arm genommen, nachdem wir vom Tod unserer Eltern erfahren hatten. Kurz bevor er mich aus seinem Leben ausgeschlossen hatte.

KAPITEL 32

Wren hatte sich in ihr Zimmer verzogen, um uns ein bisschen Privatsphäre zu lassen. Henry saß inzwischen auf der Couch, ein Bein über das andere geschlagen, und wippte mit dem Fuß.

»Ich habe Stephanie angerufen.«

Erschrocken sah ich auf. Ich hatte vieles erwartet, aber ganz sicher nicht, in diesem Gespräch den Namen unserer Therapeutin aus seinem Mund zu hören. Neugierig musterte ich ihn. Er zeichnete mit der Fingerspitze die Nähte des Sofas nach und wirkte noch nervöser als ich.

Ich bemühte mich um einen ausdruckslosen Blick, weil ich keine Ahnung hatte, was er sonst in meinem Gesicht erkennen würde. Erstaunen über sein Eingeständnis? Mitgefühl, weil ich wusste, wie schwer ihm dieses Gespräch fallen musste? Freude, weil wir es endlich führten? Es war schon lange überfällig gewesen.

Mein Gesicht blieb ausdruckslos, und ich schwieg. Ich musste auch überhaupt nichts sagen, die Worte sprudelten nur so aus ihm heraus.

»Ich hab ihr erzählt, was passiert ist. Warum ich …« Er holte tief Luft und schloss die Augen, als wolle er sich an Worte erinnern, die er sich eingeprägt hatte. »Warum ich immer dann das Bedürfnis habe, dein Leben zu kontrollieren, wenn ich etwas die Kontrolle über mein eigenes verloren habe.« Er sagte es so hastig, dass ich ihn fast gebeten hätte, es noch mal zu wiederholen. Nur um mich zu vergewissern, dass ich richtig gehört hatte. Er fuhr sich mit der Hand durchs Haar und seufzte erneut. »Ich will nur das Beste für dich, aber manchmal vergesse ich, dass das Beste für dich nicht immer dasselbe ist wie das Beste für mich.«

Mein Mund war staubtrocken, und ich blinzelte, um meine Fassung zu bewahren. Regen prasselte gegen die Fenster.

»Hat Stephanie dir geholfen, das herauszufinden?«, fragte ich mit wackliger Stimme. »Weißt du, eigentlich sollte es keinen Profi für zweihundert Dollar die Stunde brauchen, damit du das begreifst.«

Sein Auflachen hallte durchs Wohnzimmer. »Ich weiß«, murmelte er. »Ich weiß. Und es tut mir leid. Es tut mir so leid, Lia ...« Seine Stimme brach, und er machte sich nicht die Mühe, es zu verbergen.

Es tut mir leid.

Ich wiederholte seine Worte in meinem Kopf, wieder und wieder. Meine Augen brannten.

Aber ich hatte nicht das Gefühl, weitergekommen zu sein. Ich hatte die ganze Zeit geglaubt, es ginge mir darum, dass er sich bei mir entschuldigte. Dass er erkannte, dass er Mist gebaut hatte. Dass er mir zeigte, dass ich ihm wichtig war. Jetzt hatte er sich entschuldigt, er war hier, und doch fühlte ich mich ihm nicht näher.

Dabei ging es doch von Anfang an nur darum, oder?

»Würdest du bitte etwas sagen?«, fragte er verzweifelt, und ich schluckte heftig.

»Wofür?«

Er wirkte verblüfft. »*Wofür*?«

»Wofür entschuldigst du dich, Henry?«

»Lia …« Er wollte protestieren, aber offenbar hielt ihn etwas in meiner Miene davon ab. Resigniert seufzte er. »Dass ich zu weit gegangen bin. Dass ich diese E-Mail geschickt habe. Das alles tut mir leid. Warum … warum lachst du?«

»Glaubst du wirklich, ich habe das alles getan, weil du Shaw eine E-Mail geschickt hast, die du ihm nicht hättest schicken sollen?«

Er runzelte die Stirn.

Ich fuhr fort. »War ich sauer? Ja, natürlich. Du bist zu weit gegangen. Das war echt scheiße von dir, und du solltest daran arbeiten, aber …« Ich schüttelte den Kopf. »Die Sache mit McCarthy – das war überhaupt das erste Mal, dass du dich wirklich für mich interessiert hast. Wir haben nie über irgendwas anderes als Schule und Noten gesprochen, bis zu dem Tag, als du mit meinen Statistik-Unterlagen in meine Wohnung gestürmt bist.« Es war mir fast peinlich, das zuzugeben, aber ich sagte es trotzdem. »Und als du dachtest, dass da mehr zwischen uns ist, da hat es dir was ausgemacht. Auf einmal hatte ich das Gefühl, ich wäre dir nicht egal. Und danach habe ich mich gesehnt, seit sie gestorben sind.«

Er starrte mich an und wusste eindeutig nicht, was er sagen sollte.

Musste er auch nicht, denn ich war wie im Rausch. »Es tut mir leid, dass ich ohne ein Wort einfach abgehauen bin. Ich wollte nicht, dass du dir solche Sorgen machst. Aber du kannst mir nicht vorwerfen, dass ich meinen Bruder zurückhaben will. Weißt du, wenn wir uns streiten, dann machen wir wenigstens *irgendwas.* Wenigstens hast du an mich gedacht – verdammt, immerhin hast du endlich wieder mit mir *geredet.*«

Sieben Jahre lang aufgestaute Gefühle brachen aus mir heraus, und als ich das verdächtige Glitzern in den Augen meines Bruders bemerkte, als ich sah, wie er die Zähne in die Unterlippe grub, damit sie nicht zitterte, da brachen bei mir alle Dämme.

Zum zweiten Mal in dieser Nacht – und zum zweiten Mal in sieben Jahren – lag ich in Henrys Armen. Meine Schultern bebten vor Schluchzen, und er drückte mich an sich, als wollte er mit dieser einen Umarmung wiedergutmachen, dass die letzte schon so lange her war.

»Scheiße«, hauchte er mir ins Haar. »Scheiße, Lia …«

»Ich habe mich so allein gefühlt, weißt du? Und du hast dich einfach immer weiter entfernt. Bis du schließlich gar nicht mehr zu erreichen warst.«

Er schluckte schwer und holte tief Luft. »Es tut mir so leid«, flüsterte er. »Ich wollte nie, dass du dich allein fühlst. Ich wollte dir Freiraum geben. Ich wollte dich nicht daran hindern, deine eigenen Entscheidungen zu treffen, es sei denn, mein Eingreifen war unbedingt notwendig. Ich habe nie gewollt …« Er unterbrach sich, als hätte er sich gerade an etwas erinnert. »Aber was ich für das Beste halte, ist nicht unbedingt dasselbe wie das, was du für das Beste hältst.«

Ich lächelte an seiner Brust und schniefte. »Ich liebe Stephanie wirklich.«

Er löste sich aus unserer Umarmung und sah mich an, beide Hände auf meinen Schultern. »Vielleicht ist sie die zweihundert Dollar pro Stunde ja doch wert, hm?«

»Vielleicht«, stimmte ich zu. »Was hat dich dazu gebracht, sie anzurufen?«

»Ich wusste nicht mehr, was ich deinetwegen machen soll. Ich wollte eine Meinung von jemandem, der McCarthy nicht so sehr hasst wie ich. Und diese Hamptons-Sache …«

»Welche Hamptons-Sache?«

Ihm war deutlich anzumerken, wie er sich selbst dafür verdammte, dass ihm das Wort herausgerutscht war. Als er nicht antwortete, hakte ich nach: »Welche Hamptons-Sache, Henry?«

Er fluchte. »Ich wollte es dir nicht sagen.«

»Wir haben *gerade* darüber gesprochen, dass …«

»Ich weiß, ich weiß.« Er hob die Hände. »Sorry. Ich hab dir nichts von unserem Sommerhaus erzählt, weil ich nicht wollte, dass du dir Sorgen machst. Ich habe alles unter Kontrolle.«

Mein Magen schien mit tausend Meilen die Stunde in die Tiefe zu stürzen. »Was ist mit dem Sommerhaus?«

Er verzog das Gesicht, wahrscheinlich weil ich so bestürzt klang. »Sie wollten es abreißen.«

Ich blinzelte ihn an.

Das Sommerhaus? *Unser* Sommerhaus? Mit seinen schönen Marmorfluren und den weißen Sandsteinsäulen? Dem Rosengarten und dem gefliesten Pool im Hinterhof? Das Haus, in dem wir jeden Sommer verbracht hatten, seit wir nach New York gezogen waren?

Ich hatte tagelang geweint, als unsere Eltern es verkauften und ein anderes Grundstück in der Nachbarschaft ins Auge fassten. Doch bevor sie es erwerben konnten – bevor wir dort neue Erinnerungen schaffen und ich lernen konnte, es genauso sehr zu lieben wie das alte –, waren sie verunglückt.

Und jetzt wollte jemand unser Sommerhaus abreißen?

»Was meinst du damit?«, fragte ich und wich ein Stück zurück, um eingehend seine Mimik zu studieren. »Was soll das heißen, *du hast alles unter Kontrolle?*«

»Das heißt, ich habe mit Tante Claire gesprochen.« Beim Klang ihres Namens verzog ich das Gesicht, und er fing wieder an, die Sofanähte mit dem Finger nachzuzeichnen. »Und es gehört jetzt praktisch uns.«

»Uns?«

Henry zuckte die Achseln. »Uns. Ihnen. Es ist wieder eine

Pressley-Residenz.« Ein kleines Lächeln, dann wurde sein Gesicht wieder ernst. »Es gehört wieder unserer Familie. Wir haben es zurück.«

Ich konnte mich nicht erinnern, wann ich diese Worte das letzte Mal gehört hatte. *Unsere Familie.*

»Ich wollte nicht, dass du dir Sorgen machst. Ich weiß, wie sehr du dieses Haus liebst, und all die Erinnerungen, die daran hängen. Bis vor ein paar Tagen wusste ich nicht, ob der Kauf wirklich zustande kommen würde. Das ist auch der Grund, weshalb ich in letzter Zeit so angespannt gewesen bin – ich hatte befürchtet, dass wir das Haus verlieren, was für den letzten Teil unserer Kindheit steht, der nicht von Tod und Trauer überschattet wurde. Eine Zeit lang habe ich mich vollkommen machtlos gefühlt.«

Und das musste für einen Kontrollfreak wie Henry unerträglich gewesen sein.

»Und ich konnte den Gedanken nicht ertragen, es dir zu sagen.« Mit glitzernden Augen musterte er mich. »Und ich sage das alles nicht, um besser dazustehen.«

Ich war über diesen Anflug von Humor genauso froh wie über sein verlegenes Lächeln.

»Obwohl du zugeben musst …«

Ich schlug ihm halbherzig auf den Arm. »Halt die Klappe.«

Aber er hatte recht. Was würde ihn besser dastehen lassen als die Tatsache, dass er diese wichtige Erinnerung an unsere Kindheit gekauft oder zumindest unsere Tante und unseren Onkel dazu angestiftet hatte? Dass es ihm so wichtig war? Ich hätte nie im Leben gedacht, dass ihm dieses Haus auch nur halb so viel bedeutete wie mir, aber offenbar …

Dort hatten Henry und ich schwimmen gelernt, kurz bevor er herumexperimentiert hatte, wie lange er meinen Kopf unter Wasser drücken konnte, ohne dass ich ertrank. Dort hatte ich mindestens ein Dutzend Fußbälle absichtlich in die Büsche gekickt, wenn er nicht hinsah. Dort waren wir jede Nacht in Moms Armen eingeschlafen, wenn sie sich im Sommer eine Woche freinahm. Dort hatte Dad Henry den Rainbow Flick beigebracht. Ich erinnerte mich so gut daran, weil es das erste Mal nach der Saisonniederlage gewesen war, dass ich Dad hatte lachen sehen.

»Oh Gott.« Er klang so beunruhigt, dass ich zusammenzuckte. »Weinst du etwa?« Besorgnis flammte in seinen Augen auf. Henry konnte kaum mit seinen eigenen Gefühlen umgehen, ich war mir nicht sicher, wie er mit meinen klarkommen sollte. »Ich habe dich nicht mehr weinen sehen, seit …«

»Seit sieben Jahren.« Ich sprach es im selben Moment aus, als die Erkenntnis auch seine Züge verdunkelte, und ich blinzelte heftig, um die Tränen zurückzuhalten.

Er seufzte. Seine Brust wurde schwer. »Es tut mir wirklich so leid«, beteuerte er.

Und ich glaubte ihm.

KAPITEL 33

Henrys Entschuldigung wurde von einer weiteren unerwarteten Umarmung begleitet. Aller guten Dinge sind drei, oder?

Aber so schön das alles war – trotzdem bekam ich Dylan, und was diese Versöhnung für uns bedeutete, nicht aus dem Kopf. Denn jetzt gab es keine Notwendigkeit mehr für unsere Vereinbarung, und mir war völlig klar, dass ich es beenden sollte, bevor mich dieses McCarthy-förmige Loch in meinem Kopf vollends verschluckte. Meine Zehen hingen ja bereits über dem Rand.

Eigentlich hätte ich meinen Sieg feiern sollen. Henry hatte sich bei mir *entschuldigt*. Ich war nicht mehr gezwungen, mich weiterhin mit Dylan zu treffen, denn jeder Grund dafür hatte sich mit vier kleinen Worten in Luft aufgelöst. Außerdem wusste Henry jetzt ja sowieso, dass diese Sache zwischen uns nicht echt war.

Mein Leben würde wieder normal werden.

In dem Bemühen, unsere frisch wiedergefundene Beziehung zu stärken, hatte mein Bruder mir Dylans Adresse gegeben, wenn auch sehr, sehr widerwillig.

Kaum war er aus der Tür, schlüpfte ich in das einzige Paar schwarzer Stiefel, das ich nicht aufschnüren musste, um rein- und rauszukommen, und in den ersten Mantel, den ich in die

Finger kriegte – beides passte kein bisschen zum Rest meines Outfits. Dann rief ich einen Abschiedsgruß in unsere Wohnung und machte mich auf die Socken. Ich hatte nicht mal einen Regenschirm dabei.

Unterwegs überlegte ich, was ich zu ihm sagen würde.

Ich wollte dir nur mitteilen, dass wir jetzt aufhören können, so zu tun, als würden wir uns mögen. Henry hat sich bei mir entschuldigt, also können wir die ganze Sache jetzt beenden und wieder getrennte Wege gehen. Danke für zwei tolle Orgasmen. Schade, dass ich den Gefallen nicht mehr erwidern kann, das hätte ich wirklich gern getan.

»Athalia?«

Das Herz schlug mir bis zum Hals, als ich fünfzehn Minuten später auf der Veranda des Hauses stand, das er sich mit zwei seiner Teamkollegen teilte – Blake und Caden. Bis auf die Knochen durchnässt, die tropfenden Haarsträhnen hingen mir ins Gesicht, blickte ich zu ihm hoch, als er mir die Tür öffnete.

»Dylan«, hauchte ich.

Offensichtlich hatte ich unterwegs nicht genug geübt. Mein Kopf war vollkommen leer. Ein Raum mit weißen Wänden, Böden und Decken, ohne Fenster und ohne jeden Inhalt bis auf den Gedanken an Dylan McCarthy Williams.

Die graue Trainingshose saß tief in seiner Taille und offenbarte das V, das im Hosenbund verschwand. Er trug kein Shirt, entweder hatte er schon geschlafen oder war gerade dabei gewesen, ins Bett zu gehen.

Er roch nach Zahnpasta.

Ich zitterte, vermochte aber nicht zu sagen, ob es an seinem Anblick lag oder an meinen klatschnassen Klamotten. Wir sahen einander an, und er blinzelte, als käme er gerade zur Besinnung.

»Ach du meine Güte.« Er zog mich ins Haus und schloss

rasch die Tür hinter uns. »Bist du etwa hierher *gelaufen*, Athalia?« Er schälte mich aus meinem nassen Mantel, und da erst fiel mir ein, dass ich gar nicht vorhatte, lange zu bleiben.

»Henry hat sich bei mir entschuldigt«, platzte es aus mir heraus.

McCarthy schaute mich an, als wüsste er genau, was das bedeutete. Dann hängte er meinen Mantel auf und sagte: »Ich hätte nicht gedacht, dass er dazu in der Lage ist.«

Ich tropfte auf den Fußboden. Meine Stiefel hinterließen Schlamm- und Wasserabdrücke, und ich war sicher, dass sich um mich herum bereits eine Pfütze gebildet hatte. Der Blick, den er mir über die Schulter zuwarf, ließ trotzdem noch meinen ganzen Körper aufflammen.

Ich musste diese Sache beenden. *Jetzt.*

Er sollte nicht die Macht darüber haben, dass ich mich innerlich warm und geborgen fühlte, wenn ich momentan auf dem besten Weg war, mir eine Lungenentzündung einzufangen.

Er durfte einfach nicht diese Wirkung auf mich haben … Vor allem jetzt, wo ich ihn immer noch wollte, obwohl alles eingetroffen war, was ich mir von unserer Vereinbarung erhofft hatte. Es gab keinen Grund mehr, irgendwem etwas vorzuspielen.

»Das heißt, wir können …« Aber ich verstummte, ohne den Satz zu beenden.

Er drehte sich ganz zu mir um. »Ja.« Damit hockte er sich hin und löste die Schnürsenkel meines linken Stiefels, obwohl ich ihn leicht hätte abstreifen können, ohne die Schnürsenkel zu lockern. Er ließ sich Zeit. »Das heißt es wohl.«

Seine Finger schlossen sich um meine Wade, und mein Puls schoss in die Höhe. Es fühlte sich an, als würde sich seine Berührung durch den dicken Jeansstoff brennen. Behutsam zog er meinen Fuß aus dem Stiefel, in dem das Wasser nur so schwappte, und wiederholte das Gleiche mit dem anderen Fuß.

Ich keuchte leise, als seine Finger mich streiften, während er den zweiten Stiefel aufschnürte.

Er richtete sich wieder zu seiner vollen Größe auf, schüttete das Wasser auf seiner Veranda aus und stellte meine Stiefel unter die Heizung. Das einzige Geräusch im Raum war mein Herz, das mit tausend Stundenkilometern gegen meine Rippen donnerte.

»Und jetzt?«, fragte er.

Ja, und jetzt?

Henrys Entschuldigung betraf ganz unmittelbar die Beziehung zwischen McCarthy und mir. Oder?

Sie bedeutete, dass überhaupt keine Notwendigkeit mehr für irgendeine Beziehung zwischen uns bestand. Ich hatte bekommen, was ich wollte, und Dylan hatte von Anfang an nichts gewollt, außer Henry ein bisschen zu ärgern.

Es gab keinen Grund mehr, sich zu verstellen.

Es gab keinen Grund dafür, dass ich hier war, dass wir so nah voreinander standen, obwohl Henry uns gar nicht sehen konnte.

Ich hätte das alles sagen können. Ich hätte sagen können: *»Hör zu, McCarthy, du musst dich nicht mehr mit mir abgeben. Es sind keinerlei vorgetäuschte Verabredungen mehr nötig! Das ist doch super. Juchhu!«*

Aber das tat ich nicht.

»Hm?« Das tiefe Brummen seiner Stimme war alles, was ich brauchte, um eine Entscheidung zu fällen, die ich wohl unbewusst irgendwo zwischen Orgasmus Nummer eins und zwei getroffen hatte. Irgendwo zwischen dem Moment, als er mich »Good Girl« genannt und nach meiner Panikattacke beruhigt hatte.

Ich schüttelte den Kopf. »Nichts.«

Ich küsste Dylan McCarthy Williams, als hätte ich niemals vorgehabt, unsere Fake-Beziehung zu beenden. Und er erwiderte meinen Kuss, als wäre nichts an unserer Beziehung Fake.

Sein Kuss war voller Verlangen und Sehnsucht, was mich nur noch mehr in dem Bewusstsein bestärkte, dass ich die falsche Entscheidung getroffen hatte, als ich die Sache nicht beendete, als sich die Chance dazu bot. Noch ein Schritt, und ich würde von der metaphorischen Klippe in meinem Kopf in die Tiefe stürzen. Der Punkt, an dem es kein Zurück mehr gab, rückte immer näher, mit jeder Berührung unserer Zungen, mit jedem zufriedenen Laut, den er von sich gab.

Er löste die Lippen von mir, legte beide Hände an mein Gesicht und betrachtete mich. »Du tropfst«, stellte er fest und lachte leise. Ich spürte seinen Atem auf meinen Lippen.

»Dann hol mich aus diesen nassen Klamotten raus.«

Sein Lachen erstarb, und auf einmal bekam er einen ganz anderen Gesichtsausdruck. Ohne zu zögern, presste er die Lippen auf meine und stöhnte auf. »Hopp«, murmelte er, und ich sprang, legte ihm die Beine um die Taille, und er packte meinen Hintern, um mich zu halten. Obwohl er leicht zusammenfuhr, als meine nassen Klamotten seine nackte Haut streiften, schien es ihm nichts auszumachen. Ein gedämpftes Stöhnen entkam mir, als er mich fest an sich drückte. Ich spürte seine Lippen an meinem Hals, er saugte an all den empfindlichen Stellen, die ich so liebte. Vielleicht würde er lauter kleine, dunkle Knutschflecken auf meiner Haut hinterlassen, aber das war mir so was von egal, für solche Fälle gab es schließlich Make-up.

Das braune Haar fiel ihm ins Gesicht, als er sich kurz von mir löste, seine Augen waren dunkel und verhangen, und ich spürte seinen heftigen Atem auf meinen Lippen. »Mein Zimmer ist oben«, teilte er mir mit und setzte sich in Bewegung, vermutlich Richtung Treppe. Ich sah mich nicht um ... Wenn ich nicht die Augen schloss, weil wir uns küssten, presste ich mich gegen die Härte, die ich in seiner Mitte spürte, und war völlig davon in Anspruch genommen, zu beobachten, wie sich seine Augenbrauen zusammenzogen und er ein Aufstöhnen unterdrückte, als ich mit einem Finger über seine nackte Brust fuhr.

Dann verlor er auf halber Höhe der Treppe fast das Gleichgewicht, und ich rutschte ihm sicherheitshalber mit einem aufmüpfigen Lachen aus den Armen.

»Kein Wort darüber«, brummte er, bevor ich etwas sagen konnte, doch ein verschmitztes Grinsen spielte auf seinen Lippen. Wir brachten die letzten paar Treppenstufen hinter uns und gelangten auf einen langen Korridor. Auf jeder Seite gab es zwei Türen. McCarthy nahm meine Hand und zog mich durch die zweite Tür zu unserer Rechten.

Ich hatte keine Zeit, mich umzusehen, erkannte vage einen Schrank gegenüber von seinem Bett und einen Schreibtisch direkt neben der Tür, bevor seine Lippen wieder auf meinen lagen und wir auf sein Bett zutaumelten. Es war mit dunklen Laken bezogen, die beiden Kissen waren einladend aufgeschüttelt.

Als ich auf die weiche Matratze fiel, stieß ich die Luft aus. Er schaltete das Licht ein. »Ich muss dich sehen«, teilte er mir mit, als führe kein Weg daran vorbei.

Die Glühbirne war schwach und reichte kaum aus, um seine scharf geschnittenen Züge zu erkennen: seine markante Kieferpartie, die Wangenknochen. In diesem Licht wirkte sein braunes Haar mitternachtsschwarz.

Keiner von uns beiden scherte sich darum, dass meine Klamotten seine Laken durchnässten.

Das Haar fiel ihm erneut in die Stirn, seine silberne Halskette baumelte zwischen uns. Sein Atem ging schnell, die Augen waren dunkel. Wir sahen uns an, und der Blick dauerte zu lange, um sich noch vorzumachen, das hier sei etwas rein Sexuelles.

Reiß dich zusammen, Athalia.

Anstatt einen Rückzieher zu machen, wie ich es vielleicht hätte tun sollen, zog ich ihn zu mir herunter, und er stützte sich über mir ab, unsere Lippen trafen sich wieder. Hungriger als zuvor, gieriger.

Ich vergrub beide Hände in seinem Haar und dachte auch diesmal, dass ein 3-in-1-Shampoo keine ausreichende Erklärung dafür war, wie weich es sich anfühlte. Spielerisch zog ich daran, ein Grinsen auf dem Gesicht, und er biss mir mit einem Aufstöhnen in die Unterlippe. Ein leises Wimmern entfloh mir.

»Hey.« Obwohl ich versuchte, ihn festzuhalten, löste er sich kurz von mir. »Das hier war nicht mein Plan. Das ist nicht der Grund, weshalb ich damals zugestimmt habe, dir zu helfen«, erklärte er und beobachtete sorgfältig meine Reaktion. Sein schwerer Atem strich noch immer über meine Lippen und machte es mir schwer, mich auf etwas anderes zu konzentrieren als auf meine Sehnsucht, ihn wieder zu küssen. »Das weißt du, oder?«

Ich nickte und fragte dann herausfordernd: »Du willst also aufhören?«

Das, was ich an meinem Oberschenkel spürte, war aber Antwort genug, sogar, bevor er es sagte.

»Gott, nein.«

Meine Brust hob und senkte sich heftig unter seiner, erleichtert über seine Worte. Mit weit aufgerissenen Augen und geröteten Wangen gab ich ein zustimmendes Summen von mir, ehe sich unsere Lippen wieder trafen, und unterdrückte ein Stöhnen, als seine Hände begannen, meinen Körper zu erkunden.

Ich tat es ihm gleich. Neulich in seinem Büro und an Thanksgiving auf der Klavierbank hatte sich alles um mich gedreht. Es war ein Verbrechen, dass ich noch nicht die Chance gehabt hatte, ihn ebenfalls zu spüren. Jetzt, da meine Hände forschend über seinen straffen Bauch glitten, bekam ich den Eindruck, mich selbst einer großen Lust beraubt zu haben, und dieser Verdacht verstärkte sich noch, als sein Atem heftiger wurde, je weiter meine Finger nach unten wanderten.

Noch nie hatte ich eine Jogginghose so sehr zu schätzen gewusst wie jetzt. Durch den Stoff spürte ich genau, wie hart er war, und bei der Reibung stöhnte er auf. Ein Blitz zuckte genau zwischen meine Beine. Er schob die Hände unter meine engen, langen Ärmel, und eine Gänsehaut folgte seiner Berührung. Während seine Hände immer weiter nach oben wanderten, schob sich auch der Ärmel immer weiter nach oben, und auf einmal wollte ich das Oberteil *ganz* dringend loswerden.

Nicht, weil es kalt und nass war, sondern nur, um seine Berührung überall zu spüren. Ohne irgendwas dazwischen.

Ich setzte mich ruckartig auf und zog es mir über den Kopf … jedenfalls war das der Plan. Bevor ich mit meinem Ellbogen gegen etwas Hartes stieß und erstarrte, als ich Dylan fluchen hörte.

Nein, nein, nein.

Den Kopf im halb ausgezogenen Oberteil verheddert, riss ich die Augen auf. Dann zog ich es ganz aus, warf es achtlos beiseite und sah, wie McCarthy sich das Kinn rieb, das ich wohl versehentlich mit meinem Arm erwischt hatte.

»Verdammt, das tut mir *so* leid«, zischte ich erschrocken und lief knallrot an. »Bist du okay?« Sein Kopf war abgewandt, und ich berührte sanft seine Wange, damit er mich ansah. Voller Sorge betrachtete ich ihn.

Dylan schnaubte und schüttelte amüsiert den Kopf. »Auch jetzt nutzt du jede Gelegenheit, um mir eine reinzuhauen, was?«, scherzte er … und dann bemerkte er, dass ich mein Oberteil ausgezogen hatte.

Sein Blick fiel auf meine Brüste. Er beobachtete, wie sie sich schwer hoben und senkten, und plötzlich verspürte ich das Bedürfnis, mir ein Kissen zu schnappen und mich dahinter zu verstecken.

Ich hatte mit meinem Aussehen nie größere Probleme gehabt, und ein B-Körbchen hatte definitiv seine Vorteile … aber jetzt, da ein Mann, an dem ich noch keinerlei körperlichen Makel hatte feststellen können, meine Brüste mit einer Aufmerksamkeit betrachtete, als wären sie im Louvre ausgestellt, hätte ich nichts dagegen gehabt, eine Körbchengröße mehr zu besitzen. Oder auch zwei.

»Ja«, murmelte er, als ich gerade das kurze Schweigen zwischen uns brechen wollte. »Ich bin definitiv okay.« Die unfreiwillige Begegnung mit meinem Ellbogen schien vergessen zu sein.

Mit einem amüsierten Schnalzen schüttelte ich den Kopf. »Du starrst mich an«, bemerkte ich mit einer hochgezogenen Augenbraue und einem Lächeln, das ich nicht unterdrücken konnte.

»Ja, das befürchte ich auch.« In seiner Stimme lag nicht der geringste Hauch von Verlegenheit, und dann küsste er mich wieder und lachte leise über das überraschte Stöhnen, das mir entwich. Er küsste sich meinen Kiefer entlang und wanderte meinen Hals und meine Brust hinunter, vermied geschickt, meine Nippel zu berühren, streifte nur ganz kurz neckend einen davon mit der Zunge und arbeitete sich dann bis zum Bund meiner nassen Jeans hinunter.

Mit schief gelegtem Kopf sah er zu mir auf, eine Hand über dem Reißverschluss, und wartete auf meine Erlaubnis zum Weitermachen. Ich nickte nur stumm, weil ich mir nicht zutraute, einen zusammenhängenden Satz herauszubringen.

»Benutz deine Stimme, Prinzessin«, neckte er mich und drückte mir einen weiteren Kuss direkt auf den Hosenbund. Ich wand mich unter ihm.

»Zieh sie aus«, flehte ich. »Bitte.«

Er tat es, und ich zog ihn wieder zu mir heran. Ich konnte nicht vermeiden, zu bemerken, wie die Muskeln in seinen Armen spielten, als er über meine Haut strich. Wie sich sein durchtrainierter Oberkörper unter seinem schweren Atem hob und senkte.

»Gott«, hauchte ich. »Ich hoffe, du bist wirklich schlecht.« Er quittierte das mit einem leisen Lachen, was wirklich nichts besser machte. »Richtig, *richtig* schlecht.«

Du bist hergekommen, um mit ihm Schluss zu machen, erinnerte ich mich. Aber das konnte ich ja hinterher immer noch machen, oder? Ich sah zu, wie er die Jogginghose abstreifte, und starrte die Ausbeulung unter seinen Boxershorts an.

Das hier musste sein, um dieses wilde, hungrige Verlangen nach ihm aus dem System zu bekommen, anders ging es nicht.

»Ich werde mein bestes Schlechtestes geben.« Seine Augen sprangen zu meinen. »Nur für dich.«

»Wirst du das?«

»Nein«, brachte er gerade noch heraus, ehe sich unsere Lippen wieder trafen. Voller Genuss erkundeten meine Hände seinen definierten Rücken.

Und als bis auf meine Unterwäsche das letzte Stückchen Stoff zwischen uns verschwunden war und er das im Nachttisch gefundene Kondom über seine Erektion rollte, wurde meine Befürchtung, dass es großartig werden würde, von der glasklaren Erkenntnis abgelöst: Was hier gleich passieren würde, konnte nicht schlecht sein.

Er strich einmal über seinen Schwanz.

Es wird alles andere als schlecht.

Guter Sex. Einfach richtig guter Sex. Das würde hier passieren. Zwei erwachsene Menschen, die es noch mal miteinander trieben, bevor sie getrennte Wege gingen. Zwei Menschen, die eine starke körperliche Anziehung verband. Mehr war da nicht.

Ich glaubte mir selbst kein einziges Wort.

»Sieh mich an«, murmelte er, und ich folgte seinen Anweisungen. Seine Finger hakten sich unter mein Höschen, fuhren über meine Feuchtigkeit. Er war vollkommen auf mich konzentriert. Mein Atem wurde schneller, meine Augenlider drohten jedes Mal zuzufallen, wenn seine Finger ein wenig weiter, aber niemals ganz in mich eindrangen.

»Athalia.« Seine Stimme war dunkel und tief, und ich öffnete die Augen. »Sieh mich an, Prinzessin«, flüsterte er erstickt. Ich gab mein Bestes, ihm zu gehorchen, doch als er geschickt das letzte Stück Stoff zwischen uns entfernte, konnte ich nicht anders, als mit einem lustvollen Seufzen den Kopf zurückzuwerfen.

»Hey«, sagte er, und ich spürte, wie er sich zwischen meinen Beinen positionierte. »Wenn du mich nicht anguckst, hör ich auf.«

»Soll das eine Drohung sein?« Mit zusammengekniffenen Augen sah ich ihn an, aber meine Stimme klang scherzhaft, und er grinste. Ich hob die Hüften, und er gab einen dumpfen, lustvollen Laut von sich.

»Natürlich ist das eine Drohung.«

Was auch immer ich hatte erwidern wollen … Sobald er in mich eindrang, waren alle klaren Gedanken wie weggefegt. Ich warf den Kopf zurück, aber meine Augen blieben offen und auf ihn gerichtet. Ich ging lieber auf Nummer sicher.

Mit jedem Zentimeter, den er tiefer in mich hineinglitt, wurde seine Atmung schwerer, bis er ganz in mir war und ein leises, unverhohlenes Stöhnen über seine Lippen kam. Ich war ein völliges Wrack, noch bevor er sich überhaupt bewegte. Ihn zu spüren, zu fühlen, wie ich mich um ihn schloss, machte mich vollkommen fertig, ich schmolz förmlich unter ihm dahin.

»*Psssst*«, wisperte er und schloss die Augen, nur für eine Sekunde. »Ich weiß, Liebes. Ich weiß.« Ein Kuss auf meine Stirn. Ich erschauderte bei der Berührung.

Sein erster Stoß war unendlich langsam, als wolle er mich Zentimeter für Zentimeter erforschen und dabei kein einziges Gefühl, keinen einzigen Laut, kein Stöhnen verpassen. Unsere Blicke trafen sich, und in den Tiefen seiner Augen lag eine unausgesprochene Frage, die ich mit einem weiteren Laut beantwortete.

Das hier war okay – mehr als okay.

Er bewegte sich weiter, ein erstickter Laut kam ihm über die Lippen, dann verfiel er in einen gleichmäßigen Rhythmus. Unser beider Stöhnen erfüllte das Zimmer. Wir gaben unser Bestes, die Geräusche zu unterdrücken, und scheiterten kläglich.

»Athalia«, raunte er. »Du bist ein Traum.« Meine Augen drohten mit einem Aufstöhnen zuzufallen, mein Magen zog sich zusammen, und jeder Stoß seiner Hüften brachte mich der Erlösung näher. »Du hast keine Ahnung, wie oft ich von dir geträumt habe.« Er strich über meine Nippel, dann wanderte seine Hand meinen Bauch hinunter, zwischen meine Beine, und ich war erledigt. »Fuck«, stöhnte er, und seine Bewegungen wurden weniger kontrolliert. »Du fühlst dich so gut an.« Der Klang seiner Stimme, jeder Laut, den er nicht unterdrücken konnte, schlug direkt zwischen meinen Beinen ein. Ich erschauerte unter ihm, klammerte mich an ihn, als wäre er meine Rettungsleine, und hob ihm die Hüften entgegen.

»Ich glaube …« Ich unterbrach mich, stöhnte auf, als er die Stelle berührte, an der ich ihn mir am meisten wünschte, und genau dort immer wieder entlangstrich, bis ich in hellen Flammen stand.

»Was glaubst du?«, flüsterte er, ohne langsamer zu werden. Offenbar wusste er genau, was er tat und wie kurz davor ich war. »Sprich mit mir, Prinzessin.«

Zwischen schweren Atemzügen stieß ich hervor: »Ich bin … *oh Gott* …«

Er vergrub seinen Kopf an meinem Hals. »Tut mir leid, ich bin's nur.«

Mein Gesicht verzerrte sich, als ich zugleich lachte, stöhnte und die Erlösung herannahen spürte. »Ich werde …«

Und dann durchflutete mich urplötzlich mein Orgasmus, ich zuckte und pulsierte unter ihm so heftig, dass er mit einem tiefen Stöhnen direkt an meinem Ohr ebenfalls kam.

Als unser gemeinsamer Höhepunkt verebbte, küsste er mich und rollte sich von mir herunter. Ich erschauerte bei jeder noch so kleinen Berührung und keuchte immer noch heftig.

Einen Moment lang waren wir still. Ich ließ das Geschehene noch einmal Revue passieren und lauschte auf seinen Atem.

»War es dir schlecht genug?«, versuchte er zu scherzen, aber er atmete noch immer rasend schnell, und in seiner Stimme vibrierte tiefe Euphorie. Wir beide blickten zur Decke empor, und obwohl ich ihn nicht ansah, kniff ich demonstrativ die Augen zusammen.

»Einfach schrecklich.«

»Ja?« Ich hörte, wie er den Kopf in meine Richtung drehte. Dankbar, dass er es als Erster tat, sah ich ihn ebenfalls an.

Er lächelte, sein Haar war zerzaust – eine absolut tödliche Kombination. Genauso tödlich wie die Tatsache, dass es nicht schlecht genug gewesen war. Tatsächlich war es wie befürchtet überhaupt gar kein bisschen schlecht gewesen.

»Einfach schrecklich«, beharrte ich und beobachtete, wie seine Lippen zuckten. »So schlecht, dass ich es nicht mal in Worte fassen kann …« Im nächsten Moment zog mich Dylan auf sich, und ich schrie erschrocken auf. Er rutschte hoch und lehnte sich ans Kopfteil des Betts, legte die Hände an meine Hüften.

»Gut«, murmelte er und drückte mir einen kurzen, beiläufigen Kuss auf die Lippen. Ich spürte sein Lächeln, und unwillkürlich tat ich es ihm gleich. »Also war das hier das erste und letzte Mal?«

»Nun ja …« Ich musste kichern. Beugte mich spielerisch vor und legte die Hände in seinen Nacken. »Vielleicht noch ein oder zwei Mal …« Ich schaute weg, damit er das belustigte Funkeln in meinen Augen nicht sah.

McCarthy lachte leise und lehnte den Kopf gegen meine nackte Brust. »Ein oder zwei Mal?«, vergewisserte er sich und hob erneut den Kopf, um mich mit hochgezogener Braue anzusehen.

Ich nickte, zuckte mit den Schultern und grinste so breit, dass mir die Wangen wehtaten. Verdrehte spielerisch die Augen, als wäre es gar nicht meine Idee gewesen. »Wenn du darauf bestehst …«

»In Ordnung.« Er drückte mir einen weiteren Kuss auf die Lippen, kurz und knapp. »Ein oder zwei Mal ist gut.« Und noch ein Kuss. Diesmal länger. Er drehte uns beide auf die Seite, einander zugewandt. Und genau so schliefen wir ein.

Versehentlich.

Denn wenn das Ganze so zwanglos und rein körperlich

wäre, wie ich es haben wollte, hätte ich gehen sollen. Ich hätte mit ihm Schluss machen sollen, ehe ich mich in diesen Schlamassel hineinmanövriert hatte. Denn kurze, beiläufige Küsse und nebeneinander einzuschlummern … war alles andere als eine rein sexuelle Anziehung, an der sonst nichts dran war.

KAPITEL 34

Am nächsten Morgen in einem leeren Bett aufzuwachen fühlte sich hingegen sehr danach an, als wäre es eine rein sexuelle Sache gewesen. Nichts schreit so sehr danach, als wenn man aufwacht und jemanden neben sich erwartet, nur um festzustellen, dass die andere Bettseite kalt und leer ist, die Decke zurückgeschlagen.

Ich hätte mich darüber freuen sollen, aber mir wurde ganz übel. Egal ... wird vorübergehen. Es war besser, jetzt herauszufinden, dass Dylan seine Meinung geändert hatte, als wenn ich erst noch allzu lange darüber nachgedacht hätte, was er da mit seinen Fingern angestellt hatte. Oder wie er meinen Namen gemurmelt hatte, als er kam.

Ich hätte begeistert sein sollen – warum war ich es nicht?

Mit einem leisen Ächzen betrachtete ich die leere Bettseite. Die Decke war ordentlich zurückgezogen, im Kissen entdeckte ich noch den Abdruck seines Kopfs. Als ich seufzte, stieg mir sein Duft in die Nase.

In diesem Moment bemerkte ich den pinkfarbenen Zettel am Kopfende des Betts. Mein Magen schlug einen Salto.

Haftnotizen sprechen nicht gerade für eine unverbindliche Sache, knurrte der Teil in mir gereizt, der darauf bestand, dass es *rein sexuell* sein sollte.

Haftnotizen sprechen nicht gerade für eine unverbindliche Sache, jubelte eine andere Stimme in mir euphorisch.

Peinlich schnell stützte ich mich auf und riss den rosa Zettel ab, um ihn zu lesen.

Musste los zum Harvard-Spiel. Wenn du aufwachst, bin ich wahrscheinlich schon fertig. Schreib mir, dann können wir den Sieg zusammen feiern gehen. In eine Ecke hatte er eine Rose gezeichnet, die mich sehr an all die Rosen erinnerte, mit denen er mich vor ein paar Wochen noch terrorisiert hatte.

So viel also zu rein sexuell. Dem breiten Lächeln nach zu urteilen, das sich unwillkürlich auf meinen Lippen ausbreitete, hatte trotz all meiner Versuche, es zu leugnen, schon lange jene Seite in mir gewonnen, die mehr wollte als das.

Ich ließ diese Erkenntnis einen Moment lang auf mich wirken. Atmete tief ein und aus. Dachte darüber nach. Dachte über ihn nach. Dachte noch mehr über ihn nach. Holte noch mal tief Luft und krabbelte aus seinem Bett, weg von seinem Geruch, der sich in den Laken verfangen hatte.

Ich war schon lange über den *Point of no Return* hinaus … Das Lächeln, mit dem ich unseren Chat öffnete, ließ keinen anderen Schluss zu.

ICH, Samstag, 11:25
> Na, hat deine Großspurigkeit geholfen? Hast du gewonnen, oder veranstalten wir eine Trauerfeier?
> So oder so, ich bin dabei.

Ich wusste nicht, warum ich eine sofortige Antwort erwartet hatte, aber als nichts geschah, verspürte ich einen Anflug von Enttäuschung. Ich ließ mir Zeit mit dem Anziehen und ignorierte absichtlich mein Handy. Mit seinen zehn Prozent Akku würde es sowieso nicht mehr lange durchhalten.

Meine Jeans lag nicht mehr auf dem Boden, sondern hing über der Heizung unter dem Fenster und war wie durch ein Wunder vollständig trocken. Aber Dylan hatte wohl keine Zeit mehr gehabt, nach meinem Oberteil zu suchen – ich fand es unter dem Bett, immer noch nass. Bei der Berührung zuckte ich zusammen.

Mein Blick wanderte durch McCarthys Zimmer und blieb an seinem Kleiderschrank hängen. Verlockend.

Der HBU-Kapuzenpulli ging mir weit über die Hüften, die Kuschelsocken, die ich mir aus der hintersten Ecke der Schublade gefischt hatte, passten aber komischerweise.

Auf Zehenspitzen schlich ich den Korridor und die Treppe hinunter, bevor mir einfiel, dass beide Mitbewohner von Dylan auch in seiner Fußballmannschaft waren. Bei dem Gedanken, dass er mir genug vertraute, um mich ganz allein im Haus zu lassen, schwoll mir vor Stolz die Brust.

Drei Stunden später, und ich war vor Wut fast außer mir. Dylan McCarthy Williams war verabscheuungswürdig. Einfach der Allerschlimmste. Ich hatte ihn nie gemocht, würde ihn nie mögen, und die letzte Nacht war ein ebenso großer Fehler gewesen wie die ganze Idee mit der Fake-Beziehung.

Er hatte nicht auf meine Nachricht geantwortet, falls das noch nicht klar geworden sein sollte.

Ich saß auf einem der Hocker an der Küchentheke, über ein Lehrbuch gebeugt, während Wren mir gegenüber über mindestens zwanzig Flyern brütete und überlegte, was wir zu essen bestellen sollten.

Mein Verstand war nicht bei der Sache. Gerade hatte ich zum vierten Mal denselben Satz gelesen. Mit einem Stöhnen ließ ich den Kopf auf das aufgeschlagene Buch sinken.

Wren blickte in meine Richtung und betrachtete mich kurz,

ehe sie die angespannte Stille brach. »Was?« Sie runzelte die Stirn.

»Nichts.«

Das überzeugte sie anscheinend nicht, denn gleich darauf fragte sie: »Was ist los?«

»Du wirst mich auslachen.«

Für einen Moment herrschte Schweigen, während sie versuchte, aus mir schlau zu werden. Darin war sie normalerweise sehr gut, daher überraschte es mich nicht, als sie sagte: »Wahrscheinlich.«

Ich hob den Kopf und warf ihr einen missbilligenden Blick zu.

»Aber erzähl's mir trotzdem … vielleicht habe ich ja neben Gelächter auch noch eine schlaue Bemerkung auf Lager.« Sie zwinkerte mir zu.

Ich stöhnte, ehe mir das Wort »McCarthy« herausrutschte. Wenig überraschend glotzte sie mich verwirrt an. Kein Wunder, so wie ich genuschelt hatte.

»Was?«, hakte sie nach – ja, ich hatte eindeutig zu leise gesprochen. Aber vielleicht war das auch besser so.

Rasch schüttelte ich den Kopf, dann legte ich ihn in den Nacken und starrte an die Decke, während ich an dem Geschirrtuch herumzupfte, das an der Kücheninsel hing. »McCarthy«, hauchte ich, langsamer und immerhin ein wenig lauter. »McCarthy ist passiert. *Gott*, ist das peinlich.« Mit zusammengekniffenen Augen sah ich meine beste Freundin an.

So albern wie jetzt grinste Wren nur selten … Ihre weißen Zähne blitzten auf, ihre Nase zog sich kraus, und sie kniff die Augen ebenfalls zusammen, aber nicht aus Verärgerung, sondern vor Lachen. *»Was?«*, zischte ich, und sie schnaubte amüsiert.

»Nichts, nichts.« In gespielter Kapitulation hob sie die Hände, dann überlegte sie es sich anders. »Ich frage mich nur, ob du seinen Vornamen eigentlich kennst.«

Ungläubig starrte ich sie an.

»Na ja«, fuhr sie munter fort. »Seit Monaten seid ihr zusammen. Ich nehme an, ihr habt auch miteinander geschlafen. Und jetzt gerade stöhnst du seinen Nachnamen …«

»Wren!«, rief ich empört und lief knallrot an. »Wir sind nicht *seit Monaten zusammen.*« Mit den Fingern zeichnete ich Anführungszeichen in die Luft.

»Wie nennst du es denn dann, wenn zwei Leute sich jeden Tag sehen und einmal die Woche ein Date haben?« Siegesgewiss hob sie die Augenbrauen. Aber so leicht gab ich nicht auf.

»*Fake*-Dates«, entgegnete ich und verschränkte die Arme vor der Brust.

»Deine Orgasmen sind also auch Fake?«

Ich schnappte mir das Handtuch und warf es nach ihr. Der Luftzug fegte einige der Lieferservice-Karten von der Theke. »Hör auf«, jammerte ich und bereute es sofort. Kopfschüttelnd fragte ich sie: »Warum fühlt es sich so seltsam an, so über ihn zu reden? Das haben wir doch schon immer gemacht, bei allen möglichen Typen.« Hing es mit Wrens verflossenen Gefühlen für mich zusammen? Nein, ich glaubte es eigentlich nicht, auch wenn es möglich war. Trotzdem stöhnte ich: »Wir lieben es doch, über Männer zu lästern. Das ist so was wie unser Lieblingshobby, Wren.« Ich zog einen Schmollmund und guckte sie an, über die Kücheninsel gebeugt und den Kopf in die Hand gestützt.

Ihr Lächeln wurde weicher, und sie neigte leicht den Kopf, als hätte sie gerade beschlossen, jetzt eine besonders gute Freundin zu sein. Wie damals, als sie die ganze Nacht durchgemacht und mir beim Lernen für meine letzte Prüfung geholfen hatte. Oder als sie mir hatte sagen müssen, dass mein Ex-Freund mich betrog. Sie hatte sich zu mir gesetzt, einen Arm um mich gelegt und den Kopf auf meine Schulter gelegt. Jetzt sah sie mich genauso an wie damals.

»Weil du ihn magst.« Sie wies darauf hin, als wäre es offensichtlich. Als hätte ich das nicht selbst erst heute Morgen begriffen und akzeptiert – und seitdem bitter bereut.

»Ich mag ihn nicht.« Ich linste auf mein Handy. »Er hat mir nicht mal zurückgeschrieben, und …« Ich riss die Augen weit auf, und Wren warf mir einen wissenden Blick zu. »Oh mein Gott«, japste ich. »Das war erbärmlich. Ich bin erbärmlich, oder?«

Und zu allem Überfluss vibrierte genau in diesem Moment das Handy, und ich schnappte es mir, aus purem Instinkt, dem ich nichts entgegenzusetzen hatte. Es lag mit dem Display nach unten, und voller Hoffnung drehte ich es um – Hoffnung, die sofort wieder verpuffte.

»LinkedIn.« Ich schob das Handy wieder weg und lächelte ohne einen Funken Humor. Wren konnte sich das Lachen nicht verkneifen, und unwillkürlich zuckten auch meine Lippen. Dabei fühlte ich mich immer noch erbärmlich.

»Oje.« Sie seufzte und schüttelte mitfühlend den Kopf. »Dich hat es wirklich schlimm erwischt, was?« Ihr Lächeln und ihre Stimme waren ebenso amüsiert wie tröstlich.

»Ich wünschte, ich hätte noch ein Geschirrtuch.« Ich setzte ein Grinsen auf, das so breit war, dass meine Wangen schmerzten, und ließ es erst fallen, als sie lachte. Ich verdrehte die Augen und musste jetzt doch richtig lächeln. Aber ich widersprach ihr nicht. »Ich will nicht, dass es mich schlimm erwischt hat«, klagte ich und sah sie an, als hätte sie die Macht, meine Gefühle einfach zu extrahieren, in eine Flasche abzufüllen und hübsch ordentlich im Regal zu verstauen.

»*Ha.*« Lachend warf sie den Kopf in den Nacken. »Das kenne ich.«

Es lag keine Bitterkeit in ihrer Stimme, keine Bosheit und auch keine Andeutung, die es zu entschlüsseln galt, aber ich fühlte mich trotzdem schuldig. Mit einer Grimasse warf ich ihr einen um Verzeihung heischenden Blick zu.

»Hör mal.« Sie räusperte sich und gab offensichtlich ihr Bestes, um die Situation aufzulockern. »Ich bin vielleicht nicht der größte Fan von McCarthy«, gab sie zu, stand auf und kam um die Insel herum, um mich Richtung Wohnzimmer zu schubsen. Vorsichtshalber schnappte ich mir mein Handy von der Theke, was mir ein Augenrollen meiner besten Freundin einbrachte. »Und wenn sich herausstellt, dass er keinen guten Grund dafür hat, dich zu ghosten, trete ich ihm persönlich in den Arsch.« Wir gingen zum Sofa, und ich ließ mich mit einem tiefen Seufzer in die Polster fallen. »Aber bis dahin …« Wren verstummte, als fiele es ihr schwer, ihm einen solchen Vertrauensvorschuss einzuräumen.

Niedergeschlagen lehnte ich den Kopf an ihre Schulter. »Ich glaube, ich hasse ihn«, behauptete ich.

»Wir können gern so tun, als wäre das wahr«, sagte Wren mit einer so beruhigenden Stimme, dass ich unwillkürlich die Augen schloss und tief durchatmete. »Was hasst du am meisten an ihm?«

Wir hatten so viel Zeit miteinander verbracht, und doch konnte ich nur an eins denken.

»Dass er offenbar nicht weiß, wie man ein Handy benutzt.« Ich klang wie ein schmollendes Kind, aber das kümmerte mich nicht, ebenso wenig wie Wren.

»Bei mir ist es sein Ego«, sagte sie amüsiert. »Aber dass er nicht weiß, wie man sein Handy benutzt, steht gleich an zweiter Stelle.«

»Wie nah?«

»*Sehr* nah.«

»Gut.« Lächelnd kuschelte ich mich enger an ihre Schulter. In diesem Moment war ich einfach nur froh, sie zu haben. Froh, dass sie mir Gesellschaft leistete. Froh, dass sie meine beste Freundin war.

»Scheiß auf ihn, richtig?«, fragte ich und warf einen Blick in Wrens Richtung. Ich marschierte im Wohnzimmer auf und ab, in einer Hand mein vibrierendes Handy, mit der anderen fuchtelte ich wild durch die Luft. »Ich sollte nicht rangehen«, sagte ich entschlossen, aber im nächsten Moment fiel diese Entschlossenheit auch schon wieder in sich zusammen. »Stimmt's?«

Mein Blick fiel auf seinen Namen, der hell auf dem Display leuchtete, dann auf den grünen und roten Hörer, die mir beide gleichermaßen verlockend vorkamen.

»Na ja«, begann Wren. »Ich würde gern hören, wie er um Vergebung bettelt.« Ein Punkt für Grün. »Andererseits sollte er wissen, dass du nicht ständig für ihn auf Abruf bist.«

Zwei Punkte für Rot, weil das ein viel überzeugenderes Argument war.

Meine Verzweiflung wuchs immer mehr, je länger das Handy vibrierte, weil er jeden Moment aufgeben könnte. Also ging ich dran – so kurz entschlossen, wie ich es meist war, wenn es um McCarthy ging.

»Sieh mal einer an, wer sich endlich daran erinnert, dass er ein Handy besitzt«, begrüßte ich ihn sarkastisch. Wren gab mir einen Daumen hoch.

»Athalia.«

Mir wurde flau im Magen. Das war nicht Dylans Stimme. Mit gerunzelter Stirn hielt ich das Handy ein Stück vom Ohr weg, um noch mal nachzusehen. Doch, da stand *McCarthy* in fetten, großen Buchstaben, direkt unter den tickenden Sekunden des Anrufs. Neun, zehn, elf.

»Hallo?«

Ich hielt es schnell wieder ans Ohr. »Ja?«, fragte ich und hatte auf einmal einen dicken Kloß im Hals. »Wer ist da?«

Wren warf mir einen seltsamen Blick zu. Wir sahen einander an.

»Ich bin's, Blake.«

»Blake!«, wiederholte ich erleichtert. Wrens Brauen schoben sich zusammen, und auf einmal wurde mir bewusst, dass er nicht von seinem eigenen Handy aus anrief. Mit besorgter Stimme fragte ich: »Ist das deine Art, nach meiner Nummer zu fragen?« Es war ein kläglicher Scherzversuch, und mein Lachen klang falsch und aufgesetzt.

Blake räusperte sich am anderen Ende der Leitung, als würde er sich auf eine Rede vorbereiten, die er vor Tausenden von Menschen halten musste. »Hör zu, äh …«, stammelte er, und ich wusste: Wenn er mir jetzt gegenübergestanden hätte, wäre er meinem Blick ausgewichen. Stur starrte ich meine beste Freundin an, auf der Suche nach ein klein wenig Trost. »Es geht um Dylan«, sagte er.

In meinem Kopf drehte sich alles, und ich dachte sofort an den Tod. Autounfall. Herzinfarkt. Ein Foul, bei dem er sich das Genick gebrochen hatte. Die Möglichkeiten waren endlos und beängstigend, und ich spürte, wie sich meine Atmung beschleunigte.

»Es geht um Dylan«, wiederholte ich monoton und wusste nicht, was ich sagen, tun oder fühlen sollte. »Was ist mit Dylan?« Meine Stimme war erstaunlich ruhig angesichts der Welle aus schierer Panik, die mich gerade überrollte. Die Hand, die ich in der Tasche von McCarthys Kapuzenpulli vergraben hatte, zitterte. Die Hand, die das Handy hielt, war ganz ruhig.

Wren sah besorgt aus. Ob das an den kryptischen Gesprächsfetzen lag oder daran, dass ich meine Panik gar nicht so gut verbarg, wie ich dachte, konnte ich nicht sagen.

Die ganze Situation kam mir allzu vertraut vor.

Flashbacks von Tante Claire, das Telefon in der Hand, ihr Blick, der immer wieder zwischen meinem Bruder und mir hin- und herirrte, während sie zu begreifen versuchte, dass ihre Schwester tot war. Während ihr klar wurde, dass sie es war, die den Kindern ihrer Schwester sagen musste, dass sie gerade zu Waisen geworden waren.

Wahrscheinlich hatte sie sich ähnlich gefühlt wie ich jetzt. Ich konnte nicht anders, als das Schlimmste anzunehmen.

»Wir sind im Krankenhaus, und er ist …« Blake zögerte ganz kurz.

Unwillkürlich platzte es aus mir heraus: »Tot.«

Wren kam so schnell auf mich zugeschossen, dass es ein Wunder war, dass sie nicht über ihre eigenen Füße stolperte. Voller Sorge rückte sie dicht an das Handy heran, das ich fest ans Ohr presste.

»Was?« Er stieß die Luft aus. »Nein, nein – *Gott, nein.* So schlimm ist es nicht.«

Ich atmete laut aus, meine Erleichterung konnte er sicher noch am anderen Ende der Leitung hören.

»Er hat heftige Prellungen und ein paar gebrochene Rippen, im Krankenhaus hat man ihm irgendein Medikament verabreicht …«

Nicht tot, aber heftige Prellungen, ein paar gebrochene Rippen, und er hatte so starke Schmerzen, dass das Krankenhaus ihm offenbar irgendwas Heftigeres hatte geben müssen. Klang ganz und gar nicht nach einem Grund zum Feiern. »Welches?«

»Welches …«, wiederholte er verwirrt. »Welches Medikament?« Er räusperte sich. »Ich weiß es nicht, aber ich kann mal fragen.« Es hörte sich an, als würde er sich in Bewegung setzen, vielleicht suchte er in den Krankenhausfluren nach einer Schwester oder einem Arzt. Ich schüttelte den Kopf, auch wenn er es nicht sehen konnte.

»Krankenhaus«, sagte ich. »Welches Krankenhaus?«

»Oh, ach so.« Er schien erleichtert zu sein, dass er nicht herausfinden musste, auf welchen Drogen sein bester Freund gerade war. »Saint Francis Memorial …«

Ich legte auf, schon auf halbem Weg durch die Wohnung, um mir einen Mantel überzuwerfen und in die Turnschuhe zu schlüpfen, und schnappte mir meine Autoschlüssel.

»Was in aller Welt glaubst du, was du da tust?«, rief Wren, als ich gerade schon drauf und dran war, aus der Tür zu stürmen. Erst jetzt bemerkte ich, dass sie ebenfalls ihre Schuhe angezogen hatte. Sie riss mir die Autoschlüssel aus der Hand, schnappte sich ihre eigenen und trat in den Hausflur hinaus, ohne auf meine Reaktion zu warten. Erst als ich die Tür hinter uns schloss, fragte sie: »Wohin fahren wir eigentlich?«

Ich wusste nicht, warum, aber ich musste lachen. Vielleicht lag es am Schock, am Adrenalin und an meiner Angst um Dylan, doch auf einmal empfand ich grenzenlose Zuneigung für das Mädchen an meiner Seite, und ich lachte, bis wir im Aufzug standen und schon halb im Erdgeschoss waren. Dann seufzte ich, und es fühlte sich an, als würde ich mit einem Ruck in die Realität zurückkehren. »Saint Francis Memorial.«

Sie war nicht in mein Lachen eingestimmt, aber als ich ernst wurde, blickte sie ebenso drein und nickte. Ich sah, wie ihr Unterlid zuckte, wie sie die Lippen voller Sorge zusammenpresste. Sorge um mich oder um Dylan? Ich wusste es nicht.

Wir erreichten das Erdgeschoss, und sie hastete los, sagte

kein Wort, obwohl ich spürte, dass sie am liebsten stehen geblieben wäre, um mich zu umarmen und mir Mut zuzusprechen. Aber sie wusste, dass ich auf keinen Fall langsamer werden wollte. Also sausten wir im Laufschritt zu ihrem Auto, während sie bereits die Adresse des Krankenhauses ins Handy eintippte.

Wir fuhren los. Unaufgefordert erinnerte ich mich an jedes Wort, das Blake gesagt hatte. Ich erzählte Wren von den gebrochenen Rippen, den Prellungen und den Medikamenten, die er bekommen hatte.

»*Aber*«, sagte ich. »Er ist nicht tot.« Ich versuchte, hoffnungsvoll zu klingen, auch wenn mir schmerzlich bewusst war, wie niedrig die Messlatte war, wenn »er ist *nicht tot*« das Ermutigendste war, was mir dazu einfiel. »Gott«, stieß ich hervor und sackte im Sitz zusammen. »Ich bin so ein Arschloch.« Wren sah kurz auf, und ich redete weiter: »Ich habe mich so geärgert, dass er nicht auf eine blöde Nachricht geantwortet hat, dabei war er da wahrscheinlich schon auf dem Weg ins verdammte Krankenhaus.«

Es fühlte sich einfach schrecklich an. Am liebsten wollte ich mich in ein Loch verkriechen und es nie wieder verlassen. »Ich bin nicht erbärmlich, nur ein Arschloch«, stellte ich fest, und Wren schüttelte den Kopf.

Bei meinen Eltern war es ähnlich gewesen. Henry und ich waren sauer, dass sie spontan zu Thanksgiving weggeflogen waren – ohne uns. Uns hatten sie mit einem der Babysitter zurückgelassen, und wir hatten im Wohnzimmer gesessen, mit Ausblick auf New York City.

»Ich hoffe, es regnet«, hatte Henry gesagt.

»Ich hoffe, das Essen ist schlecht«, hatte ich eingestimmt.

Und so hatten wir noch stundenlang weitergemacht, als sie schon längst hätten da sein müssen, wir aber keinerlei Nachrichten erhielten und auch keinen Anruf, obwohl sie sich sonst immer meldeten. »Ich hoffe, die Mücken sind um diese Jahreszeit richtig fies drauf«, hatte Henry gesagt.

»Ich hoffe, das Wasser ist kalt«, hatte ich hinzugefügt

Zu diesem Zeitpunkt waren sie bereits tot gewesen.

»Du bist kein Arschloch«, riss mich Wren aus meinen Gedanken, und ich schüttelte den Kopf.

»Bin ich doch!«, widersprach ich. »Sogar *du* hast ihm einen Vertrauensvorschuss gegeben.« Erst jetzt wurde mir die Tragweite dieses Satzes bewusst, und ich keuchte vor Schuldgefühlen fassungslos auf. »Oh mein Gott«, wimmerte ich. »Sogar du …«

»Athalia«, schnauzte sie mich an, und mein Kopf ruckte zu ihr herum. »Würdest du bitte aufhören, dich so zu quälen, obwohl du überhaupt nichts tun kannst und auch noch gar nicht weißt, was passiert ist?«

Ich öffnete den Mund, um ihr zu widersprechen, aber sie bedachte mich mit einem strengen Blick, und ich klappte den Mund wieder zu. Wippte mit den Beinen und gab mein Bestes, nicht die ganze Fahrt lang darüber zu reden, was für ein egoistisches Arschloch ich gewesen war. Allerdings waren wir zwei Minuten später auch schon da. Als wir hineineilten, konnte ich an nichts anderes denken als an Dylan McCarthy Williams.

Dass in der Lobby des Krankenhauses eine ganze Fußballmannschaft saß, verriet mir nicht nur, dass wir richtig waren, sondern auch, dass Dylan's Unfall noch nicht allzu lange her gewesen sein kann. Oder, dass seine Mannschaft ihn so sehr liebte, dass sie auch Stunden nach seiner Diagnose noch hier auf ihn warteten. Vermutlich in der Hoffnung, dass er schon heute wieder entlassen wird; nach dem, was Blake erzählt hatte, glaubte ich aber nicht, dass Dylan seine Nacht irgendwo anders als im Krankenhaus verbringen würde. Einige saßen mit gesenktem Kopf da, andere hatten ihren Platz älteren Krankenhausbesuchern angeboten. Mein Bruder stand in der hintersten Ecke, die Arme vor der Brust verschränkt, die Aufmerksamkeit auf den Boden gerichtet. Einen Fuß hatte er an der Wand hinter sich abgestützt.

Später, dachte ich. Erst einmal sah ich mich nach Blake um. Ich drehte mich mindestens dreimal um die eigene Achse, stellte mich auf die Zehenspitzen auf der Suche nach dunkler Haut und kurzem Haar. Nichts. Nur lauter vage bekannte Gesichter. Mehrere Spieler bemerkten mich und tuschelten mit ihren Mannschaftskameraden wie kleine Mädchen, die nicht ganz sicher waren, ob sie gerade irgendeine C-Prominenz entdeckt hatten.

Wenn sie schon ahnten, weshalb ich hier war und wegen wem … hätte mir dann nicht einer von ihnen den richtigen Weg weisen können? Das richtige Zimmer? Die richtige Etage?

»Zimmer 219, zweiter Stock.«

Ich wirbelte herum, als mein Gebet so unerwartet erhört wurde, und starrte Wren direkt in die Augen. »Woher weißt du das?«

Sie deutete mit dem Kinn Richtung Empfang. »Ich habe gefragt«, sagte sie und winkte einer blonden Frau mittleren Alters zu, die hinter dem Tresen saß. »Und die nette Dame hat es mir verraten.«

Die nette Dame lächelte mit einem leichten Nicken.

»Aber du hasst es, mit Fremden zu reden«, sagte ich erstaunt.

Wren war so introvertiert, wie ich extrovertiert war. Wenn wir etwas reservieren oder beim Kundendienst anrufen mussten, schickte sie mich immer vor. Da es praktisch das Einzige war, was ich in unserer Freundschaft für sie tun konnte, übernahm ich es gern.

Wren, die von sich aus die Empfangsdame irgendwas fragte, (und dann noch ausgerechnet, wo wir McCarthy finden konnten) … dass sie das für mich getan hatte, fühlte sich für mich so an, wie es sich vermutlich für sie anfühlen musste, wenn jemand ihr Karten für die besten Plätze bei *Hamilton* schenkte. Ich wäre vor Rührung in Tränen ausgebrochen, wäre ich nicht schon auf halbem Weg zu den Aufzügen gewesen.

Ich liebe dich! formte ich lautlos mit den Lippen, und Wren verdrehte die Augen. Dann lächelte sie und nickte mir zu. Ich sah, wie sie sich Richtung Henry in Bewegung setzte, und drückte mit einem tiefen Seufzer den Knopf für den zweiten Stock. Sechsmal.

KAPITEL 35

222, 221, 220 … Abrupt blieb ich vor Zimmer 219 stehen, dann erst entdeckte ich Blake auf einem der Stühle gegenüber.

»Oh«, stammelte ich. Keine Ahnung, weshalb ich auf einmal so verlegen war. »Hey.« Mein Blick huschte zurück zur geschlossenen Zimmertür. Nur vage nahm ich wahr, dass Blake zu mir herüberkam, der Inbegriff der Ruhe.

»Ich hätte nicht gedacht, dass du wirklich kommst«, sagte er. »Und jetzt fühle ich mich schlecht, weil ich es mir nicht vorstellen konnte.«

Mir entwich ein halbherziges Schnaufen. Mein Blick wich nicht von der Tür, aber meine Anspannung löste sich ein wenig. »Heißt das, ich habe deinen Background-Check bestanden?«, fragte ich, und sein Lächeln verriet mir, dass er die Anspielung auf unser Gespräch in der Bar verstand. Himmel, es fühlte sich an, als sei dieser Abend eine Ewigkeit her.

»Athalia.« Er lachte leise. »Das habe ich schon vor so langer Zeit abgehakt, dass du keinen Gedanken mehr daran verschwenden solltest.« Dann wies er auf die Tür. »Ich habe ihm nicht gesagt, dass du kommst.«

»Da du nicht geglaubt hast, dass ich wirklich kommen würde, war das wohl vernünftig.«

Blake schnaubte und nickte. »Noch mal sorry deswegen.«

Ich winkte ab.

Schweigen. Und noch mehr Schweigen. Anscheinend wartete er darauf, dass ich reinging. Und ich wollte es auch tun, mindestens dreimal nahm ich innerlich Anlauf, und dreimal zögerte ich.

Blake räusperte sich erneut und nickte, dann setzte er sich wieder. »Übrigens«, sagte er dann. »Die Drogen, die sie ihm gegeben haben, sind ziemlich … intensiv.« Er wirkte fast belustigt. »Deshalb sitze ich hier draußen. Er hat mir fast das Ohr abgekaut – er kann einfach nicht die Klappe halten.«

Ich schnaubte, amüsiert und erleichtert. Und dann endlich setzte ich mich in Bewegung. Hörte auf zu denken und griff nach der Türklinke, ohne die leiseste Ahnung, was mich dort drinnen erwarten würde.

Ich hielt den Atem an. Dann sah ich McCarthy, und er … sah gar nicht so schlecht aus.

Er lag in einem weißen Krankenhaushemd auf dem Bett, unterhalb der Taille steckte er unter einer Decke. Auf der Wange trug er stolz einen fetten blauen Fleck, aber ich entdeckte keinerlei Anzeichen von gebrochenen Rippen – allerdings hätte ich auch nicht gewusst, wie ich mir Anzeichen für gebrochene Rippen eigentlich vorstellte.

»Oh Gott.« Besorgt starrte ich ihn an. »Ich bin tot«, fuhr er fort. »Bin ich im Himmel?« Es klang fast, als würde er sich fragen, ob er es überhaupt verdiente, in den Himmel zu kommen. »Oder in der Hölle«, überlegte er nach einer langen, nachdenklichen Pause.

»Du glaubst, ich würde in den Himmel kommen?«, fragte ich, halb erleichtert, halb belustigt, und ging auf ihn zu. Es war so einfach, mich in Sarkasmus und Ironie und Witzeleien zu retten, wenn ich mit einer Situation nicht recht umzugehen wusste.

Er lächelte breit und beobachtete jede meiner Bewegungen, bis ich direkt neben ihm stand. »Auf gar keinen Fall«, schnaubte er. »Wenn überhaupt, bist du der Grund dafür, dass ich jetzt hier unten bin.« Er hob die Brauen, und trotz seiner Frechheit streckte er die Hand aus, um seine Finger mit meinen zu verschränken. Er lächelte zu mir auf, als hätte er mir gerade seine Liebe erklärt, statt mich einen Dämon zu nennen und zu behaupten, ich sei der Grund dafür, dass er in der Hölle gelandet war.

»Autsch.« Aber ich war nicht im Geringsten beleidigt. »Wie geht es dir?«

»Tu nicht so«, schnaufte er amüsiert und legte den Kopf schief. »Du hast immer gehofft, dass ich mal eins draufbekomme. Das hier ist nur eine verspätete Manifestation davon.« Sein Grinsen war scherzhaft, schien aber auch ein bisschen unkontrolliert.

»Das ist …« *Empörend, schrecklich … wahr.* »… nicht wahr«, behauptete ich. Dylan schnalzte mit der Zunge.

»Du hast jedes Mal gejubelt, wenn ich gefoult wurde.« Er dachte eine Sekunde lang nach. »Oder wenn ich danebengeschossen habe.«

Oh Gott. Er hatte völlig recht.

Ich musterte ihn argwöhnisch. »Hat Henry dir das erzählt?«

»Das hat mir niemand erzählt«, erklärte er sachlich. »Ich habe es mit eigenen Augen gesehen.« Er schien zu überlegen, ob er fortfahren sollte. »Als du deinen Bruder das erste Mal vom Training abgeholt hast, habe ich ihn gefragt, wie du heißt, und er hat gesagt, ich solle mich verpissen. Und seitdem mache ich nichts anderes mehr.« Er schüttelte den Kopf. »Als an dich denken, meine ich. Immer. Wenn ich einen Raum betrete, halte ich automatisch nach dir Ausschau. Genau wie auf dem Spielfeld. Ich lasse den Blick über die Tribüne schweifen, bis ich dich sehe oder weiß, dass du nicht da bist. Ich hab nie wirklich verstanden, warum.«

Mir blieb die Luft weg, und ich fragte mich, ob sein nüchternes Ich jemals zugegeben hätte, was er mir gerade offenbart hatte. Im Moment schien er allerdings sehr mit sich zufrieden zu sein, auf seinen Lippen lag ein träges Grinsen.

»Tja …« Ich zuckte mit den Schultern und versuchte, die Schuldgefühle zu ignorieren, die mich innerlich auffraßen. »Vielleicht hat Wren auf mich abgefärbt. Du hättest sehen sollen, wie glücklich sie war, als sie mir erzählt hat, dass dir mal jemand eins auf die Nase gegeben hat.«

Merkwürdigerweise leuchteten seine Augen bei der Erinnerung auf, als wäre es eine positive. »Oh!« Er schien geistig abzudriften, legte die Wange aufs Kissen und drückte meine Hand. »Du hättest sehen sollen, wie ich deine Ehre verteidigt habe!«

Entweder verlor er sich tief in Erinnerungen, oder es lag an den Drogen, jedenfalls schien er meinen verwirrten Blick nicht zu bemerken, bis ich fragte: »Was?«

Er sah mich wieder an. »Was?«

»Was war mit meiner Ehre?«

»Ach so, ja«, antwortete er. »Hab ich doch gerade gesagt …« Er unterbrach sich und zog verwirrt die Stirn kraus. »Ich spreche doch, oder? Meine Lippen bewegen sich? Es kommen Worte aus meinem Mund?«

Ich schnaubte. »Ja, McCarthy. Es kommen Worte aus deinem Mund. Sie ergeben nur keinen Sinn. Was hat meine Ehre damit zu tun, dass dich jemand k.o. geschlagen hat?«

Er keuchte auf, und ich schob es auf die Drogen. »Ich wurde nicht *k. o.* geschlagen«, beteuerte er, offensichtlich schwer gekränkt. »Ich hab es wie ein Champion ertragen, damit Baker« – ich nahm an, das war der Schläger – »eine rote Karte kassiert, weil er nicht aufhören konnte, sein blödes Maul aufzureißen.« Die Erinnerung allein schien ihn wahnsinnig aufzuregen. *»Pressley, wo ist deine heiße Schwester? Pressley, gibst du ihr bitte meine Nummer? Pressley, deine Schwester dies, deine Schwester das* – und Herrgott noch mal, ich wollte, dass er endlich die Klappe hält. Dein Bruder auch. Er war kurz davor, ihm eine reinzuhauen, das war ihm deutlich anzusehen. Aber es war erst Halbzeit, und das konnten wir uns nicht leisten. Also dass er vom Spielfeld genommen wird, meine ich.« Ein selbstgefälliges Grinsen blitzte in seinem Gesicht auf. »Darum habe ich Baker so lange genervt, bis er mir einen Schlag verpasst hat.«

Er schien ganz in die Erinnerung versunken. Meine fassungslose Miene und die Tatsache, dass ich sprachlos war, ignorierte er völlig (oder er war zu high, um es zu bemerken). Ich räusperte mich und blinzelte, nicht ganz in der Lage, damit umzugehen, was seine Worte gerade mit mir anstellten.

»Wie geht es dir?«, fragte ich daher erneut.

Er lächelte und klopfte auf die Bettkante, und ich setzte mich seufzend. »Als hätte mich ein zwei Meter großer Harvard-Typ von hundert Kilo Lebendgewicht umgerannt.« Sein Kopf fiel zurück in das riesige Kissen, und ein träges Lächeln spielte um seine Lippen, während er mich betrachtete. »Los«, drängte er. »Frag mich, was passiert ist.«

Ich konnte mir das Lächeln nicht verkneifen. »Was ist passiert?«

»Ein zwei Meter großer Harvard-Typ von hundert Kilo Lebendgewicht hat mich umgerannt.« Er wirkte darüber recht erfreut. »Was dazu geführt hat, dass ich so viele Drogen bekommen habe, dass ich mir immer noch nicht sicher bin, ob du wirklich hier bist.«

»Und was, wenn ich wirklich hier bin?«

»Dann freue ich mich sehr darüber.«

»Und wenn nicht?«

»Dann müsste ich mit meinem Therapeuten darüber sprechen, warum ich das Mädchen, das ich eigentlich hassen sollte, in mein Krankenzimmer halluziniere.«

Das ich eigentlich hassen sollte.

Mein Magen machte einen Salto, entspannte sich wieder und schlug dann noch einen, und das alles binnen weniger Sekunden. Mir war so schwindelig vor Glück, wie mir schon seit dem Tag, an dem ich meine erste wirklich teure Tasche gekauft hatte, nicht mehr gewesen war.

Ein Kichern entwich mir, bevor ich mich beherrschen konnte. Ich räusperte mich und zuckte so lässig mit den Schultern, wie ich nur konnte. »Wahrscheinlich, weil du mit ihr den besten Sex deines Lebens hattest«, schlug ich nachdenklich vor und war stolz, dass er auflachte ... Allerdings hatte ich sofort ein schlechtes Gewissen, als er vor Schmerz zusammenzuckte. »Sorry«, sagte ich. »Wenn man bedenkt, wie witzig ich bin, wird dieses Gespräch echt hart für dich.«

Er lachte wieder und zuckte erneut zusammen.

»Siehst du?«, sagte ich verlegen, und Dylan winkte ab, mit der Hand, die nicht in meiner lag. Er grinste.

»Ich habe gehört, sie fand den Sex nicht so gut«, sagte er amüsiert und hob eine Augenbraue. »Es war *schrecklich*, wenn ich mich richtig erinnere.«

»Vielleicht hat sie ... übertrieben.«

»Ist sie deshalb hier?«

»Vielleicht.« Ich zuckte mit den Schultern. »Oder vielleicht fühlt sie sich auch schlecht, weil sie dachte, du würdest sie ghosten, obwohl du in Wirklichkeit im Krankenhaus warst.« Das Geständnis rutschte mir einfach so heraus. »Und glaub mir«, beeilte ich mich, fortzufahren, »sie fühlt sich *so* schlecht, dass sie verspricht, dir nächstes Mal beim Kochen zu helfen. Wenn du willst, kocht sie sogar ganz allein.«

McCarthy schaffte es, sein Lachen zu unterdrücken. »Du bist so romantisch«, stellte er sarkastisch fest. »Das liebe ich, glaube ich, am meisten an dir.«

Das hatte Wucht. *Das liebe ich am meisten an dir* setzte schließlich erst einmal voraus, jemanden überhaupt zu lieben. Normalerweise hörte es sich so an: *Ich liebe dich, und was ich am meisten an dir liebe, ist (hier bitte einfügen).*

Und wenn er es so gesagt, wenn er es deutlich ausgesprochen hätte, dann hätte es mich womöglich erschreckt. Obwohl ich ehrlich gesagt im Nachhinein dachte, dass wir einander an diesem Tag im Krankenhaus wohl beide auf unsere eigene Weise *»Ich liebe dich«* gesagt hatten. Und vielleicht war das der Grund, weshalb ich vor seinen Worten nicht zurückwich, sondern einfach nur glücklich war. Zufrieden. Dankbar.

Ich schnaufte belustigt und drückte seine Hand ein wenig fester. »Kannst du das später noch mal sagen, wenn du nicht mehr total high bist?«, erkundigte ich mich mit ironischem Unterton.

Dylan grinste und nickte enthusiastisch. »Klar kann ich das«, brüstete er sich. »Ich sage es so oft, bis du es nicht mehr hören willst.«

»Ist das ein Versprechen?«, fragte ich, ebenso amüsiert wie neugierig.

»Eine Drohung.« Er zwinkerte sehr schief, und ich schob auch das auf die Drogen.

Ich neigte leicht den Kopf. »Da nimmst du aber eine ganz schön große Aufgabe auf dich, Dylan.«

Als ich ihn beim Vornamen nannte, wurde sein Grinsen noch breiter. Dann zuckte er mit den Schultern. »Tja«, sagte er. »Ich bin ein ziemlich zuverlässiger Typ, Athalia.«

KAPITEL 36

»Es liegt an meinen gebrochenen Rippen.«

»Du kannst nicht alles auf deine gebrochenen Rippen schieben.« Ich spürte, wie meine Mundwinkel zuckten. Kopfschüttelnd versuchte ich, einen Blick auf das Display seines Handys zu erhaschen. »Das ist schon fast einen Monat her.«

»Als ich diese Prüfung geschrieben habe …« Er fuchtelte mit seinem Handy herum, zu schnell, als dass ich hätte lesen können, was darauf stand. »Da war ich gerade erst eine Woche aus dem Krankenhaus raus. Und das merkt man eben.«

»Los, zeig her!«, jammerte ich und rollte mich zu seiner Bettseite rüber.

Heute Morgen waren die E-Mails mit unseren Statistik-II-Noten gekommen, so wie erwartet … Shaw hatte nach der Prüfung zwei Wochen Zeit für die Benotung, und die waren heute rum. Trotzdem hätte ich mir tausend schönere Beschäftigungen vorstellen können, als mich mit den Noten zu beschäftigen … als an Statistik und die Möglichkeit zu denken, vielleicht durchgefallen zu sein, in einem Kurs, der quasi für das geistige Erbe meiner Mutter stand.

»Nein.«

Im nächsten Moment saß ich rittlings auf seinem Schoß, mein Grinsen schwebte direkt über seinem Gesicht. »Bitte?«

Ich drückte ihm schnelle Küsse auf Nase, Wange und Kinn. Dylan schüttelte den Kopf, konnte mir aber nicht entkommen.

»Das ist nicht fair«, presste er hervor und schaffte es gerade noch rechtzeitig, mein Gesicht mit beiden Händen zu packen, ehe ich ihm einen Kuss auf die Lippen drücken und die Sache besiegeln konnte.

Seine braunen Augen funkelten. »Ich zeig dir meins, wenn du mir deins zeigst«, sagte er, und ich seufzte schwer, ließ mich dramatisch von seinem Schoß fallen und schmiegte mich an ihn.

»Keine Ahnung, wie ich abgeschnitten habe.«

»Du hast nicht nachgesehen?«

»Nein.« Fassungslos starrte er mich an, und ich erwiderte seinen Blick. »Was denn?« Ich stieß genervt die Luft aus. »Ich bin nicht sonderlich scharf darauf, mir jetzt schon den Tag zu vermiesen. Er hat doch gerade erst angefangen.«

Mein scherzhafter Unterton war völlig an ihn verschwendet.

»Du glaubst doch aber nicht etwa, dass du durchgefallen bist, oder?« Dylan setzte sich aufrecht hin und sah mich auf einmal ganz ernst an.

Ich hatte noch gar nicht darüber nachgedacht, wie es sich für ihn anfühlen mochte, wenn ich Angst hatte, versagt zu haben.

War er beleidigt? War meine Angst nicht ganz schön undankbar nach all den Stunden, die er investiert hatte, um dafür zu sorgen, dass ich es schaffte? Ich wich seinem Blick aus und betrachtete das weiße Blumenmuster auf meiner weißen Bettwäsche. *Wunderschön.*

»Athalia.«

Er ließ nicht locker. Ich zuckte mit den Schultern. »Vielleicht schon«, murmelte ich, mehr zu mir selbst, aber er hörte mich trotzdem.

»Du warst nach der Prüfung so zuversichtlich«, erinnerte er mich und neigte den Kopf, zugleich verwirrt und ermutigt.

»Das nennt man *Post-Prüfungs-Euphorie*«, erklärte ich. »Du weißt schon … wenn du mit all deinen Prüfungen durch bist und endlich wieder dein Leben zurückhast. Kennst du das nicht?«

Er sah mir tief in die Augen und sagte: »Nein.« Und das rief mir wieder allzu deutlich all die Gründe ins Gedächtnis, weshalb es ein Wunder war, dass das zwischen uns so gut funktionierte. Zum Beispiel war er mit seinen dreiundzwanzig Jahren schon ein voll und ganz ausgewachsener Workaholic. Ich hingegen hatte in meinem ganzen Leben nicht länger als zehn Minuten ans Arbeiten gedacht, wenn es nicht unbedingt nötig war.

Er war immer beschäftigt. Ich hingegen langweilte mich ständig.

College, Noten und ein guter Abschluss, das war ihm wichtig. Ich hingegen versuchte immer noch, herauszufinden, was ich eigentlich tun wollte.

Er nahm das Leben so ernst. Ich … nicht.

Es war ein seltsames Durcheinander von Unstimmigkeiten, die trotzdem irgendwie perfekt … zusammenpassten. Und immer, wenn ich kurz davor gewesen war, das Handtuch zu werfen und auszusteigen – was während der Abschlussprüfungen mindestens dreimal pro Woche der Fall gewesen war –, war Dylan an meiner Seite gewesen, um mir Halt zu geben.

Wenn er sich in seinen Gedanken verlor, sich völlig überarbeitete oder vergaß zu schlafen, war ich an seiner, schleifte ihn ins Bett und verdonnerte ihn streng zu acht Stunden Schlaf.

»Komm schon.« Er stupste mich sanft in die Seite. »Ich weiß, dass du es wissen willst.« Er wackelte mit den Augenbrauen und sah mein Grinsen, ehe ich den Kopf in den Kissen vergraben konnte und zweimal aufstöhnte.

Einmal, weil ich wirklich nicht nachsehen wollte. Das zweite Mal, weil ich wusste, dass ich es irgendwann sowieso tun musste. Warum also nicht jetzt?

»Wenn ich die ganze Fahrt über schlechte Laune habe«, warnte ich ihn, setzte mich auf und griff nach meinem Handy auf dem Nachttisch, »dann ist das deine Schuld, und ich werde es dir nie verzeihen.«

Dylan antwortete nicht, sondern beobachtete nur schweigend, wie ich mein Handy entsperrte und den Posteingang aufrief.

Ich drehte das Handy so, dass er nichts erkennen konnte, und er protestierte gedämpft. »Lass mich erst mal selbst schauen«, murmelte ich, plötzlich angespannter, als ich zugeben wollte, und tippte auf den in der E-Mail angegebenen Link. Ich gab die Anmeldedaten für das Konto ein und versuchte, nicht zu zittern, während die Seite geladen wurde. Mein Blick klebte auf dem Display, voller Erwartung und voller Schrecken.

»Und?« Dylan stupste mich erneut an, doch ich hob nur die Hand und starrte gebannt auf das sich drehende Icon auf dem Bildschirm. Mein Herz zog sich zusammen, als es schließlich verschwand und den Noten Platz machte.

Und da war es.

Da war es.

Da. War. Es.

Ich spürte, wie sich mein Gesicht verzerrte in einem wilden Durcheinander aus Gefühlen. Ungläubigkeit war dabei, aber sie wurde hinweggefegt von Verwirrung und Erleichterung, Dankbarkeit und Freude.

Ich schaute Dylan an und ließ das Handy in meinen Schoß

sinken, während sich ein Grinsen auf meinem Gesicht ausbreitete.

»Danke!«, quietschte ich und wünschte, ich könnte mich einfach auf ihn stürzen, ohne Rücksicht auf seine gebrochenen Rippen nehmen zu müssen. »Ich danke dir. Ich danke dir. Ich danke dir.«

Die Besorgnis in seinen Augen verflog, und er breitete die Arme aus, ebenso strahlend wie ich. Er drückte mich an sich. »Siehst du?«, flüsterte er in mein Haar und legte das Kinn auf meinen Kopf. »Du hättest dir überhaupt keine Sorgen machen müssen.«

Er sagte es, ohne meine Note gesehen zu haben. Ob ich die Prüfung knapp bestanden hatte oder mit einer Eins glänzte, schien ihn nicht weiter zu interessieren. Mit welcher Note auch immer ich zufrieden war, er war gleichermaßen stolz darauf.

»Du hast es Shaw wirklich gezeigt, was?«

»Faktisch gesehen …« Ich hob den Kopf von seiner Brust und sah ihn grinsend an. »Faktisch gesehen habe ich's dir auch gezeigt.« Er runzelte die Stirn, und ich fuhr fort: »Du dachtest, ich sei ein hoffnungsloser Fall. Das hast du sogar zu Shaw gesagt!«

Sein Gesicht wurde weicher. »Oh«, machte er, dann schüttelte er den Kopf. »Das würde ich niemals tun.«

»Aber du hast gesagt …«

»Athalia«, seufzte er, tief und lang und beruhigend. »Es gab nicht eine Sekunde, in der ich nicht an dich geglaubt habe.«

Es fühlte sich an, als würde sich mein Herz ausdehnen, einfach nur, um mehr Platz für ihn zu schaffen.

»Ich wusste schon, wie klug du bist, bevor du zum ersten Mal mein Büro betreten hast, und ich hatte keinen Zweifel daran, dass du mit ein wenig Anleitung und der richtigen … Motivation aufblühen würdest.«

»Du hast mich also angelogen? Was Shaw betrifft?«

»Natürlich.« Seine Ehrlichkeit – und dass er sich für nichts entschuldigte – war unglaublich erfrischend.

»Was noch?«, fragte ich und legte den Kopf schief. Gleichermaßen neugierig wie belustigt. »Was war noch gelogen, meine ich?«

Er dachte kurz nach und sah mich dann wieder an. Achselzuckend. »Dass ich dich hasse.«

»Dass du mich hasst?«

»Beziehungsweise dass ich dich nicht besonders mag. Aber diesbezüglich habe ich mich selbst schon viel länger angelogen als dich.«

Es dauerte einen Moment, bis sich bei mir setzte, was er da beichtete. Und ich wünschte, ich hätte ihm das Gleiche sagen können. Wünschte, hier hätte sich der Kreis geschlossen und wir hätten begriffen, dass wir beide unsterblich ineinander verliebt waren, seit wir uns das erste Mal gesehen hatten.

Nicht, dass wir diese Worte schon mal so richtig zueinander gesagt hatten. *Ich liebe dich.* Sie waren mir in früheren Beziehungen viel zu schnell herausgerutscht, und diesmal wollte ich sie mir aufsparen, bis sie eines Tages aus mir herausplatzten, weil ich nicht mehr anders konnte. Und Dylans frühere Beziehungen hatten wohl nie lange genug gehalten, um diese Worte überhaupt in Erwägung zu ziehen. Es war gewissermaßen für uns beide Neuland.

Und vielleicht machte das alles einfacher.

Es nicht zu sagen bedeutete nicht, dass wir es einander nicht ständig zeigten. Er zeigte es mir jedes Mal, wenn er mich von der Couch ins Bett trug, wenn ich darauf eingeschlafen war, mit jedem meiner schlechten Witze, über die er trotzdem lachte, mit jeder Mahlzeit, die er für mich kochte, wenn ich vorschlug, etwas zu bestellen, und wenn er dann beim Kochen meine Hilfe ablehnte. Mit alldem sagte er mir immer, immer wieder: *Ich liebe dich.*

Also lächelte ich nur über seine Worte. »Ich wusste, dass du schon immer von mir besessen warst«, witzelte ich, und aus der Stille nach seinem Geständnis wurde fröhliche Unbeschwertheit. Dylan verdrehte auf seine unglaublich liebenswerte Weise die Augen, bevor er mir einen Kuss auf die Stirn drückte und aufstand.

»Himmel«, seufzte er, während er sich streckte und mir einen unglaublichen Blick auf seinen nur mit Boxershorts bekleideten Körper bot. Die dunklen Prellungen auf seinen Rippen waren viel heller geworden und sahen nicht mehr halb so bedrohlich aus. »Ich vergesse manchmal, wie nervtötend du bist.«

Das war nur eine seiner Millionen Arten, *Ich liebe dich* zu mir zu sagen.

Ich liebe dich auch, Dylan McCarthy Williams.

EPILOG

»Zehn Minuten, Leute!«, rief jemand über die Musik hinweg, und die Menge brach in Jubel und aufgeregtes Stöhnen aus. Hände und möglicherweise auch Körper wurden in die Luft geworfen, als auf dem riesigen Bildschirm der Countdown begann.

Meine Hand mit dem Cocktailglas darin schnellte nach oben, und wäre ich nicht so euphorisch gewesen, hätte es mir vielleicht etwas ausgemacht, dass die süße, klebrige Flüssigkeit auf mein Kleid spritzte. Aber ich war völlig euphorisch, und es war mir komplett egal. Mein Glas klirrte in der Luft gegen Wrens Wasserglas, und ich achtete sorgsam darauf, ihr dabei in die Augen zu sehen, weil das Glück brachte. Dann wiederholte ich die Prozedur mit Laila, dem total unverbindlichen Date (wie sie nicht müde wurde zu betonen), das Wren zur alljährlichen Pressley-Silvesterparty mitgebracht hatte.

Der einzige Unterschied zu den letzten Jahren bestand darin, dass wir auf unserer Party nicht mehr von der Spitze eines Wolkenkratzers auf New York hinunterblickten, sondern uns idyllische Gärten und Rosenstöcke in den Hamptons umgaben. Und außerdem war nicht nur ein McCarthy eingeladen, was schon ausgesprochen neu gewesen wäre, sondern gleich sechs.

Ich hielt nach meiner Begleitung Ausschau, aber in der Menge konnte ich ihn nicht entdecken. Mit einem entschuldigenden Blick Richtung Wren bahnte ich mir einen Weg zwischen den Tanzenden hindurch und lächelte im Vorbeigehen in lauter mir nur vage bekannte Gesichter.

Ich entdeckte meinen Bruder, der an der Bar lehnte und mit trunkenem Argwohn jemanden anstarrte. Ich brauchte nur seinem Blick zu folgen, und … *Bingo*. Mein McCarthy stand bei den anderen, sie hatten einen lockeren Kreis gebildet, in dem nur das jüngste Familienmitglied fehlte. Selbst sein Vater machte einen recht zufriedenen Eindruck.

Als mein Blick wieder zu meinem Bruder zurückkehrte, hatte sich seine Aufmerksamkeit bereits auf ein anderes Ziel verlagert. Henry war schon immer eher Menschenbeobachter als Entertainer gewesen. Ich war überrascht, als ich sah, wem sein Blick galt.

»Du hast Paula eingeladen«, begrüßte ich ihn und beobachtete, wie sie im Takt der Musik mit den Hüften schwang. Ihr lockiges Haar wippte ebenfalls. »Kommt ihr wieder besser miteinander aus?«

»Nein«, murrte er, ohne den Blick von ihr abzuwenden. »Ich habe übrigens auch ihre Freunde eingeladen. Ich habe überhaupt fast *alle* Leute eingeladen, mit denen ich jemals ein paar Worte gewechselt habe. Das hat nichts mit Paula zu tun …« Er ertappte sich dabei, wie er abschweifte, und brach sofort ab.

Ich nickte amüsiert. »Klassisch. Du hast also ihre Freunde eingeladen, damit es nicht so aussieht, als wolltest du sie hierhaben …«

»Ich wollte sie nicht …«

»Sie haben übrigens nicht miteinander geschlafen. Sie und Dylan«, platzte ich heraus, und jetzt sah Henry mich an. Ich konnte mir ein Kichern nicht verkneifen. »Und du hast mir nie gesagt, dass du das denkst, weil du gesehen hast, wie sie sich *umarmt* haben. Wie alt bist du – zwölf?«

Henry blinzelte ein, zwei, drei Mal – wahrscheinlich, um diese Information zu verarbeiten. Seine gut sitzende nonchalante Maske verrutschte kaum, aber die Tatsache, dass sie es *überhaupt* tat, verriet mir, dass diese Enthüllung für ihn vieles änderte. Hoffentlich zum Besseren.

Jetzt, da das Sommerhaus-Debakel behoben war, der MLS-Draft vorbei und Henry einen Profivertrag in der Tasche hatte, würde er vielleicht mehr Zeit für etwas anderes in seinem Leben haben. Für außerfamiliäre Beziehungen, die nicht rein beruflich waren.

»Dylan«, knurrte er missbilligend. Als würde der Name auf seiner Zunge einen säuerlichen Geschmack hinterlassen. Er starrte ihn wieder an. »Ich frage mich immer noch, ob wir wirklich alle sechs McCarthys einladen mussten«, sagte er trocken. »Ich weiß, dass du mein schlechtes Gewissen ausnutzt. Und ich komme offenbar immer noch nicht gegen diesen Reflex an … du fragst, ich sage Ja.«

»Tut mir leid, diese Wirkung habe ich auf alle.« Ich zwinkerte, wurde aber schnell wieder ernst. »Ich weiß es zu schätzen, dass du es versuchst. Mit ihm auszukommen, meine ich.«

Henry lachte leise, dann fragte er: »Ihr tut also … was? Ihr datet?« Er zuckte zusammen, als würde ihm der bloße Gedanke körperliche Schmerzen bereiten. »Man sollte meinen, dass ich mich nach allem, was ich in den letzten Monaten deinetwegen durchgemacht habe, inzwischen mal an die Vorstellung gewöhnt haben müsste.«

Das hatte er eindeutig nicht.

»Ich weiß es nicht«, gab ich ehrlich zu und linste quer durch den großen Raum zu Dylan hinüber. Er entdeckte mich, lächelte und kam auf uns zu, gerade, als jemand in der Menge verkündete: »Fünf Minuten!«

Lauter Jubel brandete auf. Henry lehnte sich zu mir, um sicherzugehen, dass ich ihn trotz des Lärms hörte. »Damit das klar ist«, bekräftigte er. »Wenn er dir wehtut, bringe ich ihn höchstpersönlich um.«

Ich glaube, mehr Segen würde ich von Henry nicht bekommen. Als ich ihn anguckte, erwiderte er meinen Blick scheinbar desinteressiert – keine große Überraschung.

»Du hast gesagt, du bist nett zu ihm«, erinnerte ich ihn schnell. Henry hob die Hände und sah fast beleidigt aus bei der Andeutung, es könne anders sein. »Sogar Wren hat es gefallen, ihn bei *Hamilton* dabeizuhaben.«

Henry schüttelte den Kopf. »Du weißt doch, wie sie ist, wenn es um *Hamilton* geht«, entgegnete er. »Das ist kein fairer Vergleich.«

Vielleicht stimmte das sogar. »Trotzdem …«

»Ich habe nichts gesagt«, brummte er.

»Es ist die Art und Weise, wie du es gesagt hast.«

»Wie ich *was* gesagt habe?«

»*Wenn er dir wehtut*«, ahmte ich ihn nach, so gut ich konnte. Henry schnaubte. »Es ist, als würdest du es nicht anders erwarten.«

»Ich habe es ganz normal gesagt, Athalia. So wie es jeder Bruder tun würde.«

Ich stöhnte und zeigte anklagend mit dem Finger auf ihn. »Du hast nicht …«

Starke Arme legten sich von hinten um mich, und ich verstummte. Bevor ich mich in seiner Umarmung umdrehen konnte, pustete Dylan leicht aus, und sein Atem kitzelte mich am Ohr. »Das hast du ganz bestimmt nicht«, mischte er sich ein, den Blick auf meinen Bruder gerichtet. Ich brauchte das selbstgefällige Grinsen in seinem Gesicht nicht zu sehen, ich hörte es in seiner Stimme ganz deutlich.

Henry stöhnte verärgert auf und starrte ihn an. »Du weißt doch gar nicht, wovon wir reden«, knurrte er.

Ich spürte Dylans Lippen auf der Wange. Er küsste mich einmal, zweimal, dann zuckte er mit den Schultern. »Ist auch nicht nötig.« Er trat lässig neben mich, und es fühlte sich vollkommen natürlich an, mich an ihn zu lehnen. »Es kommt schließlich nur sehr selten vor, dass du überhaupt irgendwas tust …«

»McCarthy«, blaffte Henry und nahm Dylans Arm ins Visier, der um meine Schultern lag. »Ich schwöre bei Gott, wenn du nicht …«

»Henry!« Drohend betrachtete ich ihn. »*Benimm dich.* Und du auch, Dylan. Lach nicht!« Ich wandte mich ihm gerade noch rechtzeitig zu, um zu sehen, wie ihm der selbstgefällige Ausdruck aus dem Gesicht fiel. »Wir haben darüber gesprochen.« Meine Ermahnung wurde mit einem Augenrollen quittiert, aber jetzt lächelte immerhin mein Bruder.

»Ja, *Dylan*. Ihr habt doch darüber gesprochen«, äffte er mich schadenfroh nach, ehe ein weiterer Blick von mir ihn schließlich zum Schweigen brachte.

»*Oh*«, seufzte ich und tat ganz hingerissen. »Ich finde es einfach toll, dass ihr euch so gut versteht.« Mein vorgetäuschtes Lächeln verwandelte sich in einen finsteren Blick – vielleicht auch in einen Schmollmund –, und Dylan küsste mich auf die Stirn, bevor er lächelnd seine Finger mit meinen verschränkte.

»Komm mit«, sagte er schlicht, und ich tat es, ohne darauf zu achten, wie er zum Abschied den Kopf knapp in Richtung meines Bruders neigte oder wie Henry die stumme Abschiedsgeste erwiderte.

Dylan zog mich hinter sich her, man hätte meinen können, dass er es war, der fast alle Sommer seiner Kindheit hier verbracht hatte, so selbstsicher navigierte er mich durchs Haus. Vielleicht lag es daran, dass er kein bestimmtes Ziel vor Augen hatte, er führte mich einfach um diese Ecke und durch jenen Flur und so weiter, bis die Musik zu einem Hintergrundgeräusch verblasste und der Mond, der durch das große Balkonfenster schien, die einzige Lichtquelle war.

»Seit die ersten Gäste gekommen sind, wollte ich dich nur noch entführen und ganz für mich allein haben.« Er wirbelte mich einmal herum, bevor er mich an seine Brust drückte. »Du siehst heute Abend so hübsch aus.«

Ich grinste zu ihm hoch. »Und du hast dich ausgerechnet jetzt entschieden, mich hierherzuschleifen? Zwei Minuten vor Mitternacht?« Mein Blick war so ungläubig wie bewundernd. »Das hältst du wirklich für den besten Zeitpunkt, um mich zu entführen, Dylan?«

Er nickte stolz, ging rückwärts, zog mich mit sich und lehnte sich gegen die Wand. Mit geschlossenen Augen atmete er tief durch. »Gott«, murmelte er. »Ich liebe es, wenn du mich so nennst.« Er öffnete die Augen wieder und sah mich an. »Habe ich dir jemals gesagt, wie sehr ich es liebe?«

Ich grinste so breit, dass meine Wangen schmerzten. »Es ist nun mal dein Name«, stellte ich fest und schmiegte mich an seine Brust.

Dylan schüttelte den Kopf. »Ich liebe es nicht, weil es mein Name ist«, protestierte er. »Ich liebe es, weil du es bist, die ihn ausspricht.«

Wieder einer dieser Momente. *Ich liebe dich auch, Dylan McCarthy Williams.*

In der Ferne begannen die Menschen herunterzuzählen. »*Zehn! Neun! Acht!*«, riefen sie unisono. »*Sieben! Sechs! Fünf!*«

Dylan lächelte still und neigte den Kopf. Seine Hand wanderte von meiner Taille zu meiner Wange.

»*Vier! Drei! Zwei!*«

»Darf ich dich küssen?«, fragte er dicht an meinen Lippen. Nur ein Hauch von Luft trennte uns jetzt noch. Statt zu antworten, drückte ich meine Lippen leicht auf seine. Sonst waren wir in letzter Zeit eher wild und leidenschaftlich unterwegs, aber dieser Kuss war einfach nur zärtlich.

Ich liebe dich auch, Dylan McCarthy Williams.

»Erster Januar«, raunte er gegen meine Lippen. Die allererste Erinnerung an unseren Vertrag, seit wir ihn gebrochen hatten. »Wie fühlt es sich an, wieder offiziell auf dem Markt zu sein?« Er brachte Abstand zwischen uns und schaffte es nicht, sein Grübchengrinsen zu verbergen.

»So.« Ich drückte ihm einen Kuss auf die Lippen. »*So.*« Ein weiterer Kuss. »Einsam.« Und noch ein Kuss.

Er summte gegen meinen Mund und nickte verständnisvoll, ehe er meine Unterlippe zwischen seinen Lippen einklemmte. »Ja«, seufzte er und stöhnte leise auf. »Ich auch.« Er sah mich an, ein schiefes Lächeln im Gesicht. »Was für ein Zufall – wir beide sind gleichzeitig single und einsam.« Er leckte sich leicht über die Lippen. »Ist es nicht so?«

»Was für ein Zufall«, stimmte ich zu und nickte eifrig. »Was können wir denn da machen?«

Er verschränkte seine Hände mit meinen, küsste mich und lächelte an meinen Lippen, während draußen das Feuerwerk den Himmel erhellte.

Es passte zu dem Feuerwerk in meinem Bauch, und es gab viele Gründe dafür, dass dies ein perfekter Moment war. Ich allerdings konnte nur an einen denken.

1. Ich liebe ihn.
2. Ich liebe ihn.
3. Ich liebe ihn.

Ich liebe ihn.

Unser Kuss endete darin, dass wir beide lächelten, die Lippen immer noch miteinander verbunden. Seine Stirn lag an meiner, und als er seufzend ausatmete, lag ein Hauch von Champagner in seinem Atem.

Und als könnte er meine Gedanken lesen, sagte er: »Ich liebe dich auch, Athalia.«

DANKSAGUNG

Das letzte Mal, dass ich gesagt habe: *Danke, dass ihr meine Geschichte gelesen habt* (sehr viel ausschweifender und sentimentaler), ist über drei Jahre her und war auf einer Website, auf der sehr viel mehr Leute, als dass ich es hätte begreifen können … eben meine Geschichte gelesen haben. LESSONS IN FAKING würde es ohne euch nicht geben, also gebührt zuallererst euch mein riesiger, fetter Dank. Danke für jeden lieben Kommentar, jede Nachricht und eure jahrelange Ermutigung. Ich wüsste ehrlich gesagt nicht, wo ich heute ohne euch wäre.

So – weiter zu dem ganzen Lastwagen voller Leute, denen ich ebenfalls dankbar bin. Vom Entwurf bis zur Veröffentlichung war ich keine Sekunde lang allein, und darüber bin ich unendlich froh.

Ich danke meiner wunderbaren Lektorin Katharina für jedes *Wie wäre es, wenn wir das hier noch ein bisschen mehr ausarbeiten würden?*, was dieses Buch erst zu dem gemacht hat, was es heute ist. Du bist ein Genie.

Ich danke dir dafür, Domi, dass du mir im übertragenen Sinne vom allerersten Entwurf an die Hand gehalten hast. Ich wäre wahrscheinlich einfach zu Asche verbrannt, wärst du nicht gewesen, um jeden meiner Gedanken mit einer Reihe von mindestens fünfundzwanzig Nachrichten zu besprechen.

Meine Mutter hat geweint, als ich ihr gesagt habe, dass mein Buch offiziell veröffentlicht wird, woraufhin ich ebenfalls weinen musste, was dazu führte, dass wir uns gegenseitig gut dreißig Minuten lang Heul-Selfies hin- und hergeschickt haben. Danke dafür, dass du meine größte Unterstützerin bist (und danke dafür, dass du bei jedem meiner Anrufe drangehst, selbst wenn es fünfmal am Tag ist). Ich liebe dich.

Und zu guter Letzt – weil laut Google Danksagungen nicht zu lang sein sollen und ich noch nicht genau weiß, was ich hier eigentlich tue: Danke an alle, die sich geduldig angehört haben, was ich alles über dieses Buch zu erzählen hatte, ehe ich es offiziell auf Social Media verkünden durfte. Ich danke euch für jedes ermutigende *Das ist so cool!*, jedes tränenreiche *Ich bin so stolz auf dich* und jedes sarkastisch-liebevolle *Ich werde dein allergrößter Fan!*. Falls du irgendwann etwas davon zu mir gesagt hast und nicht sicher bist, ob ich jetzt gerade an dich denke, während ich das hier schreibe: Ja, tu ich. Ich danke dir aus tiefstem Herzen.

Zu behaupten, dass dieses Buch zu veröffentlichen für mich wie ein wahr gewordener Traum ist, wäre eine gewaltige Untertreibung. Und falls es wirklich ein Traum sein sollte: Bitte kneift mich nicht wach.

Danke. Danke. Danke.

Die HALL-BECK-UNIVERSITY-Reihe geht mit Paulas und Henrys Geschichte weiter!

Triggerwarnung

Dieses Buch enthält Elemente,
die triggern können.

Diese sind:
Tod der Eltern & Flugzeugabsturz
(Erwähnung, nicht explizit beschrieben),
Verlust und Trauer